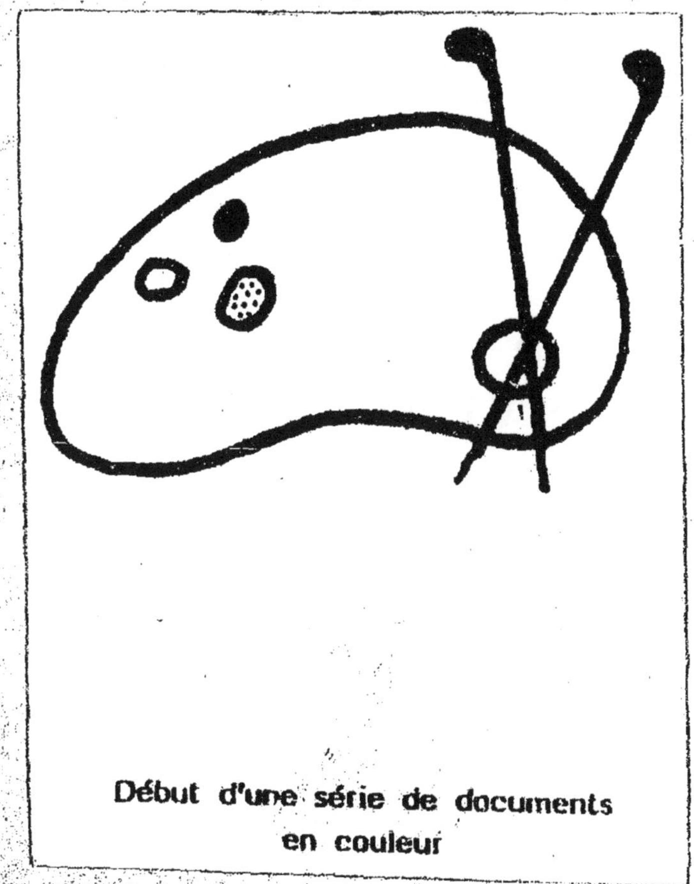

Début d'une série de documents
en couleur

Nouvelle Bibliothèque franciscaine. — 1re *Série.* — XVI.

P. LADISLAS DE VANNES

Deux Martyrs Capucins

Les Bienheureux Agathange de Vendôme et Cassien de Nantes

PARIS
Vve CH. POUSSIELGUE
15, RUE CASSETTE, VIe

COUVIN
MAISON SAINT-ROCH
BELGIQUE

1905

Nouvelle Bibliothèque Franciscaine

Volumes parus :

I. et II. **Vie de saint François**, par P. BERNARD d'Andermatt. 2 vol. In-12. 3 francs; *franco*. . . . . . . 3 fr. 65

III. **Sainte Claire d'Assise**, par le P. LÉOPOLD de Chérancé. In-12. 1 fr. 50; *franco*. . . . . 1 fr. 75

IV. **Saint Fidèle de Sigmaringen**, par le P. FIDÈLE de la Motte-Servoleix. In-12. 1 fr. 50; *franco* . . . . . . 1 fr. 75

V. **Fioretti de saint François d'Assise**, traduction par M. le baron CHAULIN. In-12. 1 fr. 50; *franco* . . . . . . 1 fr. 90

VI. **Le Saint Joyeux** (Crispin de Viterbe), par le P. PIE de Langogne. In-12. 1 fr. 50; *franco* . . . . 1 fr. 80

VII. **Retraite**, par le Père PACIFIQUE de Saint-Pal. In-12. 1 fr. 50; *franco*. . . . . 1 fr. 80

VIII. **L'Apôtre de la Tempérance** (P. Mathieu), par M. PELTIER. In-12. 1 fr. 50; *franco*. . . . . 1 fr. 80

IX. **Sainte Élisabeth de Hongrie**, par l'abbé SAUBIN. In-12. 1 fr. 50; *franco* . . . . 1 fr. 75

X. **Une Mission en Éthiopie**, par le P. ALFRED de Carouge. In-12. 1 fr. 50; *franco*. . . . . 1 fr. 90

XI. **Sainte Rose de Viterbe**, par M. BARASCUD. In-12. 1 fr. 50; *franco* . . . . 1 fr. 80

XII. **Le Bienheureux Diégo de Cadix**, par le P. DAMASE de Loisey. In-12. 1 fr. 50; *franco* . . . . 1 fr. 80

XIII. **Saint Léonard de Port-Maurice**, par le P. LÉOPOLD de Chérancé. In-12. 1 fr. 50; *franco*. . . . . 1 fr. 80

XIV. **Sainte Colette de Corbie**, par ALPHONSE GERMAIN. In-12. 2 francs; *franco* . . . . 2 fr. 40

XV. **Le Bienheureux J.-B. Vianney**, Tertiaire de Saint-François, par ALPHONSE GERMAIN. In-12. 1 fr. 50; *franco* . . . . 1 fr. 80

XVI. **Les Bienheureux Agathange de Vendôme et Cassien de Nantes**, par le P. LADISLAS de Vannes. In-12. 1 fr. 50; *franco* . . . . 1 fr. 80

XVII. **La Bienheureuse Jeanne-Marie de Maillé**, par le P. LÉOPOLD de Chérancé. In-12. 2 francs; *franco* . 2 fr. 40

Paris. — J. Mersch, imp., 4bis, Av. de Châtillon

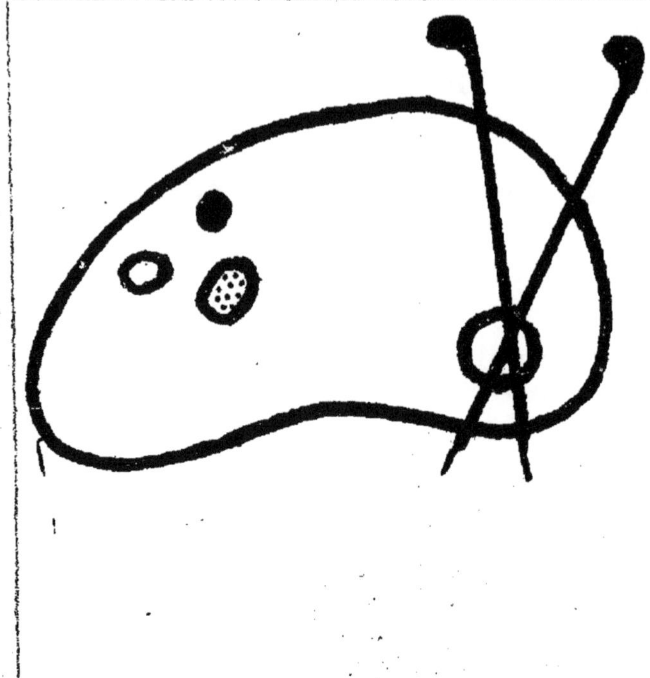

Fin d'une série de documents
en couleur

DEUX MARTYRS CAPUCINS

DU MÊME AUTEUR

POUSSIELGUE, RUE CASSETTE, 15, PARIS

Vie de la bienheureuse Sœur Marie-Magdeleine Martinengo, comtesse de Barco, patricienne de Venise et Brescia, Clarisse Capucine.

Volume in-8°, 336 pages. Prix . . . . . . **3** fr. **50**

P. LADISLAS DE VANNES

Deux Martyrs Capucins

Les Bienheureux Agathange de Vendôme et Cassien de Nantes

PARIS
V^{VE} CH. POUSSIELGUE
15, RUE CASSETTE, VIe

COUVIN
MAISON SAINT-ROCH
BELGIQUE

1905

Avec approbation.

PRÉFACE

L'histoire des Missions des Capucins français au Levant n'a jamais été faite. Les persécutions des musulmans, la Révolution française, les incendies et d'autres causes locales en ont anéanti les archives. Quelques rares documents échappés à la destruction se retrouvent dans les bibliothèques publiques et font regretter les pièces disparues. Nous croyons cependant que cette histoire pourrait se reconstituer avec une patiente lenteur et un labeur persévérant. M. Fagniez, dans son ouvrage : Le P. Joseph et Richelieu, *en a donné un aperçu de grande envergure. Mgr Rocco Cocchia, malgré bien des lacunes, en a fait un résumé dans sa* Storia delle Missioni dei Capuccini. *Ces ouvrages rectifiés ou corroborés par les archives presque inexplorées de la Propagande, et par des relations étrangères à l'Ordre des Capucins, permettraient de mettre en lumière l'œuvre entreprise, dirigée par le P. Joseph du Tremblay, et continuée par les Provinces capucines de Paris, de Touraine et de Bretagne. Le chercheur patient et infatigable réussirait, croyons-nous, à écrire une page d'histoire religieuse et patriotique d'un grand intérêt.*

Les Bienheureux dont nous publions la vie, étaient du nombre de ces religieux Capucins qui ont inauguré les Missions du Levant. Arrêtés dans la force de l'âge, ils n'ont pu donner la pleine mesure de leurs travaux. Dieu les avait jugé dignes de la couronne. Leur martyre a attiré sur eux les regards de l'Église. Jusque-là, ils n'étaient que de simples soldats dans cette phalange de héros envoyés en Orient par le P. Joseph du Tremblay. Près de cent religieux, dans l'espace de douze ans, s'étaient volontairement enrôlés pour cette pacifique croisade. L'élan était général, d'autres demandaient à prendre place dans leurs rangs. Les décisions de la Propagande limitant le nombre des missionnaires cédaient presque chaque année devant cette poussée de zèle apostolique. Les nouveaux décrets permettant un nouvel encadrement de religieux étaient exécutés dès leur apparition, et ne laissaient aux aspirants que l'attente d'une concession ultérieure.

Tous concouraient au même but, et les travaux des individus se fondaient dans l'œuvre commune. Par là, il devient difficile à l'historien de faire la part d'un chacun. De plus, des documents, des lettres touchant à la vie et aux travaux de nos deux martyrs ont disparu. Par ailleurs, la divergence des historiens dans les multiples détails de leurs récits nous a contraint d'avancer avec la plus grande précaution. Nous avons utilisé surtout les documents officiels de la béatification, les lettres des missionnaires, la correspondance de Peiresc et d'autres renseignements dont nous donnons les références. Toutes ces pièces sont de langue latine, italienne ou française. Les citations que nous faisons des dernières ne donneront pas satisfaction aux amateurs des vieux textes originaux, il nous suffit qu'elles soient exactes, adaptées à l'orthographe de notre temps et qu'elles soient compréhensibles à nos lecteurs.

Si parfois nous avons dépassé les limites d'une stricte biographie et jeté un coup d'œil sur des faits étrangers à la vie de nos bienheureux Martyrs, nous répondons à l'avance à l'accusation de hors-d'œuvre et de longueur, que ces pages ne sont qu'une pierre d'attente de l'histoire de la mission du Levant ; nous nous estimerons heureux de la faute commise, si une plume plus compétente entreprenait et achevait cette histoire, certainement glorieuse pour l'Ordre des Frères-Mineurs Capucins. Ce qui peut encore nous excuser, c'est que l'apostolat de nos deux martyrs aurait été incomplètement compris, si nous n'avions pas fait connaître l'idée directrice de toute la mission du Levant, et si nous ne les avions pas encadré dans ce mouvement de pacifique conquête de l'Orient schismatique et musulman.

La béatification des martyrs d'Abyssinie est une attention délicate de la Providence pour les religieux Capucins persécutés. Si, depuis vingt-cinq années, ils ont vu l'Église couronner quatre de leurs confrères italiens, cette fois, ils ont la consolation de contempler deux de leurs compatriotes rayonnant de gloire sur les autels. Pendant plus de deux siècles, le monde chrétien ignorait leurs noms et leurs travaux, et aujourd'hui ces sublimes inconnus portent sur leur front les reflets de la lumière éternelle. Comme eux, nos religieux persécutés traversent nos villes en condamnés et en proscrits, ils sont descendus vivants au tombeau de l'oubli, mais leur espoir de résurrection n'est pas emprisonné dans les liens d'une législation hypocrite et tracassière. Les exemples des martyrs les soutiendront dans leur deuil et leur exil, et leurs souffrances seront les gages de leur triomphe. L'Eglise, toujours persécutée, reste finalement toujours victorieuse, et la vie religieuse participe à cette immortalité, et conduit au tombeau ses persécuteurs.

Blois, en la fête de saint Félix de Cantalice, Capucin.

18 mai 1905.

LES BIENHEUREUX

Agathange de Vendôme

ET

Cassien de Nantes

CHAPITRE PREMIER

FONDATION DU COUVENT DE VENDÔME. — NAISSANCE ET FAMILLE DU BIENHEUREUX AGATHANGE

Un spectacle peu banal se déroulait au Faubourg Chartrain de Vendôme au commencement du XVIIe siècle : nobles et bourgeois, magistrats et ouvriers fraternisaient dans un labeur commun. Les dames et les demoiselles, ornées de leurs coiffes et de leurs *gribiches* (1), n'étaient pas les moins intrépides. Tous franchissaient les portes de la ville et, s'arrêtant à un petit mille des fortifications, allaient donner leurs heures de loisir et le concours de leurs bras à la construction d'un nouveau couvent de Capucins. Un élan de foi avait soulevé toute la

1. Collerette tuyautée alors communément portée dans la ville de Vendôme.

ville et mis dans les cœurs une sainte émulation.

Paris, Tours et d'autres villes avaient frissonné d'un même enthousiasme. La fondation d'un couvent de Capucins devenait ainsi une œuvre commune et vraiment démocratique. Les demandes de fondation affluaient; les religieux, loin de s'imposer, ne pouvaient toujours répondre à l'appel des populations qui voyaient dans leurs vertus, leur science et l'austérité de leur vie, un rempart contre les envahissements de l'hérésie protestante.

Les Vendômois avaient opposé la force d'inertie aux entreprises de Jeanne d'Albret, reine de Navarre et duchesse de Vendôme. Cette résistance leur valut d'être les premières victimes de cette reine protestante. Ils conservaient profondément enracinés leurs sentiments catholiques, et, pour les défendre, ils ne furent pas les derniers à solliciter une escouade de religieux Capucins.

Nous voyons les notables de la ville, le 1er novembre 1602, un quart de siècle après l'apparition des Capucins en France, adresser une pétition aux Supérieurs de l'Ordre témoignant de « leur bonne affection » et de « leur désir sincère » d'avoir un couvent de religieux (1).

1. Cette pétition a été publiée dans le *Bulletin de la Société Archéologique du Vendômois* en 1889, par M. G. Renault, actuellement propriétaire de l'ancien enclos des Capucins. Sur cette pièce nous relevons le nom des principaux dignitaires ecclésiastiques de Vendôme, et celui de M. François Noury, lieutenant en l'élection de Vendôme.

Cette initiative, pleine de sympathie, n'eut pas de résultat. L'assentiment des magistrats n'appuyait pas la demande, et les Capucins, à cette époque d'union des deux pouvoirs, l'exigeaient concurremment avec l'appel du clergé, avant de s'établir dans une ville.

L'idée était lancée et devait faire son chemin. Trois ans plus tard (26 juin 1605), nous trouvons les Vendômois réunis en assemblée générale et résolus à tenter de nouvelles démarches (1). L'un d'eux, René Collas, Me et administrateur de la Maison-Dieu, fut chargé de faire valoir leur requête. Cette fois, la demande fut agréée et la fondation du couvent décidée au Chapitre provincial (1606), qui délégua le P. Léonard de Paris, gardien de Tours et custode de la Custodie de Touraine, pour traiter avec les habitants.

Les Vendômois firent aussitôt choix d'un terrain comme le désiraient les religieux eux-mêmes, c'est-à-dire en dehors de la ville, assez rapproché cependant pour permettre aux fidèles de recourir à leur ministère. Sans plus attendre, M. Bry de Boisrichard se rendit à Tours; il était porteur d'une lettre des habitants (12 mai 1606)

1. « Par procès-verbal de leur assemblée du vingt-sixième jour de juin dernier passé à cette fin, mis de mains vénérables et désirées personnes, Moi René Collas Me et administrateur de la Maison-Dieu du dit Vendôme, député à l'effet de la présente requête. »

A Vendôme, 20e jour de septembre mil six cent cinq.

Parmi les signataires de cette pièce nous relevons encore Noury F., Lieutenant de l'élection de Vendôme. (Bibliothèque Franciscaine, Copie Mss. Mélanges, n° 147.)

au P. Léonard, le priant de venir avec les fabriciens voir le terrain choisi, terrain déjà vu par le P. Léobin, « qu'ils appellent dans la lettre leur bon et saint Père et qu'ils disent avoir importuné pour ne les pas quitter jusques à l'arrivée des fabriciens (1). »

Le P. Léonard vint à Vendôme, et le 11 juin 1606 signa avec les principaux habitants, un acte conventionnel donnant aux Capucins le droit de pratiquer les exercices et les œuvres de piété de leur Ordre. Le Père Custode accepta la « pièce de terre de trois septiées ou environ, située au faux bourg de la Porte-chartraine prez la maladrerie de St Lazare et achetée par les habitants (2) ».

En même temps « les Seigneurs, Gentilhommes, Dames, Damoiselles et autres gens de bien » s'engageaient à faire des libéralités volontaires pour la construction.

L'accord était conclu, il restait à le faire ratifier. Les gens d'église, officiers, échevins, bourgeois et habitants députèrent à Chartres un avocat de la ville pour obtenir des grands-vicaires, le siège étant vacant, la permission de bâtir. De leur côté les échevins allèrent à Paris vers le duc de Vendôme « afin qu'il eût le traité pour agréable (3) ».

1. *Bulletin de la Société Archéologique du Vendômois*, 1880, p. 133. — On appelle fabriciens les religieux préposés aux constructions.

2. *Ibid.*

3. *Ibid.*, p. 135.

La prise de possession eut lieu par la plantation de croix (3 septembre). Cette cérémonie, par son caractère de solennité, fut un événement pour la population. Le délégué du chapitre de Chartres, pour la circonstance, fut Christophe Laboureau, chantre du roi, chanoine de Chartres et natif de Vendôme. Il était assisté du doyen et des chanoines de l'église collégiale de Saint-Georges, des quatre curés de la ville et des faubourgs, des curés des environs, et le peuple se pressait en rangs serrés pour entendre le sermon d'un de ces Pères Capucins dont on parlait depuis longtemps. L'orateur du jour fut le T. R. P. Raphaël d'Orléans, alors Ministre Provincial de Paris. Le chant du *Te Deum* termina la cérémonie. César, duc de Vendôme, encore enfant, avait été prié d'y assister, mais retenu à Paris par le baptême du Dauphin et de ses sœurs (14 septembre 1606), il suppléa à son absence par un don princier. La première pierre fut gravée aux armes de Son Altesse.

Il fallait maintenant construire l'abri des religieux à l'ombre de la croix. Les plans étaient donnés pour accommoder les locaux aux exigences de leur vie régulière. C'est toujours la même disposition générale, et quiconque a vu un couvent de Capucins peut dire qu'il connaît tous les autres.

Au lendemain de la plantation de croix, les Vendômois se réunirent de nouveau pour trouver les ressources nécessaires et pour élire les notables qui devaient présider aux constructions. Le choix se porta sur François Noury (1), président de l'élection de Vendôme, et Michel Tahuron (2), élu en la même élection. Maître Rasteau, notaire, fut chargé de recueillir les aumônes.

L'offrande faite par le duc de Vendôme permit de commencer immédiatement les travaux. François Noury et Michel Tahuron utilisaient les bons vouloirs, déterminaient les rôles pour mener la construction à bonne fin. Le spectacle des allées et venues au Faubourg-Chartrain, dont nous parlions au commencement, prouve assez que les bons offices des deux magistrats n'étaient pas une sinécure. « Et de vrai, par le rapport des anciens, un chacun y venait travailler, et les grands et les petits, les hommes et les femmes contribuaient de tout ce qu'ils pouvaient avec une sainte joie et émulation (3). »

Les constructions conventuelles allèrent assez rapidement. Un bâtiment séparé, qu'on appela plus tard « la chapelle du bois », servit provi-

1. La pièce des archives porte le nom de *Pierre* Noury. C'est une erreur de l'écrivain, car les autres pièces donnent le nom de François avec le qualificatif de sa charge. L'*élection* était un tribunal faisant office de répartiteur des impôts et jugeant les différends qu'ils soulevaient. Il était composé d'un président, d'un lieutenant, de plusieurs conseillers ou *élus*, d'un procureur et d'un greffier.

2. Le *Bulletin Archéologique du Vendômois* imprime *Talmon*. Ce nom ne se trouve pas parmi les signataires de la pétition, mais Tahuron.

3. *Bulletin Archéologique du Vendômois*, 1889, p. 136.

soirement aux exercices religieux. La chapelle définitive ne fut terminée qu'en 1611, et les religieux obtinrent la permission de l'évêque de Chartres d'y dire la messe (1).

Jusque-là, quelques religieux seulement y étaient à demeure et ne formaient qu'un petit couvent ou hospice. La famille conventuelle fut définitivement établie après l'achèvement des travaux ; à cette occasion, une procession générale s'organisa dans la ville et elle fut présidée par Messieurs du chapitre de Saint-Georges.

Nous n'avons pas à poursuivre cette histoire. Disons seulement que le couvent de Vendôme eut à différentes reprises des scolastiques ou étudiants au XVIIe siècle et abrita jusqu'à vingt-cinq ou vingt-six religieux. Plusieurs fois les Capucins reçurent des dons importants, soit pour l'achat de livres, soit pour leur entretien (2). Ces dons étaient rares et les pièces encore existantes attestent « que nos Capucins,

1. L'année précédente, la Province de Paris, à cause de son étendue, se scindait en deux provinces religieuses : le couvent de Vendôme fut d'abord assigné à la Province de Paris (24 janvier 1610), puis quand il fallut ratifier la division projetée, il fut définitivement attaché à la Province de Touraine. Paris gardait dix-huit couvents et la Touraine quatorze. Celle-ci s'appela Touraine-Bretagne jusqu'au moment d'une nouvelle délimitation (1629).

2. Le *Bulletin Archéologique de Vendôme* (1889, p. 138) en cite plusieurs. Voici l'un des plus considérables que nous relevons à cause de son intérêt historique « Mlle de Morillon, mère du P. Anselme de Vendôme, nous donna deux cents écus à sa profession en 1628, en juin. » Nous ne connaissons rien sur ce P. Anselme.

ne subsistant que par les dons qu'ils recevaient, furent souvent engagés dans l'âpre lutte pour l'existence (1) ».

François Noury avait été un des principaux promoteurs de l'établissement des Capucins. Sa piété, son dévouement des premiers jours ne s'étaient pas refroidis, ses sympathies allèrent croissant par ses relations quotidiennes avec les religieux. C'est avec joie qu'il accepta de remplir à leur égard la charge de syndic, dès que le couvent entra dans sa vie régulière.

Cette institution est particulière à l'Ordre franciscain. Ses religieux ne peuvent être propriétaires ni individuellement ni collectivement. Le syndic choisi dans les familles les plus honorables est le représentant des propriétaires; il est l'intermédiaire entre les bienfaiteurs et les religieux; il a, dans une certaine mesure, autorité sur ces derniers qui doivent solliciter son consentement dans bien des circonstances. C'est donc un poste de dévouement auquel les Souverains Pontifes ont attaché plusieurs faveurs spirituelles. Les États l'ont souvent reconnu et honoré; de grands personnages, pour témoigner leur foi et leur piété, ont envié cette charge de syndic (2).

1. Article de M. G. Renault, *Bulletin Archéologique du Vendômois*, 1889, p. 139.

2. M. le comte d'Argenson, ministre et secrétaire d'Etat pour le département de la guerre, fut le protecteur et syndic de tous les Capucins du royaume de France. Il succédait à son père dans cette charge et voulait la conserver dans sa famille.

Il est évident que les fonctions de syndic créèrent des relations de grande cordialité entre les Capucins de Vendôme et François Noury. C'étaient des allées et venues fréquentes d'une maison à l'autre. Les religieux allaient exprimer leurs désirs et portaient en même temps les bénédictions et la paix du Seigneur à toute la famille. Par la force des choses, les enfants du syndic se familiarisaient avec la bure franciscaine, et s'édifiaient des bonnes paroles des religieux et de leur genre de vie.

Dieu choisira parmi ces enfants une âme d'élite, et en fera un Capucin apôtre, un martyr de la foi, le P. Agathange de Vendôme.

Plusieurs familles vendômoises portaient le nom de Noury ou Nourry; si des liens de parenté plus ou moins lointaine les rattachaient à une même souche, nous laissons aux généalogistes de le rechercher. Il est certain qu'au commencement du XVIIe siècle, leur situation sociale était différente. Nous ne savons si la famille Noury faisait alors partie de la noblesse : François Noury est pourtant qualifié de « noble homme » à la date du 16 janvier 1602 (1). Il appartenait du moins par ses fonctions à l'élite vendômoise, car il fut successivement élu, lieutenant et président de l'élection. Ses parents

1. Reg. de Saint-Martin, cités dans le *Bulletin de la Société Archéologique du Vendômois*, année 1889, p. 183. — Les dossiers d'Hozier écrivent Nourry, les pétitions que nous avons signalées portent Noury. On sait qu'à cette époque l'orthographe des noms de famille n'avait pas la précision de nos jours.

et ses proches jouissaient d'une grande considération dans le pays (1). C'est dans le même rang social qu'il avait choisi son épouse Marguerite Begon.

La famille Begon était du Blésois (2), où elle a laissé des souvenirs. Il était de tradition de donner le prénom de Michel au premier-né. Michel Begon, premier du nom, naquit en 1510. Ils étaient seigneurs de Villecoulon et leurs armes portaient : « D'azur, au chevron accompagné en chef de deux roses et en pointe d'un lion, le tout d'or. » (*Armorial général.*)

Nous donnons à la fin de ce chapitre la souche et les premiers descendants de cette famille

1. La famille Nourry ou Noury était en possession de la moitié du fief de Villeporcher, à Saint-Ouen, près Vendôme, aujourd'hui propriété de M. de Saint-Venant. Il y avait Thomas Noury qui fut père de Jacques, lequel décéda en 1581, et fut père de Pierre Noury qui habitait Orléans à la fin du XVIe siècle. Ils disparaissent alors de Villeporcher. Quel était le lien de parenté qui unissait François Noury à cette branche des Noury? Nous ne saurions le préciser. (*Note communiquée par M. de Saint-Venant.*) Les Noury de l'Orléanais portaient : Parti : au 1er d'or à un caducée de sable, au 2e du sinope au lion d'argent tenant une épée de même.

2. Cette famille Begon du Blésois devait avoir des relations de parenté avec les de Begon de la Rouzière; celle-ci a encore des représentants. Elle appartenait à la noblesse de l'Auvergne. « Cette famille est très ancienne et originaire du Rouergue. Elle apparait dans les chartes dès 938 et de 1136 à 1218. Elle a donné un évêque de Rodez au XIe siècle. Elle passa en Auvergne en 1436 et s'allia dans la maison de la Rousière dont elle réunit le nom et les armes aux siens. » *Etat présent de la noblesse française*, 1883-1884, t. I. Les armes sont : d'azur à trois roses d'or; au chef d'argent chargé d'un lion léopardé de gueules (*Armorial général*).

qu'on ne trouve que difficilement, bien que plusieurs de ses membres aient laissé un nom dans l'histoire.

De l'union de François Noury et de Marguerite Bégon naquirent sept enfants :

François, né en 1595, mourut encore au berceau.

Marguerite, née en 1596.

François, né le 31 juillet 1598. Selon l'usage du temps, qui se perpétua dans le Vendômois jusqu'au XVIIIe siècle, tout enfant mâle était tenu sur les fonts baptismaux par deux parrains et une marraine, c'était l'inverse pour les filles. Les parrains de François furent Michel Dupont, lieutenant particulier, et Pierre Martin, licencié et avocat à Vendôme ; la marraine fut Élisabeth Begon, fille de défunt Michel Bégon, en son vivant trésorier payeur de Messieurs du Parlement de Bretagne (1).

Georges, né en 1600. Il suivit la carrière paternelle, et devint élu de l'élection de Vendôme.

1. *Deux martyrs français au* XVIIe *siècle*, Poussielgue, 1887. L'auteur, le R. P. Stéphane de Sainte-Christine, a relevé le nom des enfants sur les registres de la paroisse Saint-Martin de Vendôme, conservés à la mairie de cette ville. — Vendôme faisait alors partie du diocèse de Chartres. La paroisse Saint-Martin fut supprimée au concordat et son territoire attribué partie à la paroisse nouvelle de la Trinité, église des anciens Bénédictins et partie à la Madeleine.

De l'église de Saint-Martin, on fit une halle aux grains. C'était un monument de la plus pure architecture romane. Il ne reste plus aujourd'hui que le clocher. (Cf. *Annales franciscaines*, avril 1905.)

Michel, né en 1603, entra aussi dans la magistrature, il était avocat en 1626.

Marie, née en 1605.

Jacques, né en 1607.

Qu'est devenue la descendance de ces nombreux enfants, il nous serait impossible de le dire. Les archives familiales pourraient seules nous mettre sur la voie, car cette famille Noury a disparu du Vendômois.

Celui des enfants qui nous intéresse le plus est assurément François Noury qui deviendra le P. Agathange et le bienheureux martyr. Nous savons cependant que plusieurs membres de la famille se firent remarquer par leurs vertus et leur attachement à la foi catholique. Georges, en effet, hérita de son père, son affection pour les religieux Capucins ; il fut comme lui, croyons-nous, syndic du couvent. Marié avec Marie Tahuron, il en eut trois enfants dont l'aînée, Marguerite (née en 1625), épousa en 1648 M. René Augry. Plus tard, elle sollicita du P. Esprit de Blois, capucin, une relation de la mort et du martyre de son oncle (1). Son mari, René Augry, était un magistrat distingué, doué d'un esprit éclairé, il fut grand amateur de livres (2), et véritablement le premier fonda-

1. *Mémoire du martyre du P. Agathange de Vendôme et Cassien de Nantes*, imprimé chez Hyp, à Vendôme, 1702, et dédié à Mme A*** (Augry). Il est inséré au procès de béatification.

2. *Bulletin de la Société Archéologique du Vendômois*, année 1889, p. 178, article du marquis de Rochambeau.

teur de la bibliothèque de Vendôme (1). Quand il épousa Marguerite Noury, il était bailli de Mazangé. D'autres titres précisaient sa situation parmi les notables de la ville : élu de l'élection de Vendôme, avocat du roi et de Son Altesse le Duc. Pendant quarante ans, il fut presque constamment l'un des administrateurs de l'hospice, auquel il fit des largesses dans son testament (2).

M. et Mme Augry furent parrain et marraine d'une cloche au couvent des Cordeliers de Vendôme, aujourd'hui le Calvaire. Le premier mourut le 9 décembre 1704, et son épouse le 5 décembre 1705. Une chapelle qu'ils avaient fait construire dans l'église Saint-Martin *pour eux et leur descendance* devait les réunir après leur mort, mais ils ne laissèrent pas de postérité (3). Leur vénération pour leur saint oncle se mani-

1. *Bulletin de la Société Archéologique du Vendômois, ibid.*

2. La demeure de René Augry était un grand hôtel sis rue du Bourgneuf-de-Vendôme. Cet immeuble, « appelé hôtel de Mazangé, avait été sans doute le siège de la Justice de la Prévôté de Mazangé, qui dépendait du chapitre de Notre-Dame de Chartres ». *Ibid.*, p. 185.

3. « On ne sait trop si la famille Augry faisait alors partie de la noblesse vendômoise, mais le fief de la Hosterye (ou les Moulins du Gué-du-Loir) qu'elle possédait l'y faisait confiner, car on voit celui qui en était détenteur remplir les devoirs féodaux dont il était chargé. » *Ibid.*, p. 179.

Leurs armoiries sont ainsi exprimées : « Parti au premier d'azur à un genêt d'or, surmonté d'un oiseau d'argent ; au 2e de gueules à une main d'or tenant une plume et une épée d'argent, accompagnée en chef de deux étoiles d'or. » *Armorial général*, Bibl. nat., *ibid.*, p. 186.

feste dans leur testament, où ils invoquent « les saints, au nombre desquels ils nomment les saints martyrs Agathange et Cassien » (1). Les Noury et les Begon jouissaient donc d'une belle notoriété, mais le P. Esprit de Blois avait raison de dire : « Quelque lustre que donnent à cette famille quantité de personnes distinguées dans l'État par leur mérite et par leurs emplois, j'ose dire qu'il lui est infiniment plus avantageux d'avoir donné au ciel un martyr et à l'Église un défenseur (2). »

1. *Armorial général*, Bibl. nat., *ibid.*, p. 186.
2. *Mémoire du Martyre*, etc., Proc., p. 62.

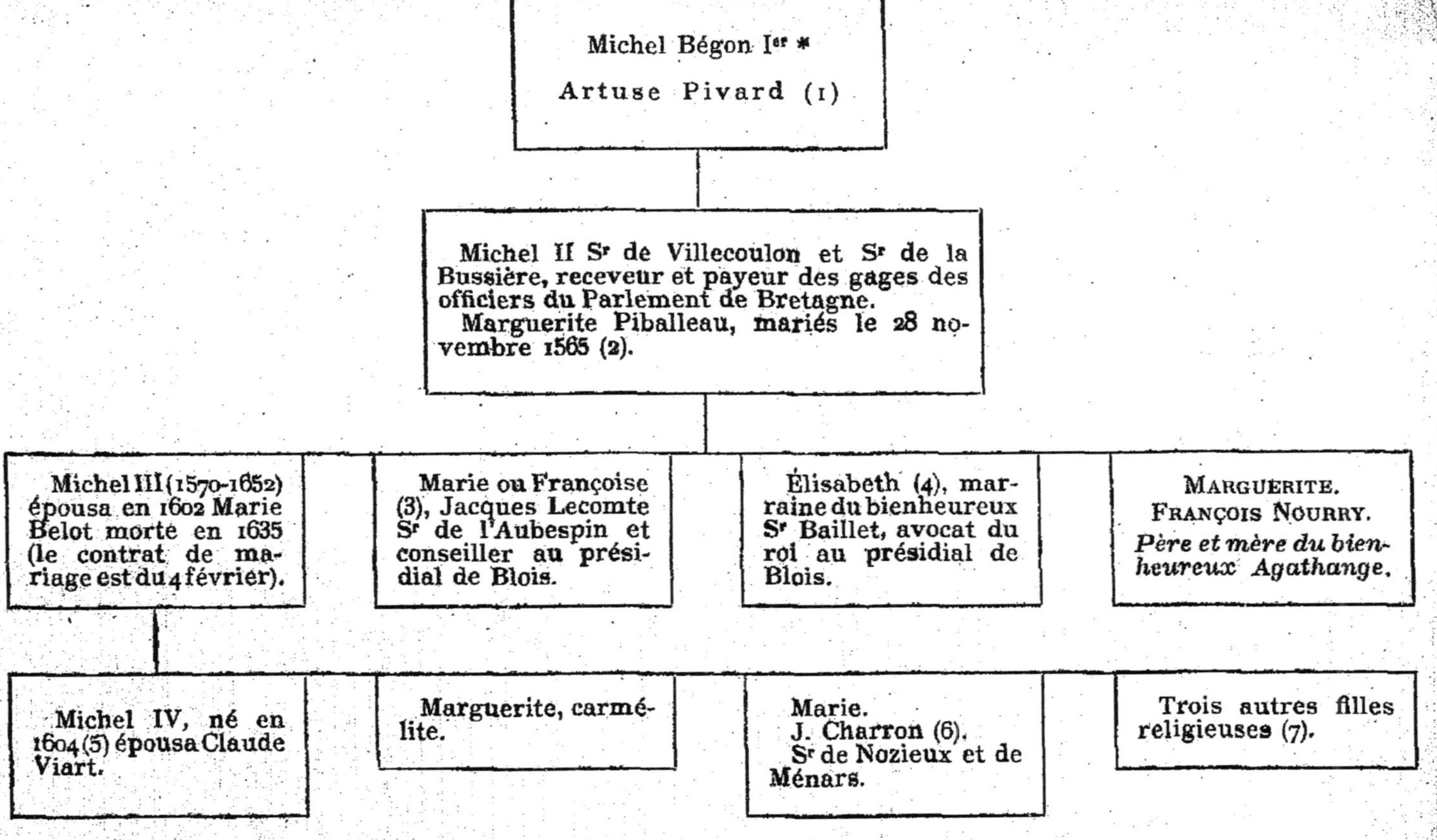

* Voir les notes aux pages suivantes.

1. Artuse Pivard, femme de Michel Ier, était veuve du sieur Piballeau, lequel marié deux fois avait eu de sa première femme, une fille Marguerite, qui épousa le fils de sa belle-mère, Michel II.

2. Marguerite Piballeau, faisait son testament le 31 juillet 1613, « en la présence de Paul Testard, notaire et tabellion royal à Blois ».

Cette généalogie et les notes ci-dessus nous ont été communiquées par le T. R. P. Édouard d'Alençon, archiviste général des Capucins ; qu'il en soit sincèrement remercié ; elles sont tirées des dossiers bleus d'Hozier. (Bibl. nat.)

3. Les dossiers bleus donnent le prénom de Marie. Un tableau généalogique, qui nous a été gracieusement communiqué par M. de Piédoue d'Héritot, donne le prénom de Françoise. Par cette branche se rejoignent aux Begon les descendants de Jean Courtin, sieur de la Bancerie-Nanteuil. Cette famille compte encore des représentants. Une fille de Jean Courtin, Bonne, épousa le marquis de Dampierre.

4. Les dossiers bleus ne donnent pas le prénom de cette fille de Michel II, mais nous ne croyons pas nous tromper en la nommant comme épouse du sieur Baillet. Dans l'acte de baptême de François Noury (bienheureux Agathange), Élisabeth est qualifiée « fille de défunt Begon, en son vivant trésorier payeur de Messieurs du parlement de Bretagne ».

5. Michel IV fut un Mécène pour les étudiants pauvres, comme l'atteste son épitaphe, qui est dans l'église Saint-Nicolas autrefois Saint-Lhomer à Blois. Il serait mort le 17 août 1683. Comme il aurait vécu quatre-vingt-trois ans, d'après son épitaphe, nous avons ainsi une divergence avec la date donnée pour sa naissance. Cf. sur ce personnage, les articles des différentes Biographies universelles.

Dans la descendance des Begon, nous trouvons encore les marquis de Rochambeau, les Loppin de Gemeaux, de la Galissonnière, de Rancougne, de Piédoue d'Héritot, Lafon de la Duye, de Lorgeril, etc.

Michel V, né le 27 décembre 1638, avait épousé à Blois, Marguerite Druillon. Il mourut premier intendant de la marine à Rochefort, « universellement regretté de la noblesse, des officiers et du peuple ». (Mss. 17005. Bibl. nat.) Il fut enterré dans l'église du couvent des Capucins à Rochefort, ainsi que sa fille la marquise de la Galissonnière, mère de l'amiral, vainqueur des Anglais à Mahon. Leurs tombeaux se trouvent aujourd'hui dans l'église paroissiale de Saint-Louis à Rochefort. Consulter, outre les articles biographiques, l'*Histoire de Rochefort,* par le P. Théodore de Blois (Blois 1733), où l'auteur parle longuement de la famille Begon, surtout de Michel V. C'est à celui-ci, qui fut intendant des Iles Françaises en Amérique, que le botaniste Suriau dédia la plante aujourd'hui si connue : le *Begonia.* (Voir préface du livre du P. Ch. Plumier, Minime, *Description des Plantes d'Amérique,* Paris, 1693.)

6. Marie Charron de Ménars, fruit de cette union, épousa, en 1648, Jean-Baptiste Colbert, marquis de Seignelay, ministre de Louis XIV. C'est donc par elle que toute la descendance de Colbert se rattache aux Begon.

C'est dans cette branche qu'il faut rechercher la parenté du bienheureux Agathange avec les Beauvilliers. Le P. Furcy de Péronne, dans son histoire manuscrite de la *Mission de Grèce,* insère une relation du martyre des PP. Agathange et Cassien, écrite par une main étrangère (c'est la relation faite à Rome par un religieux, à la suite d'un supplément d'enquête ordonné par la Congrégation des Rites et présentée par le Procureur général, en 1669). Le P. Furcy, mort en 1723, après soixante-trois ans de religion, y ajouta de sa main : « Le premier (P. Agathange) était parent de Mme de Beauvilliers. » Marie de Beauvilliers fut la réformatrice du monastère de Montmartre avec l'aide du P. Benoît de Canfeld, capucin. Cette parenté ne fut, croyons-nous, contractée qu'après la mort du bienheureux Agathange, par le mariage de Paul de Beauvilliers, duc de Saint-Aignan, avec Henriette de Colbert (21 janvier 1671).

Par Catherine Charron, sœur de la précédente, mariée avec Jacques de la Carre, sieur de Saumery, nous trouvons les familles de ce nom ; de plus, les familles Barjot de Roncée, Savary de Lancosne, de Lambilly, etc.

7. Notre tableau généalogique donne encore comme enfants de Michel III, Gilles et Jeanne B. ; celle-ci épousa Moreau de Pasnelles.

CHAPITRE II

VOCATION. — NOVICIAT. — ÉTUDES ET VIE RELIGIEUSE EN FRANCE

« Le jeune François Noury avait huit ans quand le P. Raphaël d'Orléans vint prendre possession du terrain destiné au couvent, et il en avait treize au moment de la constitution définitive de la famille conventuelle. Cet enfant, qui recevait au foyer paternel une éducation très chrétienne, a dû être profondément et religieusement impressionné à la vue de l'accueil enthousiaste fait aux Capucins par la population de Vendôme et au spectacle de ces hommes et de ces femmes de tout âge et de toute condition, allant travailler de leurs mains aux constructions du couvent (1). »

Les souvenirs du jeune âge sont les plus vivaces, et François Noury, par ses relations fréquentes avec les religieux, pouvait chaque jour faire revivre les siens.

Pendant le cours de ses études classiques faites au collège César-Vendôme, alors fort renommé (2), François Noury accompagnait fréquemment son père au couvent du Faubourg-

1. *Deux martyrs français au* XVIIe *siècle*, p. 15.

2. On y accourait de fort loin, le nombre des élèves était parfois de cinq à six cents.

Chartrain, s'entretenait avec les religieux, s'initiait à leur genre de vie et jouissait de leurs aimables vertus. C'est sans doute dans ces entretiens qu'il sentit naître dans son âme cet attrait mystérieux de la vocation vers le cloître et la vie capucine.

Il trouvait encore dans sa ville natale des souvenirs religieux qui auréolaient la vie franciscaine. Le séraphique docteur saint Bonaventure avait passé à Vendôme. En 1274, avant de se rendre au concile de Lyon, il présida un chapitre provincial dans le couvent des Cordeliers (1). Il y eut à cette occasion une procession solennelle, et saint Bonaventure prêcha à l'église collégiale de Saint-Georges. La mémoire de cette prédication n'était pas éteinte, car on conservait religieusement la chaire d'où il avait distribué le pain de la bonne parole, et quand un nouveau Chapitre provincial se tenait à

1. Ce couvent avait primitivement appartenu aux Templiers, aujourd'hui c'est le couvent des Calvairiennes. Lorsque les Templiers furent supprimés, une de leurs terres, située près du Gué-du-Loir, à deux lieues de Vendôme, fut donnée aux Cordeliers. En souvenir du séraphique docteur, on l'appela « La Bonne Aventure ». Ce nom lui resta. (Cf. *Histoire de Vendôme et de ses environs*, par l'abbé Simon, t. III, p. 93, éd. 1835.) Cette terre passa en d'autres mains, et nous la retrouvons sous le nom de « Manoir de la Bonne-Aventure », appartenant à M. de Salmet, lorsque Antoine de Bourbon vint y festoyer, après son mariage avec Jeanne d'Albret, reine de Navarre. C'est là, au murmure de son frais ruisseau, que prit naissance le refrain si connu de nos pères : « *La Bonne Aventure au gué.* » Cf. *Bull. de la Soc. Arch. du Vendômois*, 1878, p. 44.

Vendôme, un des Pères Cordeliers montait dans cette chaire et donnait le sermon dans cette même église du château. Plus d'une fois, François Noury dut y aller invoquer le saint docteur, pour lequel il eut toujours une grande dévotion.

Le président François Noury, loin de détourner son enfant, comme tant d'autres parents prétendus chrétiens, disait à qui voulait l'entendre que la vocation de son fils était pour lui une grâce et une faveur signalée. Dieu voulait ainsi récompenser sa tendre et paternelle sollicitude pour les religieux (1).

Quelle circonstance mit le dernier sceau à cet appel de la grâce ? Peut-être la dédicace de la chapelle des Capucins, sous le vocable de saint Louis, roi de France, faite le 1er juin 1619, par Mgr l'évêque du Mans, Charles de Lavardin, que son affection particulière pour les religieux avait déterminé à cette cérémonie, avec l'autorisation de Mgr de Chartres, Léonard d'Estampes (2). Les relations habituelles et les services dévoués du président Noury méritaient au père et au fils les premières places dans cette circonstance.

1. P. Emmanuel de Rennes, deuxième édition, Paris, 1882, p. 40.

2. « La maison de Lavardin dans notre ressort de Vendosme proche Montoire a toujours porté de l'affection aux Capucins. » Pièce des archives, publiée par M. G. Renault, dans le *Bulletin de la Société Archéologique du Vendômois*, 1889, p. 138. Le château de Lavardin, aujourd'hui en ruines, est un but d'excursion pour les touristes.

Quoi qu'il en soit, c'est dans le courant de cette même année que sa décision fut arrêtée.

Le postulant prit le chemin du Mans, où se trouvait alors le noviciat de la Province capucine de Touraine-Bretagne. Il avait vingt et un ans, la pleine jeunesse, quand il renonçait aux joies de la famille, à un avenir qui pouvait n'être pas sans gloire humaine, pour ensevelir son nom et ses espérances sous le sac de la pénitence, et marcher dans les rudes sentiers de l'abnégation et du sacrifice.

Le P. Gilles de Monnay (1), en le revêtant de la bure séraphique, lui imposa un nom nouveau, symbole d'une vie nouvelle dont la gloire ne serait autre que d'appartenir à Jésus-Christ. Désormais il s'appellera Fr. Agathange, du nom d'un saint martyr d'Ancyre, dont la fête est inscrite le 23 janvier, au martyrologe romain. C'est un usage traditionnel des religieux Capucins, et généralement de tout l'Ordre de Saint-François d'ajouter à leur nom de religion, le nom de leur lieu d'origine ou plus exactement du lieu de leur baptême. Le Sauveur était connu sous le nom de Jésus de Nazareth, le séraphique Patriarche est communément appelé saint François d'Assise, et le roi saint Louis de France, tertiaire de Saint-François, se laissant guider par la même pensée, se plaisait à signer Louis de Poissy, parce que là, il avait

1. Aujourd'hui *Monnaie*, dans l'Indre-et-Loire.

été fait enfant de Dieu par le baptême (1).

Si cet usage est chrétien et tout imprégné du mysticisme du moyen âge et des temps anciens, il n'en reste pas moins incompris de nos contemporains fort étrangers aux choses de la vie monastique et religieuse, familières jadis aux chrétiens d'avant la Révolution. Celui qui serait en droit de se plaindre, c'est assurément l'historien qui veut chercher le nom de famille et la race d'un Franciscain de quelque célébrité. Son rôle est de faire revivre les morts, et le Franciscain encore sur la terre brise avec les vivants, en recevant un nom nouveau.

Comment se passa son noviciat? Les documents nous manquent pour apprécier cette année et celles qui suivirent, années faites surtout de silence, de prière, de travail, sous les rigueurs de la discipline régulière. Le P. Emmanuel de Rennes nous donne cependant des renseignements puisés aux archives conventuelles de Tours et de Rennes, pillées, brûlées ou dispersées au temps de la Révolution (2).

1. Quelquefois le peuple lui-même se chargeait de mettre des variantes à cet usage. Qui n'a entendu parler aujourd'hui de saint Antoine de Padoue? Il est ainsi appelé du lieu de sa sépulture, mais de son vivant il n'était connu que sous le nom de Fr. Antoine de Lisbonne, et il n'est pas rare de le trouver encore dans les sermonnaires étrangers sous cette dénomination.

2. Les écrivains vendômois, qui depuis bientôt trente ans ont écrit différents articles sur le bienheureux P. Agathange n'ont pas connu cet historien. Une première édition de son ouvrage fut imprimée à Rennes en 1756, et une seconde à Paris, 1882, chez Maurice Tardieu, par les soins de M. Antoine d'Abadie, de l'Ins-

Le P. Gilles de Monnay, en imposant au postulant le nom de Fr. Agathange, lui adressa en même temps une allocution où il montrait dans ce nouveau saint protecteur, un soldat de la foi dont la force et la constance lui seraient un modèle dans les austérités toujours renaissantes de la vie religieuse.

Cet enseignement fut écouté et suivi : « Soumis comme un enfant aux volontés de ses Supérieurs, déjà martyr dans son cœur par le désir ardent qu'il avait de consumer sa vie dans la pénitence, il ne laissa d'autre soin à son Père Maître que celui de modérer son zèle et de suspendre le cours des austérités qu'il eût voulu ajouter à celles de son état. Son année de probation se passa dans les exercices d'une ferveur qui charma tous les religieux du couvent du Mans, et lui mérita leurs suffrages pour être admis à la profession (1). »

La profession religieuse est une oblation volontaire de soi-même à Dieu, et les auteurs ascétiques la comparent volontiers au sacrifice de l'holocauste où la victime est immolée sans réserve. Le jeune homme, la jeune fille de vingt ans, portés par le souffle de la grâce, font ce sacrifice, sans trembler devant les appréhensions de l'avenir, mais plutôt avec une joie indi-

titut, qu'on peut appeler le restaurateur de la Mission d'Abyssinie.

La brochure : *Deux martyrs au* XVIIe *siècle*, rectifie la parenté du P. Agathange; presque en tout le reste elle résume fidèlement l'ouvrage du P. Emmanuel.

1. P. Emmanuel de Rennes, p. 42.

cible, atteignant les profondeurs de l'âme. Telle fut la profession solennelle du Fr. Agathange, faite entre les mains du Supérieur. Son père et sa mère étaient accourus de Vendôme, heureux de renouveler leur offrande, et de ratifier par leurs larmes le don qu'ils avaient fait de leur enfant à l'Ordre des Capucins.

Après sa profession, le jeune religieux fut envoyé à Poitiers en 1620 pour continuer sa formation religieuse et ascétique sous la direction du P. Ignace de Nevers. Le P. Joseph du Tremblay, résidant à Poitiers en qualité de définiteur provincial et de préfet des Missions du Poitou avait la haute surveillance de cette formation. Le Fr. Agathange resta trois ans sous la direction de ces maîtres et fit de rapides progrès dans la piété et la vertu. En 1623, une nouvelle obédience l'envoyait au couvent des Capucins de Rennes pour suivre les cours de théologie. Son maître dans ces sciences fut le P. François de Tréguier, religieux savant et vertueux, qui laissa après lui une grande réputation; un siècle après sa mort, le P. Emmanuel de Rennes disait : « Sa mémoire est encore en bénédiction dans toute la Bretagne où il a brillé longtemps par les talents d'une profonde érudition, d'une éloquence peu commune alors dans la prédication, et d'un sage gouvernement des religieux de sa Province dont il fut plusieurs fois le Supérieur Provincial (1). »

1. P. Emmanuel de Rennes, p. 44.

Le disciple répondit aux savantes leçons de son professeur. Le Fr. Agathange avait l'esprit vif et pénétrant ; d'une grande initiative personnelle, il s'assimilait sans effort les idées de son Père Lecteur, et se créait des aperçus nouveaux sur les problèmes de la philosophie et de la théologie. Mais convaincu de la parole du bienheureux Jacopone de Todi, auteur du *Stabat Mater* : « La science, sans l'humilité du cœur, produit mortelle blessure », il travailla plus encore à développer dans son âme l'amour de Dieu.

Pendant ses années d'étude, le travail et la pensée de Dieu absorbaient son activité ; méditatif, il se concentrait en lui-même et ses relations extérieures s'en ressentaient ; volontiers on l'eût appelé taciturne, si son visage ne se fût illuminé d'un rayon de douce sérénité et ses lèvres d'un aimable sourire toutes les fois que la nécessité ou la charité lui demandaient de se départir de son attitude silencieuse.

Les actes de sa vie ne disent pas qu'on lui ait permis des mortifications extraordinaires. Les austérités de la vie commune sont par elles-mêmes suffisantes à former des saints. Leur répétition de tous les jours pendant des années et des années fait du religieux une victime toujours vivante et toujours immolée. C'était encore l'usage à cette époque que les jeunes religieux, pendant les trois années qui suivaient la profession, ne devaient parler qu'à genoux à un autre religieux et après en avoir obtenu la permission. Le Fr. Agathange y fut fidèle comme à toutes les autres pratiques enseignées au noviciat. Nous ne parlons pas des jeûnes que l'Église et les théologiens maintenaient dans une sévérité, aujourd'hui disparue: la collation se faisait d'un peu de pain sec, et chez les Capucins les jours de jeûne égalaient la moitié de l'année. Nous ne parlons pas de ses voyages à pied, du Mans à Poitiers et de là à Rennes. Le Fr. Agathange savait encore ajouter à ces austérités de la vie régulière. « Il avait une attention continuelle à éviter toutes les petites commodités qui tendent à diminuer la mortification, sans cependant la blesser essentiellement : s'il était assis ou couché, il prenait la posture la plus incommode; s'il prenait ses repas, quelque grossiers qu'ils fussent, il s'attachait aux mets les plus insipides; ses sandales, espèce de chaussure si incommode par elle-même, étaient hérissées de pointes de clous, parce qu'il les choisissait toujours vieilles et usées (1). »

Attentif à cacher ces ingénieuses recherches de la pénitence jusque dans les plus petites choses, il n'échappait pas aux regards de ses confrères et parfois on le blâmait; mais, s'autorisant de saint Bonaventure, son docteur préféré après Jésus-Christ, il répondait : « Pour conserver « l'esprit de mortification, il ne faut la négliger

1. P. Emmanuel de Rennes, p. 47.

« ni dans les petites, ni dans les grandes « choses (1). »

D'un maintien toujours modeste, d'un visage toujours égal, avec un cœur toujours en paix, tel fut, pendant ses études, le Fr. Agathange, tel il sera dans tout son ministère apostolique. Cette force d'âme, comme sa science, il l'avait puisée au pied de son crucifix de bois, dans la Bible et les œuvres de saint Bonaventure, seuls livres qui, avec les cahiers dictés par son Lecteur, formaient l'ameublement de sa cellule.

Le couronnement de ces années d'études fut le sacerdoce que le Fr. Agathange reçut en 1625. Il était prêt et armé pour les luttes de l'apostolat.

Pendant son séjour à Poitiers, le P. Agathange avait entendu parler des succès de ses confrères près des protestants du Poitou ; le P. Joseph du Tremblay, préfet de la mission, dirigeait, en effet, les aspirations des jeunes étudiants vers cet apostolat, à la fois religieux et patriotique.

Les Capucins formaient « des camps volants », comme les appelait le Vénérable P. Honoré de Paris, qui se transportaient dans les centres particulièrement travaillés par les protestants. Leurs succès furent considérables, au point de vérifier cette parole du Nonce : « Si la France a conservé la foi, c'est, après

1. P. Emmanuel de Rennes, *ibid.*

Dieu, en grande partie aux Capucins qu'elle le doit. »

Le P. Agathange sollicita une place parmi ces apôtres d'avant-garde et prit part à cette croisade pacifique : « Ses premiers essais apostoliques furent dans le Poitou, où ses supérieurs l'envoyèrent pour convertir les calvinistes (1). »

Aucun document sur ses travaux et ses succès dans cette contrée n'est parvenu jusqu'à nous. D'ailleurs, ils furent de courte durée; nous le trouvons à Vendôme en 1626, où il prêche le Carême. Là sa voix fut écoutée : « Il fut même prophète dans son pays, il prêcha la controverse dans la ville de Vendôme pendant une année entière, et eut la consolation de ramener à la foi orthodoxe plusieurs de ses compatriotes (2). »

La réputation de science et d'éloquence laissée derrière lui n'était point effacée un siècle plus tard. Il y eut, pendant ce Carême, un fait intéressant pour l'histoire religieuse du Vendômois.

L'année précédente, des religieuses du Calvaire, répondant à la demande des habitants et surtout du bailli, M. Forestier, étaient arrivées à Vendôme (2 mai 1625). La maison provisoire qui devait les abriter n'était pas prête, « mais l'extrême charité et vigilance des bons Pères Capu-

1. *Histoire de Vendôme et de ses environs*, par l'abbé Simon, t. III, p. 334, édit. 1835.

2. *Ibid.*, p. 335.

cins rendirent l'autel prêt à temps pour y pouvoir célébrer la sainte et première messe dès le lendemain de notre arrivée, que monsieur le curé de la Madeleine y vint dire et nous communier (1). »

Les dames et demoiselles mirent aussi un grand zèle pour les sortir d'embarras : « Les unes décousaient la dentelle de leurs robes, pour mettre à l'autel, et les autres apportaient leurs tableaux et petites parures pour le dehors et dedans (2). »

Le terrain pour une construction définitive avait été choisi par le P. Joseph du Tremblay. Pendant le Carême de 1626, on organisa une procession solennelle pour la bénédiction de ce terrain, la plantation de croix et la pose de la première pierre. Ce fut comme un jour de fête à Vendôme. Les artisans avaient fermé leurs boutiques. Une foule immense estimée à six mille personnes tant protestants que catholiques forma le cortège. La première pierre fut posée, au nom de la duchesse de Vendôme, par Mme de la Courbe, gouvernante de la ville et du château. La cérémonie fut clôturée par un sermon du P. Agathange, prédicateur du Carême.

« S'adressant aux protestants dont un bon nombre étaient venus à la cérémonie, il leur prédit que ce nouvel édifice renverserait leur temple qui était tout proche ; « ce qui, ajoute la

1. *Bull. de la Soc. Arch. du Vendômois*, 1889, p. 212. Relation d'une religieuse.
2. *Ibid.*

narratrice Calvairienne, les espouvanta et fist retirer teste baissée avec confusion »; et elle ajoute encore, inspirée par sa charité : « ce qui doit obliger pour jamais les âmes de cette maison de prier Dieu ardemment que cette prédiction s'accomplisse pour leur conversion. » La prédiction s'est accomplie et les prières ont été exaucées. Il n'y a plus que les érudits à savoir que Vendôme a eu, dans un temps très éloigné, des protestants et un temple protestant.

Cette prise de possession du terrain destiné au Calvaire eut lieu le 2 avril 1626, qui était le vendredi de la Passion, consacré à Notre-Dame des Sept-Douleurs, patronne de la Congrégation (1). »

Après le Carême de 1626, le P. Agathange dut continuer son apostolat de controverse jusqu'à son départ pour les missions étrangères, mais nous ne connaissons pas les villes qui en furent le théâtre.

Nous le retrouvons à Rennes en 1628 (2), et c'est là que son départ pour les missions se

1. Cf. *Semaine religieuse de Blois*, 1879, p. 472, article de M. l'abbé Petit, et *Histoire de Vendôme*, par M. l'abbé Simon, t. III, p. 123.

2. La chronologie de la vie religieuse du P. Agathange, en France, nous laisse encore plusieurs difficultés. Nous avons suivi le P. Emmanuel de Rennes qui donne 1619 pour la prise d'habit, 1620 pour la profession. En même temps il le fait poursuivre ses cours de philosophie et de théologie pendant sept ans, après trois années d'ascétisme à Poitiers. Cela nous remettrait à 1630. Il y a là erreur manifeste, car la présence du P. Agathange comme prédicateur à Vendôme, en 1626, est certaine, ainsi que son départ pour les missions en 1628. Le P. Emmanuel de Rennes le fait partir de cette ville au

décida d'une manière providentielle. Deux religieux, le P. Albert de Nantes et le P. Valentin d'Angers avaient demandé au P. Joseph du Tremblay d'être envoyés aux missions. Leurs obédiences venaient d'arriver, et en même temps le P. Joseph priait le Supérieur de sonder, à ce sujet, les dispositions du P. Agathange car il l'avait suivi de près, avait remarqué sa vertu, ses grandes qualités et prévoyait une bonne recrue pour la grande œuvre entreprise.

Sur les entrefaites, le P. Valentin d'Angers tomba gravement malade et dans l'impossibilité d'exécuter l'obédience reçue (1). Dans l'Ordre de

sortir de ses études, il n'aurait ainsi exercé aucun apostolat en France. Sur ces difficultés, qu'il nous soit permis de faire quelques remarques à défaut de documents précis. La prédication à Vendôme, en 1626, permet de fixer son ordination sacerdotale en 1625. Or il était de règle de faire sept années d'études, trois ans de philosophie au moins et quatre années complètes de théologie. Cette règle n'a pas varié depuis.

La logique des idées exprimées par le P. Emmanuel de Rennes, exigeant un laps de dix années, ferait remonter la profession à 1615. Le Procureur général de l'Ordre, qui écrivait en 1669, un siècle avant le P. Emmanuel, donne aussi la date de 1620 pour la profession. Faudrait-il admettre que le P. Agathange avait fait ses études philosophiques avant d'entrer au noviciat? ou bien qu'il fut dispensé de ses trois années d'études ascétiques, comme il y en avait déjà de nombreux exemples : nous ne citerons que celui de saint Laurent de Brindes; ou bien encore fut-il avancé aux ordres sacrés, avec permission pontificale, pour combler les vides produits parmi les religieux par les pestes de cette époque? Il y en a des exemples; nous laissons ce problème à résoudre à des chercheurs plus heureux.

1. Il partira plus tard pour la Mission d'Alep et de Perse.

Saint-François, les Supérieurs ne peuvent envoyer aux missions que les religieux qui le demandent ou l'acceptent de leur plein gré. Le P. Agathange n'avait jusque-là manifesté aucun désir, et quand le P. François de Tréguier lui proposa de remplacer le P. Valentin, il répondit : « Mon Père, donnez-moi deux heures pour réfléchir. » Ces deux heures se passèrent dans la prière au pied de son crucifix ou du tabernacle. Alors, avec une volonté bien décidée, il se présenta au Supérieur, muni de son bréviaire, de sa règle et du bâton de voyageur, et lui dit : « Me voilà, envoyez-moi », et il partit sur-le-champ.

La simplicité de cette conduite n'était pas le signe d'un enthousiasme fébrile, mais l'indice d'une âme déjà trempée pour tous les héroïsmes. Nous le retrouverons à l'œuvre, mais auparavant nous devons faire connaître le compagnon de son martyre et cette œuvre des missions du Levant.

CHAPITRE III

FAMILLE ET NAISSANCE DU BIENHEUREUX CASSIEN. — ÉTUDES ET VOCATION. — VIE RELIGIEUSE. — LA PESTE.

Le P. Agathange était d'origine et de race française, le P. Cassien, qui sera le compagnon de son apostolat et de son martyre, est français par sa naissance, mais de famille portugaise, établie à Nantes.

Nantes, aux XVIe et XVIIe siècles, était à l'apogée de sa gloire. Ses îles couchées sur la Loire, ses maisons étagées sur les coteaux de la rive l'avaient fait appeler Nantes-la-Belle et Nantes-la-Jolie. Aujourd'hui encore, sa situation reste privilégiée, et volontiers on la comparerait à certaines villes orientales restées célèbres si son ciel était plus pur et son soleil plus brillant. Sa renommée lui venait surtout de l'étendue et de l'activité de son commerce. Toute sa vie se concentrait sur son port de la Fosse. De là, les navires remontaient la Loire, et par cette grande artère fluviale, pénétraient jusqu'au cœur de la France. De là partaient aussi les navires nolisés par les marchands, qui allaient au loin sillonner les mers et rapporter à la mère-patrie les richesses de nombreux comptoirs nantais établis en Afrique ou au Nouveau-Monde. Son commerce avait attiré dans son enceinte de nombreux étrangers qui donnaient à la ville un caractère cosmopolite. Les Hollandais, les Espagnols, les Portugais y avaient des palais, témoins des fortunes acquises par leurs relations interocéaniques.

Cette renommée du commerce nantais fascina Jean Loppès-Netto. Il quitta le Portugal pour tenter la fortune et fonder à Nantes une importante maison de trafic maritime. Des parents l'avaient d'ailleurs précédé dans la ville et encouragé dans ses premiers efforts. Le succès répondit à son initiative, l'avenir était souriant. Il résolut alors de s'établir définitivement, et, fidèle à d'anciens souvenirs, il repart au Portugal chercher celle qui devait être la compagne de sa vie et le soutien de ses entreprises. Celle-ci s'appelait Guyomart d'Almeras. Le mariage, qui eut lieu à Lisbonne, unissait deux familles distinguées et réputées nobles dans leur pays.

Peu après, les nouveaux mariés débarquaient à Nantes sur le quai de la Fosse, avec la joie au cœur et toutes les belles espérances d'un bonheur prolongé. Les parents étaient accourus pour recevoir dans leurs bras les nouveaux arrivants et offrir leurs félicitations avec tous leurs vœux. L'heureux cortège se mettait en marche quand un pauvre vieillard, témoin du spectacle, lança cet horoscope : « Voilà la mariée, elle aura trois garçons dont l'un sera couronné. » Tous les manuscrits du temps mentionnent la présence de ce vieillard et ses paroles. Celles-ci, jetées peut-être en riant, n'en eurent pas moins un caractère prophétique, et les témoins de la scène, survivants au bienheureux P. Cassien, pouvaient en constater la pleine réalisation.

Les nouveaux époux ne tardèrent pas à fixer leur demeure soit sur l'antique place de Bretagne, soit dans la rue du Marchix. C'était le quartier préféré de nombreux commerçants étrangers. Leurs navires étaient ancrés sur la Fosse, mais leurs habitations s'étageaient sur les hauteurs du Bignon-Lestard dépendant de Saint-Nicolas ou sur celle du Marchix dépendant de la paroisse de Saint-Sambin.

Les souhaits formulés dans la bénédiction nuptiale se réalisèrent ainsi que la parole du pauvre vieillard. Ils eurent en effet trois garçons auxquels s'ajoutèrent trois filles. L'ordre chronologique de leur naissance, comme leurs noms, ne nous est pas complètement connu. Ce qu'il y a de certain, c'est qu'ils furent élevés dans les principes d'une forte piété et formés par les enseignements et les exemples du foyer familial.

Nous savons toutefois que le fils aîné s'appelait Simon Suero Netto (1). Sa signature claire et magistrale se trouve encore aujourd'hui sur le registre des délibérations de la ville et communauté de Saint-Brieuc où il s'était fixé comme docteur médecin (2). Il était

1. Suero ou Sévère. Le culte de saint Sévère de Barcelone est célèbre en Espagne. C'est un des patrons de la ville. — Cf. *Petits Bolland.*, Supp., Dom Piolin, t. III, p. 386.

2. Séance du 3 décembre 1618, etc. Notes communiquées

au nombre des nobles bourgeois et faisait partie du Corps de Ville. Sa charité envers les pauvres, sa science médicale et plus encore ses vertus chrétiennes lui avaient acquis un renom de célébrité. De son vivant, on le qualifiait déjà du nom de saint; il mourut célibataire en odeur de sainteté, et la ville de Saint-Brieuc le pleura.

Les trois filles refusèrent des partis avantageux pour vivre dans le célibat et la piété.

Le dernier des garçons fonda une nouvelle famille, et, au dire d'un historien, il aurait rempli les charges les plus honorables dans la ville. Sa maison était respectée et avantageusement connue dans le Nantais et la Bretagne (1).

Celui qui devait être le P. Cassien est donné comme le second des enfants mâles. Il naquit le 14 janvier 1607 et fut baptisé avec sa sœur jumelle, le lendemain, dans l'église Saint-Similien ou Saint-Sambin, comme on disait alors. L'acte de leur baptême existe encore, il est ainsi formulé (2) :

par M. du Bois de la Villerabel. Son nom figurait encore sur le procès-verbal d'un miracle obtenu par l'intercession de sainte Anne d'Auray en 1625. Cf. Bibl. franc., ms. n° 760.

1. D'actives recherches n'ont pu établir la survivance de cette branche des Loppès-Netto.

2. Nous donnons l'acte de baptême d'après une copie de la Bibliothèque franciscaine, ms. n° 760, prise sur les Archives municipales de Nantes, série G. G. — Registre de la paroisse Saint-Similien, 1607, fol. 64. — *La Semaine religieuse de Nantes* (10 décembre 1904), article de l'abbé Girousse, donne une orthographe différente à certains mots.

LOPPÈS-NETTO. — Le quinzième jour de janvier mil six cens sept, ont esté baptisez Consallo et Beatrix, fils et fille de Jean Loppès-Netto et de Guyomart d'Almeras, sa femme ; et ont esté parein du fils, honorable homme André Vaz, docteur en médecine, mareyne Leonor Mendes ; parein pour la fille, honorable homme Manuel de Mello, chanoine de Nantes (1), mareyne Agnès Mendès, et a été ledit baptesme faict par moy, Jean Vetu, vicaire de Saint-Sambin, soubz signé, lesdits jour et an que dessus.

Signé : VAZ ; MELLO... ; FRAMQUO ; SIMON DE MELLO ; JEAN CAROTERUIZ ; LEONOR ; IÑÈS MENDÈS ; VETU, vicaire ; G. MICHAUD.

A ce nom de Consallo donné au baptême, la famille ajouta, dans la pratique de la vie et selon un usage portugais fort répandu, le nom de son parrain Vaz qui était aussi son oncle, et nous avons ainsi Consallo Vaz Loppès-Netto (2).

1. « Issu d'une famille portugaise établie à Nantes dans la dernière moitié du XVIe siècle. Son père avait été médecin ordinaire de la ville. C'est de cette famille établie depuis en Poitou, que descendent quatre sœurs Mesdemoiselles Vaz de Mello de la Métaire. » Cf. *Notre-Dame de Nantes*, par M. de la Nicollière.

2. Le P. Emmanuel de Rennes donne au fils aîné le nom de Gonzalès et à notre Bienheureux celui de Ruffilio, il ignore le nom du troisième. Il y a une trop grande similitude entre Consallo et Gonzalès pour n'y pas voir le même nom. Cet auteur se serait trompé dans cette série onomastique. Il a d'ailleurs trop d'inexactitudes historiques pour qu'on puisse le suivre à l'aveugle. Il devait exister une différence notable d'âge entre l'aîné et notre Bienheureux. Le premier est en effet qualifié de « célèbre docteur » en 1618, alors que le second n'avait que onze ans. Il est vrai qu'à cette époque

Quand l'enfant fut en âge d'aller aux écoles, son nom subit une nouvelle déformation qui tourna à son honneur. Ses compagnons d'enfance le simplifièrent et le francisèrent d'un seul coup en réunissant un de ses prénoms et son nom de famille, ils ne l'appelaient que Vasenet. Bientôt on ne le connut dans la ville que sous ce nom, et sa famille elle-même se plia à cet usage. Mais l'innocence de sa conduite, sa candeur, sa piété intense firent de cette appellation nouvelle le symbole de la pureté de son âme. Toutes ses qualités morales étaient bien exprimées par ce mot de Vasenet, et sous cette dénomination, il était cité comme un modèle à tous les enfants ses compagnons d'étude.

Les parents, soucieux de l'avenir de Vasenet, le confièrent aux prêtres du collège Saint-Clément. Ce collège, gouverné selon les règlements de l'Université de Paris, était situé hors la ville dans la paroisse du faubourg Saint-Clément, loin de la demeure de Vasenet. Les parents ni l'enfant ne s'arrêtèrent à cette difficulté. D'ailleurs celui-ci trouvait, dans les régents du collège, de saints prêtres qui captivaient les enfants en donnant à leur esprit une instruction sérieuse, et à leur cœur une

on pouvait conquérir à vingt ans une célébrité locale. Cette différence d'âge serait encore plus explicable si notre Bienheureux eût été le dernier des garçons. Nous lui avons assigné le second rang, à la suite du P. Emmanuel, sans autre document. Les noms des trois garçons seraient : Suero, Consallo, et peut-être Ruffilio, pour le troisième inconnu.

piété solide qui ne s'étonne ni de la difficulté ni de la souffrance (1).

L'action de ces vénérables prêtres séculiers sur l'âme de Vasenet se trouvait prévenue par l'action divine de la grâce. Pendant ses jeunes années de collège, il s'exerçait déjà à pratiquer la mortification. Les abstinences et les jeûnes ne lui étaient pas inconnus. La prière faisait ses délices. Levé de grand matin, il faisait son oraison mentale comme un vieux religieux, il récitait ensuite le rosaire et l'office de la sainte Vierge auquel il ajouta plus tard l'office de la sainte Croix. L'âme ainsi raffermie par la prière, il descendait des hauteurs du Marchix, franchissait l'Erdre, remontait les pentes de Saint-Pierre et gagnait son collège. S'il rencontrait sur son chemin quelque pauvre, il lui donnait ses modestes provisions, et attendait avec patience le repas familial.

Cette conduite exemplaire lui avait conquis une grande influence sur ses condisciples. Ceux-ci le respectaient et n'osaient prononcer en sa présence des paroles déplacées. Rarement d'ailleurs il se mêlait à leurs jeux et à leurs promenades des jours de congé. Le tabernacle exerçait sur son cœur une grande attirance et

1. Ce collège était alors dirigé par des prêtres séculiers. Il fut confié aux Oratoriens en 1625, et l'église construite plus tard n'a pas péri au temps de la Révolution, mais après avoir été musée archéologique, elle est aujourd'hui annexe des archives départementales. On en voit la façade sur la rue Saint-Félix, en face le cours Saint-Pierre.

c'est à ses pieds qu'il passait la majeure partie de ses heures de délassement.

Si sa piété surpassait celle de ses condisciples, il ne leur cédait en rien pour le travail. Sa vocation déjà entrevue lui était un vif stimulant dans la poursuite constante de ses études; doué par nature d'une vive intelligence et d'une rare aptitude pour la littérature et les sciences, il visait sans cesse à obtenir et garder la première place dans ses classes, non pas pour satisfaire une gloriole humaine, mais pour mieux répondre aux desseins de Dieu.

Ses succès scolaires se cachaient sous le voile de l'humilité; ses parents apprenaient seulement par ses condisciples les honneurs que lui décernait le régent. Vasenet reprochait alors doucement à ses compagnons leurs indiscrètes communications, disant qu'il n'avait besoin de personne pour porter de ses nouvelles à la maison.

Pendant son année de rhétorique, il eut tous les honneurs de l'Académie littéraire. Un petit poème de sa composition : L'innocence des mœurs cultivée par l'étude des Belles-Lettres, provoqua l'admiration. Vasenet en fit la lecture publique dans une séance où l'élite intellectuelle de la ville s'était donné rendez-vous. On y voyait des délégations des différents Ordres de la ville. Sans le vouloir, Vasenet traçait son propre éloge. La modestie de sa tenue jointe à la pureté et à la grâce de sa diction faisait de sa personne le tableau vivant du sujet traité, une preuve tangible de tous les généreux sentiments exprimés, dont la source était son cœur, plus que les procédés de la poésie. C'est probablement au sortir de cette séance littéraire que ses condisciples lui firent un magnifique cortège de triomphe, en l'accompagnant dans les rues de la ville jusqu'au faubourg du Marchix. Il était alors dans sa quinzième année.

Arrêté momentanément dans ses projets de vie religieuse, comme nous le verrons, il s'appliqua à l'étude de la philosophie dans le même collège de Saint-Clément. Mais, âme d'initiative et de décision, Vasenet mena de front, avec cette étude, l'assistance régulière aux cours publics que donnaient les Cordeliers dans leur grand couvent (1). Ceux-ci enseignaient la théologie scolastique, la morale et l'hébreu. On s'étonnait de la somme de travail fournie par ce jeune homme, alors qu'il donnait plusieurs heures par jour à la prière et à différents exercices de piété. Il suivait encore les sermons d'Avent et de Carême donnés à la cathédrale par un célèbre prédicateur du temps, et en faisait un compte rendu si précis et si juste que son régent surpris, en témoigna son admiration à plusieurs personnes.

1. Le couvent des Cordeliers avait une grande étendue. Les Etats de Bretagne s'y sont réunis plusieurs fois. La chapelle avait cinq nefs dont il ne reste plus que quelques arceaux dans la communauté des Dames de la Retraite, près la place de la Préfecture.

Il marchait dans la vie ayant au front l'auréole du savoir et de la vertu et sa réputation grandissait chaque jour dans la ville de Nantes, lorsqu'une vocation supérieure vint donner une nouvelle orientation à son existence.

Où le jeune Vasenet allait-il passer ses heures de silence et de recueillement au pied de l'autel? Dans la chapelle des Capucins, voisine de la maison paternelle.

Ces religieux avaient en effet un couvent dans la rue du Marchix. Chassés d'Angers en 1589, par les calvinistes, « pour avoir refusé de prier pour le roi de Navarre », les Capucins s'étaient réfugiés à Nantes sous la protection du duc de Mercœur, un des chefs de la Ligue (1). Celui-ci

1. Les Capucins, à cette époque, furent les plus ardents champions de la Ligue, et partout fidèles à la défense du Souverain Pontife de prier pour un roi huguenot et excommunié, ils résistèrent en face au Béarnais. Ils refusèrent de dire la messe devant lui, sans craindre l'exil, la prison ni la mort. Quand le roi de Béarn pénétrait dans leur église, ils quittaient aussitôt l'autel. Ils furent chassés d'Angers, de Lyon et de plusieurs autres villes à cause de leur attachement à la Ligue. Toujours, jusqu'à l'abjuration formelle et assurée d'Henri IV, ils furent ses plus loyaux et ses plus intrépides adversaires. Henri IV, converti, loin de leur garder rancune, devint leur ami et leur protecteur. A Angers il plaça la première pierre de leur couvent (4 avril 1598). A Paris, quand il y séjournait, il assistait presque chaque jour à la messe, dans leur couvent de la rue Saint-Honoré. Leur résistance passée avait touché l'âme chevaleresque d'Henri IV. Il avait admiré la fière indépendance de ces hommes de Dieu que ni menaces ni promesses ne pouvaient décider à trahir les intérêts et les droits de la foi. « Les Capucins sont des gens de bien, disait-il, ce qu'ils ont fait n'était point fait par la haine qu'ils me portaient, car ils m'aimaient et

leur donna le couvent du Marchix en 1593. Les Nantais les avaient accueillis avec la plus grande sympathie, et la ville s'était engagée, par délibération du 13 octobre 1593, à leur fournir gratuitement tous les remèdes dont ils pourraient avoir besoin pendant leurs maladies (1).

C'est dans la petite chapelle de ce couvent que Vasenet se plaisait à prier. Nécessairement, cette assiduité le mit en rapport avec les religieux. Ceux-ci lui avaient appris dès son enfance à faire l'oraison mentale. Fidèle aux instructions reçues, il laissait son âme s'envoler sur les ailes de la prière et, fréquemment, il franchissait la porte du cloître pour chercher de nouveaux encouragements à sa ferveur.

Chose étonnante aux sceptiques, mais qui ne surprend pas les jeunes âmes avides d'idéale pureté, Vasenet, à l'âge de neuf ans, demanda à être reçu dans l'Ordre des Capucins. Comme sainte Thérèse, il brûlait déjà du désir de répandre son sang pour Jésus-Christ et il rêvait des missions lointaines, car les religieux lui avaient raconté les essais et les souffrances de leurs confrères au Maroc et ailleurs.

me l'ont toujours témoigné en me résistant pour la sûreté de leur conscience; ils m'ont en cela témoigné leur fidélité ainsi qu'à l'Eglise notre mère, et je suis certain qu'ils me seront très fidèles sujets, et qu'ils garderont et observeront très exactement le respect et l'obéissance qu'ils me doivent, car ils me montrent une affection telle que je les crois sincères. » Cf. *Annales franciscaines*, 1884.

1. Cf. *les Capucins de l'Ermitage*, par le R. P. Flavien de Blois.

Le Père Gardien était alors le P. Gilles de Monnay, il se prit à sourire de cette ardeur si imprévue, mais, loin de rebuter l'enfant, il lui dit avec bonté : « Vous êtes encore trop jeune ; pour convertir les païens et les hérétiques, il faut de la science, travaillez à l'acquérir, il faut de la vertu et de la piété, faites encore des progrès et, dans quelques années, quand les règles de l'Église le permettront, nous pourrons vous recevoir et faire de vous un missionnaire. »

Ce retard nécessaire ne ralentit pas la vocation naissante, il fut plutôt, comme nous l'avons vu, un stimulant au travail et à la prière. Il avait hâte de quitter le monde pour s'enfermer dans le cloître. L'amour de Dieu qui brûlait son cœur ne pouvait supporter les retards. Vasenet, après sa rhétorique, c'est-à-dire à quatorze ans et quelques mois, fit une démarche auprès de ses parents et sollicita la permission de partir au noviciat des Capucins. Ces parents chrétiens s'opposèrent aux désirs de leur fils et lui demandèrent un délai. Celui-ci ne fut pas de longue durée, et s'expliquait d'ailleurs par l'âge de Vasenet qui ne répondait pas aux prescriptions canoniques du concile de Trente (1).

1. Le P. Emmanuel de Rennes est, sur ce point, d'une inconséquence évidente avec lui-même. D'après cet auteur, les époux Netto auraient demandé à leur fils un délai pour se préparer au sacrifice, et Vasenet leur aurait accordé deux ans. C'est ainsi qu'il le fait entrer au noviciat à dix-sept ans. En faisant la part large, cela nous mène à janvier 1623, où il entre au commencement de

Toujours est-il qu'arrivé à l'âge de quinze ou seize ans, il entrait au noviciat d'Angers, revêtait la bure de saint François et recevait le nom de Fr. Cassien (1). Les chrétiens, qui prétendent à la sagesse, peuvent dire : « Mais ce n'était qu'un enfant ! » Ils voudraient en remontrer à la sagesse de l'Église. Le saint concile de Trente a jugé cet âge assez mûr pour pouvoir orienter sa vie et cette décision, dans notre siècle, n'a rien perdu de sa valeur, car « l'expérience nous apprend que, s'il y a beaucoup de jeunesse à seize ans, il n'y a plus d'enfance à cet âge » (2).

Le Fr. Cassien ne devait plus revoir ses chers parents. Ceux-ci continuèrent à édifier la ville par une vie de piété et de vertus chrétiennes. Son père, Jean-Loppès Netto, mourut

sa dix-septième année, il aurait ainsi fait profession après l'année de noviciat en 1624. Cependant il lui fait faire profession en 1623. Les auteurs qui l'ont suivi (Cf. *Deux martyrs français au* XVIIe *siècle*), comprenant la difficulté, rejettent la profession à l'année 1624, et donnent ainsi dix-sept ans accomplis au moment de sa profession.

Le Procureur général de l'Ordre, qui écrivait en 1669, donne aussi la date de 1624 pour la profession. Nous avons une date certaine donnée par plusieurs manuscrits : 16 février 1623. Est-ce la date de prise d'habit ou celle de la profession religieuse? Vasenet avait, cette année, seize ans accomplis, il se trouvait dans les conditions canoniques du concile de Trente. Saint Laurent de Brindes a fait aussi profession à seize ans et quelques mois. L'absence de document plus précis nous oblige à laisser la question en suspens.

1. Saint Cassien était un instituteur ou maître d'école qui fut martyrisé par ses élèves païens à coups de stylet.

2. P. Emmanuel de Rennes, p. 90.

le 18 avril 1628, et sa mère, Guyomart d'Almeras, le 27 avril 1634. Tous deux sont inhumés dans l'église de Saint-Similien de Nantes (1).

Heureux d'être désormais assis à la table du Seigneur, selon l'expression de saint François, il se mit au travail de sa sanctification avec une ardeur nouvelle. Les vertus déjà pratiquées prirent un nouvel essor, il ne semblait novice dans aucune et encore moins dans l'oraison et la contemplation qu'on lui disait être l'âme de la vie religieuse. Il visa surtout à acquérir une parfaite soumission, par l'abnégation complète de la volonté propre, qui s'alimente des fumées de l'égoïsme. Mais il était jeune et l'amour du moi n'avait pas encore plongé de profondes racines dans son cœur. Le sacrifice lui était plus facile qu'à un âge plus avancé. Les chroniques nous ont transmis ce trait délicieux qui fut la plus grande épreuve de son noviciat. Toujours oublieux de lui-même, non seulement il obéissait sans difficulté aux ordres de son Père Maître, mais il en prévenait les moindres désirs et les exécutait avec un immense plaisir. Que fit le Père Maître ? Lui adressa-t-il des compliments ? Non, mais, craignant que ce plaisir ne fût une ruse de l'amour-propre, il prit un autre moyen pour purifier et fortifier cette obéissance. Au lieu de compliments, ce fut une coulpe publique que le Père Maître lui adressa sur la promptitude de son obéissance et, afin que la leçon

1. Note communiquée par M. l'abbé Girousse, vicaire de la même paroisse.

fût complète, il cessa de lui donner des ordres et même de lui parler pendant des semaines. Fr. Cassien supporta l'épreuve et mit au tombeau toute la sensibilité de son obéissance. Celle-ci n'en parut que plus belle à tous les yeux, et il fut admis à prononcer ses vœux solennels.

Il était en pleine jeunesse. Aucune raison ne poussait les Supérieurs à précipiter sa formation ni ses études. Fr. Cassien fut donc maintenu dans les exercices du noviciat pendant trois années, mais sans doute placé dans un autre couvent dont nous ignorons le nom. Là, sous la conduite et la direction d'un nouveau directeur spirituel, les vertus du noviciat se raffermirent dans la solitude et l'éloignement du monde. Là, dans une cellule, qui n'a qu'un mur de séparation d'avec le tabernacle, les forces vives de son esprit et de son cœur n'étaient nullement préoccupées des affaires du temps, mais toutes concentrées sur les vérités éternelles, que les personnes affairées n'entrevoient qu'à travers un brouillard. Ces trois années de séminaire furent saintement employées dans le silence, le travail et la prière.

Après cette formation spirituelle, les Supérieurs l'envoyèrent à Rennes faire ses études de philosophie et de théologie, sous la direction du P. François de Tréguier, qui avait été le professeur du P. Agathange. Ce professeur semblait destiné de Dieu à former des âmes héroïques d'apôtres et de martyrs. Nombreux sont ses disciples qui ont cueilli la palme du martyre du sang ou de la charité dans les missions de la Palestine, de la Syrie et de l'Égypte. Il trouva dans le Fr. Cassien un étudiant apte à entendre ses leçons. Les études antérieures du Fr. Cassien, les notions de théologie qu'il avait reçues des Cordeliers de Nantes, lui ouvraient plus facilement la clef des questions scolastiques. Son assiduité au travail aurait suffi d'ailleurs à lui assurer le succès.

Cette vie de préparation apostolique se poursuivit dans la monotonie de la régularité; elle venait d'être couronnée par le sacerdoce, lorsque le terrible fléau de la peste vint s'abattre sur la ville de Rennes. Pendant plus d'un an, de 1631 à 1632, il ravagea la capitale de la Bretagne. Dès le commencement, la terreur des habitants fut profonde et les victimes nombreuses. Ceux qui le pouvaient s'enfuyaient de la ville et l'on voyait des parents refuser de soigner leurs proches atteints par le fléau. Les Capucins étaient chargés de desservir le Sanitat, devenu plus tard l'Hôpital-Général, situé hors de la ville du côté de l'Ouest. C'est là qu'on transporta les premiers pestiférés. Plusieurs religieux, parmi lesquels le P. Cassien, s'offrirent pour soigner les victimes et s'enfermer avec elles, au foyer même de la contagion. Ce poste de dévouement et de charité était toujours envié par les Capucins et, dans ces années terribles, bon nombre d'entre eux tombèrent victimes du fléau. Le P. Cassien ne faisait que suivre une tradition de sa famille religieuse. Le fléau ne l'épargna pas, mais intrépide au milieu des morts dont il se voyait prêt d'augmenter le nombre, il ne cessa d'assister les pestiférés. Le repos, qui lui était nécessaire, se trouvait sans cesse interrompu par les cris des mourants auprès desquels il se rendait pour donner les soins les plus rebutants et rendre les derniers devoirs. Malgré la contagion ambiante du Sanitat, il échappa à la mort et ne sortit de cette maison funèbre qu'après la disparition de la peste.

Les bourgeois et les échevins avaient fait vœu d'offrir à la Vierge Marie une statue d'argent ayant à ses pieds la ville de Rennes, avec ses murs, ses vingt-quatre tours et tous les ouvrages extérieurs dont elle était entourée, si la peste disparaissait de la cité. Le vœu fut exaucé et la statue placée solennellement dans l'église des Pères Dominicains ; bourgeois et échevins assistèrent ensuite chaque année à la messe solennelle de la Nativité, le 8 septembre, en souvenir du vœu et de la délivrance de la ville.

Le dévouement des Capucins eut aussi sa récompense. Plusieurs étaient tombés victimes de leur charité, et la ville reconnaissante donna à la communauté une custode d'argent, pour porter le Saint Sacrement aux malades dans les temps de peste. Le P. Cassien, qui s'était humblement et généreusement dépensé, n'attendait pas sa récompense des hommes et, sans bruit, il se remit au travail des études, aspirant après la couronne d'un martyre plus sanglant.

Le désir des missions lointaines, qui avait échauffé son cœur d'enfant, loin de se refroidir sous la bure franciscaine, s'était accru en intensité. Le P. Joseph, qui choisissait ses hommes, avait jeté son dévolu sur le P. Cassien, et tous les deux n'attendaient que le terme des études pour réaliser leurs projets. Le temps était venu, et quand le P. Cassien reçut son obédience, qui est la feuille de route des religieux, il prend aussitôt le chemin de Paris avec un compagnon, le P. Benoît de Dijon, pour aller à Marseille. Là, ils s'arrêtent chez le docte Peiresc et reçoivent des leçons du célèbre Gassendi. Puis ils mettent à la voile pour gagner l'Égypte, où les attendait le P. Agathange.

Avant de les retrouver unissant leurs efforts dans le même champ d'apostolat, il nous faut revenir en arrière pour faire connaître l'origine de ces missions d'Orient et les travaux du P. Agathange sur la terre antique de Syrie

CHAPITRE IV

ORIGINE DE LA MISSION DU LEVANT. — IDÉE-MÈRE. — POUVOIRS DES PRÉFETS. — PREMIÈRES FONDATIONS A CONSTANTINOPLE.

Avant de raconter les travaux apostoliques du P. Agathange de Vendôme dans la mission de Syrie, il n'est pas sans utilité de jeter un coup d'œil sur l'origine et la fondation des missions capucines dans le Levant.

L'initiateur et la tête directrice de ce grand mouvement fut le célèbre P. Joseph de Paris, plus connu des historiens sous le nom de Joseph Le Clerc du Tremblay, appelé aussi, en raison de ses fonctions près de Richelieu et du roi Louis XIII : *l'Éminence grise* (1). A ses merveilleux talents de diplomate et d'homme d'État, il joignait les connaissances d'un profond mystique, le zèle d'un apôtre et les vertus d'un saint (2).

1. Nous ne parlerons pas des premières tentatives de missions antérieures faites au Maroc ou en Angleterre ou en Amérique.

2. M. Fagniez a mis en relief cette figure originale dans son remarquable ouvrage : *Le P. Joseph et Richelieu*, 2 vol. in-8. — M. l'abbé Dedouvres, aumônier du Calvaire d'Angers et professeur à l'Institut catholique, poursuit ses travaux sur le P. Joseph avec une patience inlassable.

Les affaires politiques de la France et de l'Europe, pourtant si épineuses à cette époque, furent loin d'absorber l'étonnante activité du P. Joseph. La fondation et la formation des religieuses bénédictines du Calvaire lui réclamaient encore une direction constante et des instructions sans cesse renouvelées. Les documents qui nous en restent prouvent qu'une pareille œuvre eût demandé la vie d'un homme ordinaire. Il eut encore la direction des missions françaises des Capucins, tant à l'intérieur qu'aux pays lointains. Les missions d'Angleterre et d'Ecosse, celles du Maroc et d'Amérique, et enfin celles du Levant étaient placées sous sa juridiction.

Une pensée maîtresse plane sur toute la vie et les œuvres du P. Joseph : l'amour de la Croix et l'amour des Lieux saints. Il gémissait comme Pierre l'Ermite de voir la terre arrosée du sang du Rédempteur sous la domination des Turcs. Fort de cette pensée chrétienne qui avait soulevé le moyen âge, il avait formé le projet d'une nouvelle croisade des nations chrétiennes pour chasser les Turcs de l'Europe et de la Palestine. Il profita même de ses nombreux voyages pour composer, à cette intention et chemin faisant, un poëme latin : *La Turciade.*

L'assentiment du roi d'Espagne et de plusieurs princes lui fut acquis, mais l'Europe elle-même était alors trop divisée, et des préoccupations d'un autre ordre empêchèrent les uns et les autres de donner suite à ce projet.

Les missions de l'intérieur se rattachaient, dans la pensée du P. Joseph, à cette idée maîtresse. Son ambition religieuse et patriotique était de rendre à la France son unité morale en lui rendant l'unité dans la foi, de lui donner ainsi la primauté en Europe et le pouvoir d'entraîner les autres nations chrétiennes dans une expédition d'Orient. De là ces grandes missions pacifiques dites du Poitou (1), qui portèrent un coup mortel au protestantisme. Le grand nombre des conversions obtenues par les Capucins dans cette croisade évangélique fait dire à l'historien du P. Joseph qu'à cette époque les Capucins « ont été les ouvriers évangéliques les plus actifs, les plus écoutés, les mieux récompensés de leurs peines. Le retour de notre pays à ses anciennes croyances a été en grande partie leur œuvre (2). »

Lorsque le P. Joseph du Tremblay avait

1. Le Poitou en fut le premier théâtre, mais elles s'étendirent un peu partout, particulièrement dans le sud-ouest et le sud-est de la France.

2. Cf. Fagniez, *le P. Joseph et Richelieu*, t. I, p. 378. — L'histoire manuscrite de ces missions du Poitou a dû être faite; mais restée à l'état de manuscrit, elle a disparu pendant la Révolution. Les recherches jusqu'à présent n'ont pas abouti; espérons que M. l'abbé Dedouvres, l'historien érudit et passionné du P. Joseph, aura l'heureuse fortune de le retrouver et d'écrire encore une belle page à la gloire du P. Joseph. Les documents épars qui nous en restent ou qui se trouvent dans les archives de Rome, donnent quelques noms des seigneurs et personnages importants du Poitou convertis dans ces missions, et dont nous retrouvons encore aujourd'hui les descendants au premier rang des catholiques.

formé le grand projet de la croisade contre les Turcs, il était Provincial de Paris. Plus tard, Provincial de Touraine, il ne l'abandonnera pas, et, devenu le bras droit de Richelieu, son exécution n'en sera que différée dans sa pensée. Les événements étaient plus forts que sa volonté; la question d'Orient, impossible à trancher par les armes, restera longtemps le souci des diplomates, et le cimeterre musulman, tourné vers l'Europe, sera un danger permanent pour la chrétienté.

Le P. Joseph ne s'avouait pas vaincu; un autre plan germa dans son esprit. L'expédition militaire impossible ou indéfiniment différée, il se résolut à une croisade plus pacifique. Chez lui, si la conception était lumineuse, l'action était rapide. Son projet était de convertir l'Orient et d'arracher d'abord les populations chrétiennes du sommeil léthargique où les avaient plongé des siècles de schisme et d'hérésie.

Plusieurs historiens anciens et récents prêtent à la fondation de cette mission, comme des autres, des visées politiques. Les uns y voient une vaste conspiration contre l'empire ottoman, les autres un moyen de soulever les Turcs contre la Maison d'Autriche. « Qui prouve trop ne prouve rien », dit l'axiome. La pensée première inspiratrice était plus haute, elle prenait sa source dans le domaine de la foi. Certes, toute mission catholique est toujours civilisatrice, et, si les succès répondent aux efforts, il en revient de multiples profits d'honneur, de gloire et d'intérêts à la nation qui fournit les ouvriers évangéliques. C'est, en somme, la réalisation de la divine parole : « Cherchez d'abord le royaume de Dieu, et le reste vous sera donné par surcroît. » Le P. Joseph avait formé ce projet alors qu'il n'était encore rien dans les conseils du roi, et si, plus tard, favorisé de la puissante protection royale et de la faveur de Richelieu, il put donner un plus grand essor à l'œuvre de la mission, celle-ci n'en restera pas moins premièrement une œuvre d'évangélisation, et les avantages nationaux n'en seront qu'une résultante réelle, mais non cherchée. L'autorité royale n'envisageait pas autrement les missions; sa négligence et son insouciance même à tirer profit de l'influence et des travaux des missionnaires prouvent combien peu les visées politiques la préoccupaient. Un document des archives secrètes le donne clairement à entendre: « Les missions sont de deux sortes, et elles ont eu dans leur origine un double but, l'un la propagation de la foi, l'autre la nécessité de procurer les secours spirituels aux sujets du roi que le commerce attire dans les pays lointains et infidèles ou aux habitants des colonies françaises. En adoptant des vues aussi respectables, on n'a pas assez senti l'avantage que la politique pouvait en tirer. *On n'a jamais remarqué* qu'avec un peu plus de surveillance sur les missionnaires, un peu plus d'attention à honorer leurs personnes et distinguer leur mérite, on aurait étendu le commerce et fortifié des situations dont le gouvernement se servirait dans des circonstances plus importantes (1). »

L'esprit mercantile du siècle paraît déjà dans cette pièce, mais les vues catholiques du XVIIe siècle n'en sont pas moins bien caractérisées, et elles atteignaient plus efficacement le même but par des intentions plus élevées et par les sympathies qu'attiraient à notre pays l'évangélisation religieuse. L'esprit du siècle dernier a changé le point de vue, mais en ne cherchant que les intérêts matériels et politiques, l'influence française se trouve aux prises avec la concurrence, et perd tous les jours de sa prospérité sur le terrain religieux et commercial.

Quoi qu'il en soit de la politique, le P. Joseph avait conçu un vaste plan d'évangélisation de l'Orient. La conversion des musulmans eux-mêmes, idée chère à saint François, ne lui paraissait peut-être pas d'une absolue impossibilité. Mais en homme prudent qui ne veut pas tenter l'entreprise sans des points d'appui, il envoie comme explorateur le P. Pacifique de Provins, avec mission d'étudier l'état religieux de l'Orient, les difficultés de la mission et les espérances probables de succès.

1. *État du clergé de la Marine en 1782*, I, 5. Mss. du Ministère de la Marine, à Paris. Nous n'avons pas vu la pièce originale, nous n'avons entre les mains que la traduction italienne donnée dans la *Storia delle Missioni dei Cappuccini*, de Mgr Rocco Cocchia, t. III, p. 64.

Le P. Pacifique s'embarquait aux îles de Marseille, sur le navire *Saint-François,* le 22 janvier 1622. Une flotte de dix-sept vaisseaux se dirigeait en même temps vers les échelles du Levant. Des bâtiments de guerre, sous le commandement du sieur de Manty et de son lieutenant de l'Isle, accompagnaient les tartanes de commerce pour les protéger contre les pirates de Barbarie. La tempête, à plusieurs reprises, se joua de toutes les précautions, les navires furent dispersés. La foudre frappa le *Saint-François* dans le golfe de Smyrne. Cependant l'intrépide explorateur accomplit sa mission. Débarqué à Constantinople le 2 mars 1622, il étudia sur place les questions religieuses, visita successivement l'île de Rhodes, Alexandrie et le Caire, Jérusalem et la Terre Sainte, reprit la mer à Saïda, et, à la fin d'octobre de la même année 1622, il était à Rome pour exposer ses idées et rendre compte de son voyage (1).

Jusqu'à cette époque, les missions lointaines approuvées par les Souverains Pontifes étaient laissées aux seules ressources de leurs initiateurs. Il n'y avait pas à Rome un centre administratif régulateur et financier pour secourir les pionniers de l'Évangile. Mais, au moment où le P. Pacifique revenait du Levant, Rome avait une organisation établie pour propager la foi dans les pays infidèles. C'était la Congrégation de la Propagande, fondée au commence-

1. Cf. *Voyage en Perse*, par le P. Pacifique de Provins. — Paris, 1631.

ment de 1622 par Grégoire XV, sous l'inspiration d'un Capucin, le P. Jérôme de Narni. Plus tard, le P. Joseph suggérera au Souverain Pontife un développement plus parfait de cette Congrégation de *Propaganda fide*, et un autre Capucin, saint Fidèle de Sigmaringen, sera le premier de ses missionnaires placé sur les autels avec la palme du martyre.

Le P. Pacifique fit un rapport de son voyage qui fut présenté à Grégoire XV, bientôt les projets de missions furent approuvés. Les registres de la Propagande, à la date du 10 janvier 1623, portent que « le Pape et les cardinaux résolurent d'envoyer quatre Capucins français à Constantinople ».

Le même jour et dans la même séance, la Propagande décida d'envoyer six Capucins à Alep, quatre à Alexandrie et quatre en Arménie. L'Éthiopie elle-même ne fut pas oubliée : « Comme les Éthiopiens honorent singulièrement l'habit des Capucins, il est statué qu'on y établira une mission. »

Dès lors les missions capucines françaises dans le Levant étaient fondées. Quelques-unes de ces décisions restèrent des années à l'état de principe. Cependant, sans tarder, on se mit à l'œuvre. Les villes désignées, Constantinople, Alep, Alexandrie étaient les capitales de l'empire ottoman, et y établir des missionnaires, c'était attaquer les schismes orientaux par les places fortes. Mais il fallait un Supérieur pour susciter les bonnes volontés, recruter des missionnaires capables, investi du pouvoir de les présenter, de les rappeler et de les déplacer; il fallait une tête pour déterminer une ligne de conduite et diriger les efforts vers un but commun. A ce moment, le P. Joseph du Tremblay avait quitté sa charge de Provincial de Touraine, parce qu'il avait été appelé à la cour par le cardinal de Richelieu.

Ses travaux antérieurs et sa situation présente le mettaient particulièrement en vue et le désignaient au choix du Souverain Pontife : « Ce choix ne pouvait guère tomber que sur le P. Joseph et il ne pouvait pas tomber mieux. Il était indiqué par la façon dont il avait dirigé la mission du Poitou, l'idée d'en fonder une à Constantinople venait de lui, car c'était, on l'a vu, à son instigation, que le P. Pacifique de Provins était allé se rendre compte des chances de succès ; on lui devait enfin les sympathies de l'ambassadeur de Césy et de Richelieu. En lui déférant le titre de Préfet des missions d'Orient, en même temps que de celles d'Angleterre et d'Écosse, la Sacrée Congrégation reconnaissait l'autorité qu'il s'était acquise par l'organisation de celles de l'Ouest et consacrait le plan général qu'il avait tracé pour la propagande évangélique et qu'il avait soumis au Souverain Pontife. Les pouvoirs étendus qui furent accordés à son collègue dans la Préfecture, le P. Léonard de Paris (1), et à lui, et dans leur personne à tous

1. Son nom de famille était Jacques de Querquifinan. Son père était conseiller au Parlement. Après son entrée

les missionnaires, sont ceux qu'il avait demandés (1). »

Ces pouvoirs sont en effet très étendus. Ils furent accordés par la Congrégation du Saint-Office, le jeudi 19 avril 1625 (2). Nous tenons à les donner dans leur substance, car l'usage même modéré de ces pouvoirs fut pour les Capucins la source de mille difficultés, aujourd'hui incompréhensibles (3). On les nia tout d'abord, on les contesta ensuite, plus encore on refusa aux Capucins de les exercer; de là des conflits de juridiction interminables. Les deux Préfets avaient droit de confesser, avec l'autorisation

au noviciat (22 mars 1587), des parents vinrent l'enlever pour le rendre à son père qui le retint prisonnier. Mais, vaincu par les prières et les larmes de son fils, il le laissa retourner au couvent de Saint-Honoré. Le P. Léonard fut plusieurs fois Provincial de Paris et de Lorraine, puis Définiteur général. Orateur très applaudi à la cour d'Henri IV, il convertit beaucoup d'hérétiques et refusa la dignité épiscopale. Collègue du P. Joseph dans la Préfecture des missions, il s'occupa plus particulièrement de la mission d'Angleterre. La princesse Henriette-Marie de Bourbon, épouse de l'infortuné Charles Ier, roi d'Angleterre, l'avait choisi pour son directeur. A la mort du P. Joseph du Tremblay, le P. Léonard donna sa démission de Préfet, et mourut au couvent de Saint-Honoré, le 4 septembre 1641.

1. Cf. Fagniez, *Histoire du P. Joseph et de Richelieu*, tome Ier, p. 315.

2. La mission des Capucins de Pera (Constantinople) possède dans ses archives une copie sur parchemin, collationnée sur l'original et signée de deux notaires.

3. Nous aurions pu nous contenter de citer textuellement Fagniez (t. Ier, p. 315), qui mentionne ces pouvoirs, mais certaines expressions importantes au point de vue canonique sont passées sous silence, ou ne sont pas exactement rendues.

de l'Ordinaire, les fidèles des deux sexes; d'exercer, sous la même condition, le ministère paroissial, là où il n'y avait pas de curé; d'absoudre des crimes d'hérésie, d'apostasie, de schisme et de tous les cas réservés au Saint-Siège, même ceux de la bulle *In Cœna Domini*, et de la simonie; de lire les livres des hérétiques pour les réfuter; de célébrer la messe sur un autel portatif ou mutilé, même en présence des hérétiques et des excommuniés; de commuer les vœux simples; de relever des irrégularités les prêtres pauvres; de consacrer les calices, les patènes, les autels portatifs et tous les ornements nécessaires au saint sacrifice; de célébrer la messe en plein air, ou dans un souterrain, de le faire trois heures avant le jour, une heure après midi, et deux fois dans le même jour selon la nécessité, en présence d'hérétiques ou d'excommuniés; de conserver les hosties consacrées sans lumière et sans observer les autres prescriptions liturgiques; de dispenser gratis des empêchements de parenté au second et au troisième degré pour les mariages déjà contractés; d'imprimer ou d'éditer des livres sans nom d'auteur (1), d'imprimeur ni du lieu d'impression; de dispenser les nouveaux convertis de la restitution des revenus ecclésiastiques indûment perçus (2); de nommer des syndics pour

1. Plusieurs ouvrages sont ainsi sortis de l'imprimerie avec l'anonymat ou des noms supposés. Seuls, les bibliophiles au courant de l'histoire les connaissent.

2. Fagniez ajoute ici : de circuler sous le costume ré-

gérer et fournir les ressources nécessaires aux missions d'Orient, d'Angleterre et d'Écosse (1); d'accorder une indulgence plénière aux pénitents qui se confessent à eux, la première fois; de faire deux fois par an, avec le consentement des Ordinaires, l'oraison des Quarante-Heures et d'accorder à cette occasion une indulgence plénière; d'accorder aussi une indulgence plénière à ceux qui assistent à leurs prédications et font la communion aux jours de première classe; de gagner eux-mêmes ces indulgences; de délivrer une âme du purgatoire en célébrant, chaque lundi, la messe pour les défunts; enfin de communiquer en tout ou en partie ces pouvoirs à des missionnaires désignés par eux à la Congrégation, dont vingt pour l'Angleterre et quinze pour l'Orient, et de déléguer à des prêtres approuvés par l'Ordinaire, la faculté d'absoudre des cas réservés. Ces pouvoirs sont accordés pour dix ans.

Les deux Préfets, les PP. Joseph et Léonard de Paris, au reçu de leur nomination et de leurs pouvoirs, s'empressèrent d'organiser un premier départ. Les préparatifs en France allèrent de pair avec ceux de Constantinople où l'ambassadeur M. Philippe de Harlay, comte de

gulier. (Cf. t. Ier, p. 315.) Cette mention ne se trouve pas sur la copie que nous avons sous les yeux.

1. Fagniez dit simplement « de faire administrer le viatique par des délégués ». (*Ibid.*) Le sens est tout différent, il ne s'agit pas d'un ministère spirituel, mais de l'administration temporelle des syndics dont nous avons parlé au commencement.

Césy, préparait un local et une chapelle pour les futurs missionnaires. Celui-ci suivait les directions du P. Joseph et les désirs de la Cour romaine avec d'autant plus de joie, qu'il avait lui-même sollicité cette fondation.

L'avant-garde de cette nouvelle croisade fut composée des PP. Archange de Fossé, Léonard de La Tour, Évangéliste de Reims et Raphaël de Neuville. Partis de Paris le 5 février 1626, ils débarquaient sur la rive du Bosphore le 7 juillet.

Huit jours après, la « Communauté » de Galata leur donnait à choisir entre l'église Saint-Jean et l'église Saint-Georges-du-Mont alors fort délabrée. Les missionnaires acceptèrent cette dernière et en prirent possession le 19 juillet. La maison contiguë qu'ils recevaient en même temps fut partagée en petites cellules. Cette église devint le premier centre de leurs travaux.

Les Capucins français n'étaient pas les premiers religieux de Saint-François qui tentaient de s'établir à Constantinople et de rappeler les populations levantines à la foi romaine. Les Conventuels y occupaient toujours une place prépondérante depuis les Croisades, et la charge de vicaire patriarcal était presque constamment exercée par l'un d'eux (1). Les Observants

1. Leur église de Saint-François, située dans Galata, était cathédrale et siège du vicaire patriarcal. Macarius, patriarche non uni d'Antioche, en donne la description suivante : « Nous avons visité l'église des Francs, qui a été brûlée depuis, elle égalait Sainte-Sophie pour la hauteur, la grandeur, la forme et la structure. Elle était

s'y étaient fixés vers 1427 et les Récollets vers 1630. D'autres religieux tels que les Dominicains partageaient leurs travaux. Mais le champ était assez vaste pour occuper d'autres ouvriers.

Des Capucins italiens avaient déjà fait une tentative de mission en 1587 (1). Celui qui a laissé un plus grand souvenir dans l'histoire est le P. Joseph de Léonisse. Débarqué le dernier à Constantinople et ne sachant où trouver ses confrères, il fut accosté par un charmant enfant qui le conduisit, à travers les rues de la ville, jusqu'à l'église Notre-Dame, comprise dans le couvent de Saint-Benoît où se trouvaient ses confrères. L'apostolat du bagne lui fut confié, œuvre de charité héroïque surtout en temps de peste. Il ne recula devant aucun sacrifice jusqu'à ce que le fléau le terrassât ; il put en guérir, tandis que les deux autres Pères tombèrent victimes de leur dévouement. Le P. Joseph de Léonisse brûlait des ardeurs de l'apôtre, il

ornée à l'intérieur et à l'extérieur de peintures en mosaïques représentant les faits évangéliques : par-dessus tout, on admirait sur la porte une mosaïque représentant l'Assomption de Notre-Dame. » Cf. *Histoire de la Latinité*, p. 201. Cette magnifique église fut ravagée par un incendie en mars 1639. Aujourd'hui une mosquée s'élève sur son emplacement ; il n'en reste plus qu'une pierre tombale, dont le décor artistique prouve que le génie ombrien s'était transporté jusque sur les rives du Bosphore.

1. En 1551, deux Capucins, les PP. Jean Juarez de Castille et Jean de la Pouille pénétrèrent dans Constantinople, mais ils furent arrêtés, envoyés en Égypte où ils moururent dans les prisons. L'expédition de 1587 était composée des PP. Pierre della Croce, Denis de Rome, Joseph de Léonisse et du Fr. Grégoire de Léonisse.

tenta de pénétrer jusqu'au sultan pour lui annoncer la vraie foi. Étant entré dans le palais du Grand-Seigneur, il fut arrêté aussitôt et condamné à la pendaison aux crochets. Trois jours et trois nuits, il resta suspendu pendant qu'un grand feu était allumé sous son gibet. Un ange vint le détacher de la potence en lui donnant l'ordre de partir pour l'Italie. Là ses travaux apostoliques furent considérables, il mourut à Amatrice, le 4 février 1612, et Benoît XIV l'a placé au nombre des saints en 1746. Il était resté deux ans à Constantinople, mais le souvenir de ses vertus n'était pas effacé quand les Capucins français vinrent jeter les fondements de leurs missions orientales (1).

Les Capucins français avaient été précédés par des Jésuites de même nation arrivés à Constantinople en 1609. Les fruits de leur apostolat avaient justifié le patronage du roi Henri IV et de son ambassadeur Lancosme-Brèves. Mais les insinuations malveillantes des ambassadeurs protestants et plus encore de l'ambassadeur catholique de la république de Venise qui les

1. Saint Joseph de Léonisse et ses compagnons avaient succédé aux Pères Jésuites dans l'église Saint-Benoît. Ceux-ci s'étaient établis au nombre de cinq en 1583. La peste avait emporté quatre d'entre eux et le dernier s'était embarqué pour la chrétienté parce que le pape Sixte-Quint avait refusé tout subside pour entretenir leur mission. Les Jésuites reprirent plus tard (1610) possession de l'église Saint-Benoît. — Cf. *Hist. de la Latinité à Constantinople*, par M. A. Belin, deuxième édition, p. 240 et suivantes.

avait chassé de ses États et les poursuivait partout, avaient rendu les Pères Jésuites suspects à la Porte Ottomane. On les accusait d'être des ennemis de l'État, des hommes de discorde, des séditieux, des instruments de l'Espagne, et chose plus ridicule encore, des *espions du Pape*. En un mot toute la série haineuse des vieux clichés huguenots se déroulait à Constantinople comme à Londres et ailleurs. Aussi, malgré la protection des ambassadeurs de France, ils furent plusieurs fois arrêtés et expulsés.

Les nouveaux arrivants, enrôlés au service de la même cause, ne se heurtaient pas aux mêmes préventions. Bien accueillis par le comte de Césy, ambassadeur et parent du P. Archange de Fossé (1), les Capucins reçurent encore l'appui des ambassadeurs de Venise, de Hollande et

1. Le P. Archange du Fossé ou de Fossé avait été officier dans les armées du roi et appartenait à la famille noble dont il conserva le nom ; il était cousin de M. de Césy, ambassadeur de France à Constantinople. Il avait aussi un frère dans l'Ordre de Malte. Peut-être faudrait-il voir en lui le brillant gentilhomme de même nom, qui fut fait sous-lieutenant des gendarmes de la reine en 1616, fit de brillantes campagnes contre M. le Prince et étonna la Cour par sa fidélité au commandeur de Sillery, disgracié. Il existe une plaquette de lui : *Lettre des Pères Capucins nouvellement establis en la ville de Constantinople*, à Paris, chez la veufve Ducarroy, 1627. Il revint plus tard en France et mourut Supérieur du couvent des Capucins du Marais, à Paris, le 22 juillet 1670. (Cf. *Corresp. de Peiresc*, note du P. Apollinaire de Valence, p. 322.) L'église de ce couvent, devenue la paroisse Saint-Jean-Saint-François, renferme encore dans ses caveaux mortuaires les restes des anciens religieux. Quelques plaques de cuivre portent gravés les noms

d'Angleterre. Ces deux derniers, quoique protestants, s'engagèrent à leur fournir la nourriture un jour par semaine. Le Grand-Seigneur lui-même, les rencontrant sur son passage, leur donna des marques de bienveillance.

Les Capucins durent cependant conquérir droit de cité; leurs vertus plus encore que la protection des ambassadeurs furent les causes de leur popularité.

Le fanatisme ombrageux des musulmans est toujours susceptible de se réveiller devant une nouvelle entreprise catholique. Le P. Archange l'éprouva lui-même. Bien que Supérieur de la mission, il se fit quêteur pour ses frères, et ses courses dans la ville pour demander l'aumône ne pouvaient se faire sans rencontrer chaque jour beaucoup de Turcs. Son habit étrange attirait l'attention. Si quelques-uns l'arrêtaient pour baiser le bord de son manteau ou l'extrémité de sa barbe, les autres lui crachaient au visage, lui tiraient le capuce ou le rouaient de coups. Ils mettaient des couteaux dans les mains des enfants pouvant à peine marcher et les excitaient à frapper les religieux.

Le P. Archange, avec une grande bonté, prenait ces petits dans ses bras, leur donnait un *nom de Jésus* (1) et les reportait à leurs mères, sur

des religieux parmi lesquels, croyons-nous, celui du P. Archange de Fossé.

1. C'est ainsi qu'on appelle le monogramme du Christ que saint Bernardin de Sienne avait fait peindre sur ses étendards. La Compagnie de Jésus l'a emprunté à l'Ordre franciscain et l'a mis dans ses armes.

le pas de leurs portes. Cette conduite si différente se termina par un fait plus tragique: un jeune Turc passant près du P. Archange lui causa quelque avanie semblable, puis revenant sur ses pas, il saisit une pierre et, la lançant avec force, il atteignit le missionnaire à la tête. Un Turc de qualité, témoin de cette brutalité, arrêta le jeune homme et le condamna, séance tenante, à recevoir trente coups de bâton des gens de sa suite. Oublieux de sa blessure, le P. Archange accourut au secours de son agresseur qui, sans cette intervention, serait mort sous les coups. La procédure sommaire de ce brave Turc compatissant et justicier, arrêta comme par enchantement les manifestations fanatiques de ses coreligionnaires.

Un revirement d'opinion ne tarda pas à se produire en faveur des missionnaires. Les Turcs s'informèrent près des chrétiens apostats des mœurs et coutumes des nouveaux venus et la sympathie succéda à la haine. Moins d'une année après l'arrivée des religieux, les Turcs étaient devenus leurs amis. Ils venaient manger avec eux, leur demandaient avec une grande discrétion de ne rien changer à leurs usages, et s'édifiaient de leur silence et de la lecture pendant le repas. Ces disciples de Mahomet se mêlaient au chœur avec les religieux pendant le chant des vêpres, et ne se cachaient pas pour témoigner leur admiration et leur sympathie devenues plus grandes que leur fanatisme antichrétien. Si un soulèvement se produit contre les chrétiens, disaient-ils, nous ne vous ferons aucun mal, car vous êtes vraiment des hommes consacrés à Dieu.

Les Juifs eux-mêmes subissaient l'ascendant de leurs vertus et plaignaient les Capucins d'être des illusionnés. Les Grecs seuls étaient inabordables. La haine de Rome et des latins restait toujours vivace dans cette nation ignorante, vicieuse et superbe (1).

Nous n'avons pas à poursuivre l'histoire du couvent de Saint-Georges de Galata où les Capucins exercèrent un apostolat fructueux jusqu'en 1783, alors que les mesures prises par la royale et gallicane Commission des Réguliers (2),

1. Cf. *Lettre à une grande dame de la cour*, Paris, 1627, par le P. Archange de Fossé. — Cependant, pour éviter toute exagération, disons qu'il n'en fut pas ainsi dans les autres stations de la mission. Les Grecs des îles accouraient aux églises des Capucins. A Constantinople même, les religieux eurent des succès. Le P. Archange fut lui-même, près du pape et du roi, l'interprète des sentiments d'orthodoxie du patriarche de Constantinople, probablement Cyrille de Bérée, successeur du patriarche calviniste Cyrille Lucaris.

2. Un édit de mars 1768 prescrivait de soumettre à un nouvel examen les Constitutions des Ordres religieux, approuvées par l'Eglise. Il supprimait une quantité de maisons religieuses. Un autre édit de mars 1769 reculait l'âge de la profession jusqu'à vingt et un ans. La réunion plénière des délégués des Capucins fut présidée par l'un d'eux, faveur que les autres Ordres religieux n'eurent pas. Quant aux changements dans les Constitutions, les Capucins ne voulurent rien entendre, grâce à l'intervention du vénérable P. Ambroise de Lombez et des religieux fervents. Il n'en reste pas moins vrai que l'édit de mars 1769 fut cause de la déchéance des Ordres religieux. En dix ans les Capucins perdirent 1205 religieux et

tarissant en France les sources de la vie religieuse, eurent une répercussion néfaste à l'influence nationale dans toutes les missions desservies par des religieux français.

Saint-Georges de Galata passa d'ailleurs au second rang lorsque la fondation de Saint-Louis de Péra fut assurée. Deux religieux Capucins attachés en qualité d'aumôniers à la personne de l'ambassadeur s'étaient établis sur les hauteurs de Péra le 14 juillet 1628. Ils y ouvrirent une école à la demande des Pérotes, les enfants des premières familles y accoururent nombreux, et bientôt les parents se réjouirent de leurs progrès, non seulement dans les bonnes lettres, mais dans la civilité et dans la pratique d'une vie chrétienne et vertueuse (1). Cette école gratuite subsista jusqu'après la Révolution française.

A cette école viendra se joindre un autre collège beaucoup plus important pour les intérêts nationaux. Nous voulons parler du « Collège des Jeunes des langues ». Les jeunes gens entretenus aux frais du roi restaient pendant trois ans sous la formation des Capucins qui leur enseignaient les langues usitées en Orient, c'est-à-dire outre le latin, le français, l'italien, le grec, l'arménien et le turc. Ils devenaient ensuite les drogmans ou interprètes des ambassadeurs et

ne firent que 446 recrues nouvelles. La Révolution pouvait venir, elle ne devait plus trouver dans les couvents que des vieillards. Si elle réussit si bien à détruire les congrégations, il faut avouer que la monarchie lui avait singulièrement facilité la tâche.

1. Cf. *Hist. de la Latinité*, p. 305.

des consuls près la Sublime-Porte et des autorités ottomanes; d'autres pensionnaires grecs et arméniens venaient se joindre aux protégés du roi pour apprendre les langues. Une institution semblable fut établie par les Napolitains et confiée aussi aux Capucins français de Saint-Georges de Galata (1). Cet établissement d'une utilité incontestable pour les intérêts nationaux se retrouve aujourd'hui transporté de Constantinople à Paris sous le nom d'*Institut des langues orientales*.

Joignons à ces écoles les travaux du ministère apostolique et sacerdotal : les confessions et prédications fréquentes en français, italien, grec et turc, les secours religieux donnés aux officiers et matelots de la nation, comme aussi aux esclaves fugitifs qui se réfugiaient à l'ambassade de France pour se libérer du joug des Turcs. C'étaient des pauvres Français, Italiens, Maltais, Espagnols capturés par les corsaires et jetés dans les bagnes ou vendus comme esclaves. Quand ils échappaient à la tyrannie de leurs maîtres, il fallait les nourrir, les vêtir de pied en cap, les ramener à la pratique de leur religion, car beaucoup étaient renégats, et enfin les faire retourner dans leur pays d'origine. C'était un grand travail pour les religieux, une gêne extrême pour la communauté, mais le tout était compensé par la joie de plus de deux cents conversions annuelles (1).

1. Cf. *Histoire de la Latinité*, c. VII, pp. 299 et 308.
2. Cf. *Ibid.*, document de 1745, p. 313.

Si nous avons si longuement parlé de cette mission de Constantinople, c'est qu'elle fut le centre des autres missions. Là d'ailleurs, près de l'ambassadeur de France, devaient se centraliser et se dénouer les questions soulevées et pendantes dans les autres stations. Les missionnaires, depuis près de trois siècles, recourent à l'ambassadeur de France, qui est aussi comme le légat du Saint-Siège. Son pouvoir et son crédit près de la Porte a pour objet des questions religieuses plus encore que des intérêts civils ou commerciaux.

Saint-Louis de Péra, première église latine construite dans cette partie de Constantinople, a toujours eu une grande importance par son voisinage avec le palais de France. Quand les missions seront partagées en trois custodies confiées à trois provinces diverses, elle restera dépendante de la Province de Paris et la maison principale de la Custodie de Grèce. Le Supérieur aura bientôt sous sa dépendance les deux stations de Constantinople et celles de Smyrne, Chio, Athènes, Napoli de Romanie, Candie, Naxos, Milo, Syra et Quoch-Adacy ou Scalanova dans le golfe d'Ephèse.

Cette station de Saint-Louis a survécu à toutes les vicissitudes et à toutes les révolutions. Administrée par des Capucins italiens après la Révolution, elle est revenue aux religieux français en 1881. L'un d'eux porte le titre de chapelain et aumônier de l'ambassadeur, et de Père curé de l'église paroissiale de Saint-Louis de Péra. Une nouvelle institution pleine d'espérances, parce qu'elle a fait déjà ses preuves, a succédé au « Collège des Jeunes des langues ». C'est la fondation et la direction des petit et grand séminaires où se forment à la vie sacerdotale et apostolique les élèves des différents rites orientaux et du diocèse latin de Constantinople.

Le premier essai de mission orientale ayant réussi et donnant dès les premiers jours de belles espérances, le P. Joseph du Tremblay ne tarda pas à tenter de pénétrer dans l'empire musulman par d'autres portes. Alep sera la clef de pénétration jusqu'en Perse et aux Indes. Nous allons y trouver bientôt le bienheureux P. Agathange.

CHAPITRE V

MISSION D'ALEP. — SON FONDATEUR. — CONFLIT DE JURIDICTION. — FIRMAN IMPÉRIAL ET LETTRES DU ROI LOUIS XIII. — PREMIERS SUCCÈS.

Le plan du P. Joseph était de ramener à la foi catholique et romaine toutes les populations dissidentes, dispersées sur les rives de la Méditerranée.

Les succès obtenus à Constantinople fortifiaient ses projets et ses espérances. Il pouvait, dès lors, sans imprudence, tenter d'établir un nouveau centre de mission. L'homme qu'il fallait pour mener à bonne fin l'entreprise était sous sa main; le P. Pacifique de Provins n'avait pas, en effet, reçu de destination depuis son retour.

Le P. Joseph lui donna une obédience pour la ville d'Alep, en Syrie, et le nomma Supérieur de la mission. Muni de ce passeport, le P. Pacifique traversa de nouveau la mer avec ses compagnons, les PP. Juste de Beauvais et Gabriel de Paris. Débarqués à Saïda ou Sidon, ils gravirent les pentes du Liban pour gagner Damas où ils séjournèrent un mois. Puis, profitant du départ d'une caravane, ils s'avancèrent sous le soleil brûlant du mois d'août, et parvinrent en dix jours, à Alep, premier terme de leur voyage (1626). Le P. Pacifique était terrassé par la fièvre.

Une boutique de marchand ou *faisarie* leur fournit un premier abri, plus tard, ils se logèrent dans un appartement situé dans le grand Camp et acheté par M. Fréjus, commerçant français, à M. Gaspard, marchand flamand (1).

Alep ne devait être pourtant qu'une école de préparation et une étape de deux ans pour ces premiers missionnaires. Le P. Pacifique voulait gagner la Perse avec ses deux compagnons, car le roi Louis XIII l'avait chargé d'une mission diplomatique près de Shah-Abbas, surnommé le Grand.

« Des religieux espagnols, des compagnies de commerce anglaise et hollandaise s'étaient introduits à Ispahan. Richelieu et le P. Joseph entreprirent de faire passer à la France l'influence et les bénéfices dont profitaient ces rivaux politiques et commerciaux. Un diplomate, qui connaissait déjà l'Orient, des Hayes de Cormenin, reçut la mission d'obtenir de Shah-Abbas l'établissement de religieux franciscains à Ispahan et le monopole du commerce entre la Perse et l'Europe (2). »

Mais, à cette époque, la Sublime-Porte redoutait la puissance et l'esprit de conquête de Shah-Abbas, qui, à plusieurs reprises, mettra en déroute les armées turques. Elle s'opposa au départ du diplomate, et refusa les passeports

1. Mission d'Alep. Mss. Bibl. franc.
2. Fagniez, t. I, p. 359.

au P. Pacifique. Celui-ci se mit cependant en route le 28 juin 1628. Il ne comptait pas avec les périls et les dangers. La caravane est arrêtée et rançonnée par Metelich, prince arabe, qui, en dévisageant nos religieux, leur dit : « A vous, je ne demande rien, priez Dieu pour le prince. » Le missionnaire arriva à la capitale de l'antique Chaldée, la trop fameuse Babylone, la ville de Semiramis, couchée sous le linceul de ses ruines, dont Bagdad, la ville moderne, n'occupe qu'un angle. Là, le gouverneur et les chrétiens leur firent un accueil sympathique ; c'est pourquoi il laissa sous leur protection le P. Juste de Beauvais, qui aura pour demeure une pauvre cabane de berger et sera le premier ouvrier apostolique de cette difficile mission. Le P. Pacifique, continuant son pénible voyage, parvint enfin à Ispahan après plus de soixante jours passés sur un chameau décharné.

Les Augustins, les Carmes le reçurent comme un frère, et l'évêque arménien de Djoulfa lui offrit une hospitalité biblique, en faisant dans l'église de son monastère la solennelle cérémonie du lavement des pieds aux voyageurs.

Le grand Shah-Abbas le reçut et le traita avec tous les honneurs dus à un ambassadeur du roi très chrétien ; il l'invita à sa table et déploya devant lui toutes les splendeurs du luxe oriental. Le missionnaire remit au monarque de la Perse, les lettres de Louis XIII et les portraits de Leurs Majestés le Roi et la Reine. Toute la cour fut touchée de cette attention royale et s'extasia devant les tableaux.

Le P. Pacifique profitant des bonnes dispositions du Shah, sollicita, pour les Capucins français, la permission de s'établir et de circuler dans tout l'empire sans crainte d'être molestés. La demande fut agréée; le religieux-diplomate ayant atteint le but principal de sa mission, laissa le P. Gabriel de Paris, son compagnon, à Ispahan, il refit seul le chemin déjà parcouru, retrouva le P. Juste dans sa pauvre cabane, l'embrassa avec tendresse, et revint en France rapporter au roi les présents et les lettres diplomatiques de Shah-Abbas (1).

Les missions de Perse et de Mésopotamie étaient fondées; avec le temps, d'autres missionnaires iront rejoindre ces apôtres héroïques, les PP. Juste de Beauvais et Gabriel de Paris.

Revenons en arrière.

Comment ces premiers missionnaires avaient-ils été reçus à Alep? La plus grande sympathie leur avait été témoignée par les chrétiens de toute nation et même par les Turcs. Fagniez dit à propos de ces derniers : « Dans un pays où tout se faisait par la vénalité, où des plus grandes affaires aux plus petites, depuis le souverain jusqu'au moindre fonctionnaire, le bakchis triomphait de tous les obstacles, ils ne pouvaient s'empêcher d'admirer le désintéresse-

1. Plus tard, le même P. Pacifique de Provins sera encore le premier pionnier des missions capucines françaises en Amérique.

ment de ces derviches chrétiens qui ne vivaient que d'aumônes, et l'insouciance révélée par une pareille existence n'était pas faite pour déplaire à leur fanatisme (1). » Les Turcs et les marchands chrétiens conservèrent toujours les mêmes sentiments à l'égard des Capucins, et ceux-ci bénéficièrent plusieurs fois de la portection efficace de leurs amis.

Mais toute œuvre d'apostolat doit s'attendre à l'épreuve, à la souffrance, et les missionnaires du Levant virent partout les épines et les ronces se mêler à leurs succès et à leurs triomphes. « Comptons pour rien, si l'on veut, les fatigues et les privations, les longues marches, les transports à dos de mulet, sans selle, sans brides et sans étriers, les nuits à la belle étoile ou dans les étables, le manque d'eau, une nourriture qui se réduisait le plus souvent à du pain, du riz ou du gâteau avarié. Mais il faut joindre à cela le risque d'être dépouillé par les Arabes, maltraité par les Turcs. La tolérance de ceux-ci, sans doute, était grande, mais il ne fallait pas que les missionnaires fissent d'adeptes parmi les sectateurs de Mahomet (2). »

Ces difficultés, ces périls avaient été entrevus par les missionnaires et volontairement acceptés avant leur départ de la France. Mais l'épine la plus aiguë pour leurs cœurs d'apôtres vint du côté où on devait moins l'attendre. Les missionnaires Capucins partant avec les obédiences

1. Op. cit., p. 319.
2. Fagniez, t. I, p. 337.

de la Propagande et de leurs Supérieurs avaient un champ d'action très vaste; ils pouvaient s'établir partout où ils jugeraient leur apostolat capable de porter des fruits, excepté à Jérusalem, Bethléem, Nazareth et les villes où les Cordeliers avaient un couvent de plein exercice (1).

Rome, comme nous l'avons vu, leur avait aussi donné des pouvoirs très amples pour favoriser le développement de leur apostolat.

Ces décisions romaines allaient être l'occasion d'un regrettable conflit.

Les Cordeliers, en effet, établis en Orient depuis plusieurs siècles, comme gardiens des Lieux-Saints, avaient pour eux une situation acquise de fait et de droit que personne ne contestait.

Ils voulurent s'en prévaloir, pour exclure les Jésuites et les Capucins. Ils s'estimaient lésés dans leurs droits, prétendaient avoir autorité sur les nouveaux venus, et en conséquence voulaient les empêcher d'user de leurs pouvoirs.

Les autres religieux ne trouvant ni évêque, ni vicaire général dans les villes où ils cherchaient à s'établir, ne se croyaient pas tenus de se soumettre à la juridiction du Custode de

1. Voir le décret du 22 février 1627. *Bull. Ord.*, p. 286. — La Congrégation excepte les « conventus formatos » et non les hospices ou chapelles consulaires « et non loca ubi hospitia tantum habent, vel ut capellani Consulum degunt ».

Terre-Sainte, ils exerçaient leur ministère apostolique sans son autorisation.

De là, le conflit dont les Jésuites et les Capucins subirent toutes les difficultés. Il s'aggravait de craintes exagérées. Les Cordeliers, en effet, les soupçonnaient les uns et les autres de vouloir les supplanter dans la garde des Lieux Saints, aucun document ne permet cependant de donner créance à un pareil projet. Malgré les assurances formelles données à ce sujet par le P. Joseph et M. de Césy, ambassadeur à Constantinople, sans l'approbation duquel rien ne se faisait, le conflit, inexplicable aujourd'hui, se perpétua pendant de longues années (1). Les Capucins, par l'intermédiaire du

1. D'ailleurs, la garde des Saints Lieux sur laquelle ils appuyaient leurs droits, si héroïque qu'elle fût depuis le XIIIe siècle, était restée toujours précaire. Les Grecs et les Arméniens schismatiques ne renoncèrent jamais à la leur enlever. Il suffisait d'un firman, obtenu à prix d'argent, pour remettre en question la possession des principaux sanctuaires. M. de Césy, ambassadeur de France, avait employé tous ses bons offices pour les réintégrer, en 1621, dans la garde exclusive des Lieux Saints. Cependant, en 1634, sous l'influence de l'ambassadeur de Hollande, ils furent supplantés par les schismatiques. Rétablis en 1625, un ordre du Divan les dépossédа de nouveau en 1637. Les Zoccolants, toujours opposés à la mission des Capucins, furent heureux alors de recourir à la puissance du P. Joseph. Celui-ci, loin de leur tenir rigueur des difficultés antérieures, loin de profiter de leur épreuve présente, mit tout en œuvre pour les rétablir dans les sanctuaires. Il fit donner, à cet effet, les ordres les plus pressants à l'ambassadeur, à Constantinople. Il obtint encore la promesse d'une allocation de 10.000 écus que Bullion se refusait à lui donner. — Cf. Fagniez, pp. 339-341.

P. Joseph, proposèrent d'eux-mêmes, pour le bien de la paix, de faire vérifier leurs patentes par les Supérieurs des Cordeliers. La Propagande entra dans cette voie. Mais elle ne voulut attribuer au gardien de Jérusalem aucune supériorité ni aucune juridiction sur les missionnaires. En imposant à ceux-ci l'obligation de demander à leur arrivée une autorisation, elle leur reconnaissait le droit, la demande faite, de se passer de l'autorisation et d'agir comme s'ils l'avaient obtenue (1).

Mais l'autorité de Rome fut elle-même tenue en échec par des procédés de chicane. « Au lieu de s'incliner devant les lettres d'obédience, ils en contestaient l'authenticité (2). »

Si le conflit n'avait eu pour mobile que l'amour du droit et le désir du bien général, il eût suffi d'attendre une décision de l'autorité supérieure

1. Cf. décret de la Propagande, 19 septembre 1630. Archives des Affaires étrangères. Rome, XXXIX, fol. 94.

2. Fagniez, p. 344. — Le manuscrit des Missions de Touraine les accusait même de fausser les lettres qu'ils recevaient. Nous ne pouvons insister sur les péripéties de ce pénible et douloureux conflit de juridiction. Toutes les lettres et manuscrits des missionnaires Capucins de l'époque se plaignent des entraves apportées à leur apostolat par cette question et par les passions qui s'y mêlèrent. Nous ne trouvons cependant qu'un seul missionnaire Capucin, le P. Gilles de Loches, qui perdit patience dans la lutte. Le P. Joseph ne tarda pas à le déplacer et à l'envoyer dans une autre mission où le conflit n'existait pas. C'est, croyons-nous, fausser l'histoire impartiale que de donner aux Cordeliers le rôle de victimes et de les représenter comme des persécutés. — Cf. *Tableau synoptique de l'Histoire de l'Ordre séraphique*, par le P. Léon Patrem. Paris, 1879, p. 71.

et de s'y soumettre de part et d'autre. Mais on en vint à employer à l'égard des missionnaires des procédés que rien ne pouvait justifier.

A Alep, le conflit eut, dès le principe, un caractère aigu. Les Cordeliers se prévalaient de leur possession antique pour exclure les nouveaux venus. Les documents anciens signalent en effet leur présence en cette ville avant 1560. Il donnaient les secours spirituels à la colonie européenne, tantôt dans la chapelle du consulat de Venise, tantôt dans celle de France. Mais ils n'eurent de couvent qu'en 1632, hors de la porte d'Antioche, et leur église fut dédiée à saint Antoine de Padoue (1).

Leur séjour à Alep avait été interrompu. Ils étaient revenus s'y installer quelques années seulement avant l'arrivée des Pères Jésuites et des Capucins. Loin de posséder un couvent régulier avec la présence de douze religieux, ils résidaient dans une dépendance de la chapelle des Vénitiens et n'étaient représentés que par trois religieux italiens. Mais ils soutenaient qu'ayant eu autrefois un couvent dans cette ville, ils se trouvaient en droit d'exclure les nouveaux venus.

Toujours est-il que, pendant plus d'une année, on fit une grande opposition à l'établissement de la mission des Capucins. Ceux-ci se trou-

1. Cf. *Serie cronologica dei Reverendissimi Superiori di Terra Santa*. P. Girolamo Golubovich, Gerusalemme, 1898, p. 225.

vaient d'ailleurs dans une position étrange. Protégés par la France, aimés des marchands, ils avaient contre eux le consul de France. A cette époque, les titulaires des consulats ne voulaient pas être obligés à la résidence, et ils affermaient leur charge. Les gérants, loin de veiller aux intérêts de la colonie, n'y voyaient souvent qu'un moyen de profits personnels. Tel était le cas du consul d'Alep, Pierre Olivier, qui « ayant affermé pour trois ans le consulat d'Alep, et s'étant élevé de la condition de domestique du consulat au rang de consul, exploita honteusement les résidents français et manifesta contre les Capucins, comme il l'avait fait précédemment contre les Jésuites, la plus grande antipathie. Il avait fait chasser les seconds d'Alep, et il ne tint pas à lui que les premiers n'eussent le même sort (1). »

Appuyés par le consul, les adversaires de la mission ne ménagèrent aucune avanie aux nouveaux venus. On fit courir sur leur compte des bruits étranges jusqu'à les accuser d'être des espions de l'Espagne. Un Juif servit d'intermédiaire pour provoquer une visite policière du pacha gouverneur d'Alep, sous prétexte que les Capucins avaient ouvert une chapelle dans leur appartement et y disaient la messe. La perquisition domiciliaire fut faite. Le gouverneur demanda à voir la chapelle, il lui fut répondu : « C'est le lieu où l'on place le livre des Évangiles. »

1. Fagniez, p. 339. — Les religieux Carmes avaient été expulsés d'Alep.

La visite fut minutieuse, mais on ne trouva que quelques livres et deux matelas étendus sur des nattes grossières. Les policiers furent touchés du dénûment et de la pauvreté des missionnaires, et l'un des officiers de la suite du pacha s'écria alors : « Ce sont des *santons*, je les protégerai, et je veux être leur ami. » Tous se retirèrent en se recommandant aux prières des Capucins.

Les adversaires de la mission restaient confondus dans leurs procédés injustifiables et les Capucins acquéraient un regain d'estime et de popularité (1).

Un autre complot pour détruire la mission eut le même sort. Kazil Pacha, grand visir, vint à Alep en 1627 pour lever des troupes. Les adversaires de la mission lui envoyèrent de grands présents par des délégués, chargés de renouveler toutes les accusations contre les Capucins. Le ministre d'État n'en fit pas grand cas et se contenta de répondre : « Je ne puis croire que ceux qui m'ont été si fortement recommandés par M. de Césy, ambassadeur de France, soient des espions de l'Espagne », réponse qui étonna fort ces braves gens et leur fit regretter plus d'une fois les présents qu'ils avaient donnés (2). »

Nos missionnaires ayant eu connaissance des bonnes dispositions du grand visir, lui firent

1. Mss. Bibl. Fr. Mission d'Alep, n° 49, et mss. Missions de Touraine, n° 114.
2. *Ibid.*

demander un firman, par M. Boudier, agent de M. de Césy, pour leur établissement à Alep. Le succès d'une pareille démarche raffermirait leur situation en les plaçant sous la protection du Grand-Seigneur. Dans ce pays de vénalité, le firman, pensaient-ils, nous coûtera cher. Leur pauvreté même fut leur appui. M. Boudier insinua au grand visir ses craintes pour l'avenir, mais Kazil Pacha répondit : « Ces pauvres derviches (religieux) craignent qu'après que je ne serai plus ici, les musulmans les molestent; ils n'ont rien à craindre, car je leur donnerai un commandement si puissant que personne n'osera leur rien dire », et par une Providence toute divine, il mit sur sa requête : *Soit faite et expédiée sans argent.* Il ne s'agissait plus que de le faire écrire. Le barbier du grand visir, qui était un de ces renégats (1), s'en chargea, et alla y faire mettre le sceau à huit heures du soir. Il l'apporta ensuite à nos Pères, le leur jeta par une fenêtre, et leur dit qu'il en agissait ainsi pour qu'ils dormissent mieux. Mais la première chose qu'ils firent, l'ayant reçu, fut d'aller aussitôt chanter le *Te Deum* en action de grâces d'un si grand bienfait. Le grand visir ne s'arrêta pas là ; il alla jusqu'à nous recommander au cady et aux autres officiers d'Alep par des paroles d'amour et de tendresse. Ce qui réussit bien autrement que ne se l'étaient promis nos adversaires et le

1. La requête avait été écrite par M. Boudier, mais elle fut présentée par des renégats qui avaient connu le P. Pacifique à Constantinople.

tout sans argent (1). » Ce firman ou commandement du Grand-Seigneur commence par un titre bien pompeux : « Le Cady des Cadys de tous les musulmans, le Prophète de ceux qui adorent Dieu, fontaine des sciences, héritier des Prophètes et du grand Prophète, correcteur et punisseur de tous les peuples ensemble, environné des anges. Au Seigneur Cady d'Alep. Dieu le maintienne. »

Il interdit aux janissaires et aux spahis de rien prendre aux religieux, de les troubler « au temps qu'ils disent messe, oraisons et prédications..., voulons qu'il ne leur soit fait aucun déplaisir ni discourtoisie » ; si quelques-uns entreprennent de contrevenir à ce commandement, « leurs chefs les châtieront : si c'est un janissaire, son aga ou capitaine ; si c'est un spahi, son aga ; si un autre musulman, son maître le châtiera. » (15 avril 1627.) (2).

On connaît le respect que les populations orientales portent à un firman impérial. Celui-ci enlevait aux adversaires de la mission le point d'appui qu'ils pouvaient trouver parmi les Turcs. Quand il fut connu, ceux-ci vinrent avec les négociants européens offrir aux missionnaires leurs félicitations et leurs sympathies.

Par ailleurs, dès l'origine du conflit qui pouvait compromettre l'avenir de la mission du Levant, le P. Gabriel de Paris avait repris le

1. Mss. Mission d'Alep, pp. 5-6.

2. *Relation du voyage de Perse*, par le R. P. Pacifique de Provins, prédicateur capucin. Paris, 1631.

chemin de la France. Il fit connaître au P. Joseph et au roi les difficultés de la fondation, et la conduite du représentant de la France. Il rentrait à Alep avec le P. François-Marie de Saumur (1) et Cyprien de Paris (2), à la fin de juillet 1627, porteur d'une lettre du roi et des décisions du P. Joseph.

Louis XIII ne s'était pas ému des difficultés de la mission naissante. Pour lui et pour Richelieu, les missions du Levant étaient avant tout une œuvre chrétienne, mais aussi une œuvre nationale du plus haut intérêt. Les Capucins exclusivement tirés des couvents français, et bien vus des populations du Levant représentaient en partie ce qui subsistait encore de l'influence française. Si tous deux avaient la plus

1. Ce Père fut Supérieur d'Alep après le départ du P. Pacifique. Il continua l'œuvre commencée, lui donna une plus grande extension en inaugurant l'apostolat auprès des Turcs, malgré les tempêtes que ce zèle pouvait susciter. Il entra particulièrement en relation avec le grand muphti de la ville qui, ainsi que son fils, avait des inclinations pour la foi chrétienne, et avec un chérif, trésorier du sultan. Mais, atteint dans sa santé, il revint en France après l'arrivée d'un nouveau groupe de missionnaires. L'état du personnel envoyé par le P. Joseph à la Propagande (1638) le donne comme revenant de la mission de Surate en 1629. Nous pensons que cette indication est erronée.

2. C'est ainsi qu'il est nommé dans le manuscrit de la Mission d'Alep. Cependant ce nom ne se trouve pas mentionné dans la liste officielle des missionnaires, mais nous trouvons un P. Symphorien de Paris, décédé à Alep en 1629. Comme le premier est dit mourir quelque temps après son arrivée, c'est sans aucun doute le même religieux désigné par deux noms différents.

grande confiance dans le P. Joseph, le roi cependant ne refusait pas d'agir par lui-même lorsque sa puissance pouvait aplanir les obstacles et aider le succès de l'œuvre entreprise.

Comme le consul d'Alep n'agissait pas selon ses désirs, il avait chargé le P. Gabriel de lui porter une lettre où sa volonté clairement manifestée laissait apercevoir son mécontentement : « J'ai ordonné, disait-il, de vous expédier la présente, afin que vous favorisiez de tout votre pouvoir l'établissement des Capucins à Alep et dans les autres lieux de votre consulat, et que vous leur donniez tout appui qui dépendra de vous, comme à une œuvre qui vous est spécialement recommandée. Assuré de l'exécution, je crois inutile de vous adresser plus expresse recommandation. Paris, 24 mars 1627. — Louis (1). »

L'une des causes du conflit était le service de la chapelle consulaire que Louis XIII avait voulu confier aux Capucins de sa nation. Il faut dire qu'en raison du peu de liberté dont on jouissait en Orient, toute la vie chrétienne se concentrait autour des chapelles consulaires.

La Congrégation de la Propagande, pour obtenir la paix, décida de la laisser aux Cordeliers ou Zoccolants (2). Cet ordre arriva à Alep au commencement de 1628. Mais alors,

1. Traduite de *Storia delle missioni dei Capuccini*, par le P. Rocco da Cesinale, t. III, Roma, 1873.

2. Elle passera plus tard aux Pères Jésuites qui ne l'obtinrent pas sans lutte.

encore une fois, les rôles furent intervertis. La chapelle de France fut desservie par les Italiens, et celle de Venise par les religieux français. Les Vénitiens, en effet, propriétaires de leur chapelle pouvaient la faire desservir par des prêtres de leur choix. Leur consul, qui aimait et protégeait les Capucins, les pria de se charger du service religieux. Les missionnaires français « acceptèrent volontiers, et tout à coup les choses changèrent de face. Dieu répandit sa sainte bénédiction sur nous, et notre chapelle réussit de plus en plus. Le R. P. Juste y prêcha ce carême quatre fois la semaine. Tous nos marchands s'y rendaient et y assistaient tous les jours à la messe, et les dimanches aux vêpres. Ce qu'ils ne faisaient cy-devant que fort rarement. Ils assistèrent aussi à tout office de la Semaine Sainte, que nous fîmes comme en France, et alors presque plus de quatre cents personnes se communièrent dans notre chapelle, tandis que les autres années, à peine trois ou quatre y étaient venus (1). »

Les missionnaires, pour réveiller la foi et obtenir de pareils résultats, avaient suivi les exemples de leurs aînés dans les missions du Poitou, du Chablais et d'ailleurs. Ils avaient donné pendant la Semaine Sainte les exercices des Quarante-Heures, merveilleusement efficaces à cette époque de négation de la présence réelle.

1. Cf. Bibl. franc., Ms. de la Mission d'Alep, p. 9.

La Congrégation de la Propagande fut instruite de ces succès et, dans sa séance du 22 août 1628, elle vota des félicitations et des encouragements au P. Pacifique et à ses compagnons.

Le P. Joseph, préfet des missions, avait l'œil ouvert sur ses missionnaires, et si loin qu'il fût du théâtre de leurs travaux, il était minutieusement tenu au courant de leurs difficultés comme de leurs succès, et formait pour eux de nouveaux projets.

S'il était heureux d'écrire à la Propagande que les offices des Capucins à Alep attiraient les schismatiques comme les catholiques (1), il n'ignorait pas que l'opposition du consul de France pouvait mettre un obstacle sérieux au développement de la mission. Comme la même difficulté pouvait naître dans les autres stations, il prit les devants et ne fut pas, croyons-nous, étranger à l'expédition d'une lettre de Louis XIII à son ambassadeur et à ses consuls. « Savoir faisons, écrivait le roi,... que nous avons pris et mis, prenons et mettons en notre protection et sauvegarde les religieux Capucins qui sont audit pays du Levant, ensemble leurs missions, couvents et autres choses qui sont à leur usage; enjoignons... d'avancer ès lieux où s'étend leur pouvoir l'établissement desdits religieux Capucins...; voulons en outre que les consuls de ladite Nation Française puissent

1. Lettre à Mgr Ingoli, 17 juillet 1628.

loger, nourrir et admettre pour leurs chapelains lesdits Capucins ou autres religieux et personnes ecclésiastiques qu'ils jugeront plus propres pour leur consolation spirituelle.... » Du camp de la Rochelle, 22 juillet 1628.

Cette lettre royale, si favorable aux Capucins, traçait aux représentants de la France leur ligne de conduite, et devait mettre fin à l'opposition du consul, Pierre Olivier. Le P. Pacifique ne put la recevoir, il était parti pour la Perse avec ses deux compagnons. Ces premiers religieux avaient subi tout l'effort de la lutte et préparé la liberté d'action de leurs successeurs. S'ils n'eurent pas dès le commencement les avantages d'une chapelle publique, ils n'étaient pas cependant restés inactifs. Ils avaient dirigé leur apostolat vers les schismatiques. Le P. Pacifique écrivait en effet, le 19 juillet 1627 : « J'ai envoyé à Sa Sainteté trois lettres de trois archevêques schismatiques, lesquels nous avons gagnés à Dieu, et avec l'aide de son Saint-Esprit, réduits à l'union de la sainte foi catholique, apostolique et romaine (1). » Parmi ces évêques nous pouvons nommer l'archevêque

1. Lettre du P. Pacifique de l'Escalle au Père Gardien de Messine. Cf. Bibl. franc., ms. 365. Glanes, p. 268. — Ce nom de l'Escalle doit être, croyons-nous, le nom de sa famille ou de sa mère. C'est à tort que la Bibl. Capucc. fait deux personnages du P. Pacifique de Provins et du P. Pacifique della Scala ou Pacificus Scaliger. — Les *Acta* de la Propagande donnent la certitude de l'identité : Ex relatione P. Pacifici de Scala Capuccini, alias de Provins. *Acta*, 22 feb. 1627.

arménien Melchior, métropolite d'Alep, dont la lettre de soumission à Urbain VIII (25 mai 1627) atteste la grande confiance des Alépins dans le P. Pacifique et ses confrères : « Ils sont, dit-il, de vrais serviteurs de Dieu, priant continuellement pour nous, et veillant à nous préserver du mal et à nous encourager dans la vertu. Ici, tous les aiment et prient réciproquement pour eux. » Cette lettre donne encore l'espérance que leurs travaux et leurs fatigues finiront par les attirer tous « dans l'unité de l'Église et de la foi (1) ». Cette espérance était fondée sur ce que nos religieux français avaient eu la consolation de convertir beaucoup d'hérétiques, entr'autres une personne de qualité.

Les difficultés de la situation ne les avaient pas empêché de fonder une nouvelle station à Nicosie, dans l'île de Chypre, où musulmans et chrétiens se montrèrent sympathiques aux missionnaires.

Tel était l'état de la mission d'Alep après trois années de souffrances et de luttes. Les premières tempêtes apaisées, l'avenir lui souriait quand une nouvelle escouade de missionnaires vint lui donner un nouvel élan.

1. Cf. Rocco de Cesinale, *Storia delle missioni dei Capuccini*, t. III, p. 197.

CHAPITRE VI

MISSION D'ALEP. — ARRIVÉE DES MISSIONNAIRES. — LA LANGUE ARABE. — RELATIONS AVEC LES MUSULMANS.

Les premiers mois de l'année 1629 virent arriver à Alexandrette cinq nouveaux missionnaires, les PP. Jean-Chysostome d'Angers, Blaise de Nantes, Albert de Nantes, Agathange de Vendôme et Bonaventure de Lude. Ils étaient destinés à la maison d'Alep où les deux derniers parvinrent le 29 avril (1).

C'était un renfort sérieux pour la mission encore à ses débuts. Ils avaient fait la traversée sur un de ces vaisseaux marchands faisant le trafic avec les Échelles du Levant. Les capitaines de ces tartanes méditerranéennes comprenaient, comme chrétiens et français, l'abnégation des missionnaires disant adieu à leur patrie et allant porter au loin le flambeau de la foi et augmenter l'influence française. Aussi les aidaient-ils selon leur pouvoir. Ils accordaient à

1. Le manuscrit de la Mission d'Alep, n° 49, de la Bibl. franc., p. 9, donne la même date d'arrivée pour tous les missionnaires. Elle est fautive pour l'ensemble, car une lettre du 1er mars, du P. Gilles de Loches, disait déjà : « Le P. Chrysostome est en Alep. » Nous savons aussi par une lettre du P. Albert, citée plus loin, que ce Père resta à Marseille après le départ du P. Agathange. — Missions Capucines, Bibl. nat., ms. 10.220.

tous nos religieux le passage gratuit, mais laissaient à leur charge les frais de nourriture. Les missionnaires embarquaient leurs provisions de route et l'un d'eux nous apprend que ces provisions consistaient en un peu de vin et *quelques biscuits* (1). Si les capitaines étaient intransigeants sur la question des provisions, la cordialité qui s'établissait à bord entre les marins et les missionnaires les faisait bientôt fléchir et ils partageaient avec ces derniers les conserves alimentaires du bord.

Les bâtiments à destination du port d'Alexandrette étaient affrétés par des marchands d'Alep. Comment ceux-ci étaient-ils prévenus de leur arrivée? Le télégraphe n'existait pas encore. On se servait de « pigeons porte-lettres ». L'un des missionnaires nous fait part de son incrédulité à ce sujet et de sa conviction postérieure : « Le lendemain au matin, dit-il, je vis donner le vol aux pigeons, auxquels on attache un billet pour donner en Alep, nouvelle de l'arrivée du vaisseau. Il y a quelque vingt-cinq lieues de chemin, et ne mirent que deux heures à faire ce passage, car je pris garde de leur départ et m'enquis de leur arrivée. Je l'avais ouï-dire en France et ne pouvais le croire, l'expérience m'a vaincu (2). » Les pigeons-voya-

1. Cf. lettre du P. Agathange de Morlaix, Bibl. nat., F. Fr., Nouv. acq., n° 10.220.

2. Cf. Missions Capucines, Bibl. nat., F. F., Nouv. acq., ms. 10.220, p. 129, lettre du P. Michel-Ange de Nantes, 24 janvier 1633.

geurs, comme on le voit, ne sont pas d'invention moderne.

Alep est bien une ville orientale. Son origine incertaine lui donne droit à une haute antiquité. Si l'on en croyait les traditions arabes, le patriarche Abraham lui aurait donné son nom d'Halab (1). Bâtie dans une vallée, elle est entourée de collines plus ou moins élevées formant un cercle ouvert cependant du côté du sud. Au XVIIe siècle, elle était la ville la plus importante de la Syrie, et tenait peut-être le troisième rang dans l'empire ottoman. Elle devait sa situation privilégiée à l'étendue de son commerce qui allait des côtes de la Méditerranée jusqu'aux Indes. Aujourd'hui son trafic a diminué depuis le percement du canal de Suez, cependant le mouvement d'importation et d'exportation est encore considérable. Une colonie européenne, active, intelligente, tient presque tout le commerce entre ses mains. Comme les grandes villes orientales, Alep a toujours été une ville cosmopolite.

Au moment où le P. Agathange y pénétrait, on y voyait comme aujourd'hui les tenants de toutes les religions orientales et de toutes les communions chrétiennes avec leur hiérarchie distincte. Nestoriens et Eutychiens, Grecs et Arméniens, Maronites et Druses, Kurdes,

1. Les Arabes prétendent montrer encore aujourd'hui la place où s'asseyait Abraham pour traire sa vache favorite. Le nom arabe de cette ville est Halab-el-Shahba, qui signifie : « Il a trait la Grise. »

Musulmans et Juifs se coudoyaient et vivaient côte à côte ou dans des quartiers distincts. La nationalité des uns et des autres se distinguait par la différence des costumes et surtout des rites religieux. Perdus au sein de cette foule aux costumes d'une bigarrure aussi variée que les idées, les Européens catholiques gardaient leur religion et jouissaient d'une assez grande liberté, tant que les janissaires et les spahis ne cédaient pas à un accès de fanatisme musulman.

Les Européens à la recherche de la fortune allaient à Alep faire le commerce des soieries et des produits orientaux apportés des Indes et de la Perse. Un missionnaire nous dit que le transit de certaine caravane pouvait être estimé à deux millions. Ce commerce de la Méditerranée et des Échelles du Levant prospéra avec les missions religieuses et disparut avec elles. Pendant deux siècles, il fut presque entièrement à la disposition de la marine française; Venise seule lui faisait concurrence. Cette prépondérance se maintint jusqu'aux jours néfastes de la Révolution et des guerres du premier Empire (1).

Ces éléments européens furent toujours favorables aux Capucins.

1. Cf. *Revue des Deux-Mondes*, année 1872, numéro du 15 décembre : *La Station du Levant*, par M. le vice-amiral Jurien de la Gravière. — Le commerce renaîtra sous la Restauration en même temps que les missions, p. 845 et suivantes.

Le départ des premiers missionnaires pour la Perse et l'arrivée des nouveaux fournissait une occasion favorable aux adversaires de la mission pour renouveler leurs précédentes tentatives. Mais encore une fois tout tourna à leur confusion. Ils trouvèrent devant eux un nouveau Supérieur, décidé à défendre ses droits, le P. Chrysostome d'Angers, en qui le P. Joseph de Paris avait toute confiance. « On recommença à leur susciter des avanies, on leur faisait des terreurs paniques, et M. le consul qui participait à ces troubles feignait de se porter beaucoup à y remédier ; mais nos Pères ayant vérifié sa conduite, le R. P. Jean-Chrysostome l'alla trouver et le pria instamment de ne se point mêler de nos affaires ni en bien ni en mal, et lui dit qu'ayant des ordres du roi et des commandements de la Porte, nous n'avions rien à craindre et que nous ferions toujours nos fonctions à l'ordinaire. Cette visite le rendit plus sage et fut fort approuvée de tous nos messieurs (1). »

L'approbation des messieurs ou des résidents européens se fortifiait encore de l'intervention d'un riche musulman ayant pour l'ordinaire trois cents esclaves à son service, qui offrait tout son crédit et son pouvoir pour le maintien des Capucins. Mais cette nouvelle bourrasque s'apaisa quand on connut la résolution des Capucins de mourir plutôt que de

1. Mss. d'Alep, p. 10

cesser leurs exercices et leurs travaux, permis par le Grand-Seigneur et son grand vizir (1).

Les Capucins pouvaient continuer leur apostolat. D'ailleurs une amélioration remarquable se produisait dans leur installation jusque-là précaire, et allait faciliter leurs œuvres. « Nous étions logés les années passées en un trou assez incommode, mais depuis notre arrivée, M. Contour, notre très bon et puissant ami, nous a acheté une fort belle maison (2). »

Les missionnaires en prirent possession le 18 août 1629. Trois mois après, le même Père pouvait écrire : « Pour notre maison d'Alep, elle va très bien, Dieu merci... Nous prêchons aux bons jours... Je commencerai les avents et chacun fera sa partie. Je fis mon coup d'essai le jour des Morts avec assez bonne issue (3). »

Ces prédications françaises ou italiennes trouvaient le P. Agathange préparé, car il savait la langue italienne avant son départ et n'était pas dans sa langue maternelle un orateur novice comme le P. Albert.

L'influence des missionnaires sur les catholiques européens était incontestable. Nous en avons vu les résultats à la première heure de liberté. Les nouveaux venus continuaient

1. Cf. Bibl. nat., n° 10.220, p. 85.

2. Lettre du P. Albert de Nantes, ms. cit., n° 10.220, p. 82. — Cette maison servira aussi de chapelle aux religieux; elle était située dans le camp Abrak et avait été achetée au sieur Proché, marchand anglais. (Ms. Miss. Alep, p. 10.)

3. *Ibid.*

l'œuvre de leurs devanciers, et le P. Agathange qui entreprenait tout avec une grande ardeur y eut sa bonne part. Cette ardeur même l'exposa-t-elle à franchir les bornes de la prudence? La Congrégation de la Propagande et les Supérieurs avaient interdit l'apostolat public près des Turcs. Or, le P. Esprit de Blois nous dit du P. Agathange qu'un mois à peine après son arrivée : « Peu s'en fallut qu'il n'allât annoncer Jésus-Christ dans les mosquées des Turcs et au milieu des plus nombreuses assemblées, tant il était persuadé que rien n'est plus glorieux que de répandre son sang pour la foi chrétienne (1) ». Ces paroles étaient écrites soixante-dix ans après son séjour à Alep.

Nous n'avons trouvé aucun document contemporain confirmant cette disposition d'esprit. Toutes les lettres de ses confrères, le dépeignent, au contraire, comme un homme d'une débordante activité, tempérée par une grande réserve et une grande prudence. Quoi qu'il en soit, il est certain que l'apostolat près des multitudes infidèles eût été sans profit. Le P. Agathange d'ailleurs n'eût pas été capable de se faire entendre des musulmans ni des chrétiens orientaux, car il ne possédait pas encore la langue usuelle, l'arabe. Le même auteur ajoute qu'il se serait rendu aux conseils et remontrances de ses confrères pour se consacrer à des

1. *Mémoire du martyre*, etc., *proc.*, p. 68.

conversions individuelles, travail de tous les jours et souvent de longue haleine.

Ce qu'il y a de certain, c'est qu'il fut en rapport avec des personnages importants du monde musulman d'Alep et leur fit aimer et admirer les beautés de notre religion. La raison première de ces relations fut la nécessité d'apprendre l'arabe.

Les Capucins avaient trouvé un savant maître pour les initier. C'était un personnage « des plus considérables de la ville et qui a occupé des emplois distingués auprès du Grand-Seigneur ; mais qu'une disgrâce a fait quitter la Cour, et réduit à enseigner les langues pour une modique récompense que les Capucins lui donnent sur les pensions que le roi de France leur fait (1) ».

La fidélité au travail, l'assiduité à l'étude et aux leçons d'un tel maître établit une sainte émulation entre les religieux, dont les échos sont parvenus jusqu'à nous. « Le vénérable P. Agathange prêchera bientôt en arabe dans les églises des chrétiens du pays ; pour moi, je ne suis pas si avancé. J'espère pourtant le suivre de près, avec l'aide de Dieu et de la Vierge, et regagner l'avantage qu'il a pris sur moi tandis

1. Lettre du P. Chrysostome d'Angers, 14 novembre 1629, donnée par le P. Emmanuel de Rennes, p. 55. — Les pensions données par le roi s'élevaient à 3.000 francs, à répartir sur toutes les stations du Levant. Elles furent portées à 6.000 en 1630. Mais les religieux n'en avaient pas l'administration, celle-ci étant dévolue aux consuls en qualité de syndics.

que je restai à Marseille après lui. J'ai cela que s'il me gagne à parler arabe, je l'emporte à écrire, car j'ai fort bien rencontré à écrire en arabe, de façon que j'y écris des mieux du pays, cela me ferait tenir pour habile homme si je savais le parler, car on estime fort ici celui qui écrit bien (1). »

Mais l'étude de l'arabe dans le silence de la cellule ne suffisait pas à l'activité du Capucin vendômois. Elle n'avait pour but que le bien des âmes. Les premières notions acquises lui servaient de moyen d'apostolat et de progrès.

Le P. Chrysostome d'Angers nous le dépeint à cette époque visitant « tantôt un Turc, tantôt un Grec, quelquefois un Jacobite, souvent des Maronites; il tire un double profit de leur conversation, il se facilite le langage du pays et s'insinue peu à peu dans l'amitié des uns et des autres pour les gagner tous à Jésus-Christ. Avant de sortir de sa cellule, il prépare ses discours selon la portée et les besoins de ceux qu'il va visiter ou la liberté qu'il a de s'expliquer avec eux... Sa façon de parler, simple et modeste, et sans entrer dans aucune contestation qui serait dangereuse par rapport aux Turcs et tout à fait inutile par rapport aux Grecs schismatiques, dont la parfaite ignorance ne leur permet point d'entrer dans aucune dispute, lui gagne la confiance et les cœurs de tous ceux à qui il a affaire (2). »

1. Lettre du P. Albert, 10 novembre 1629, ms. 10.220.
2. Lettre du P. Chrysostome; P. Emmanuel, p. 55.

On le voit, son Supérieur lui-même était en admiration devant les progrès et l'ingénieuse dextérité du P. Agathange. D'un autre côté le P. Albert de Nantes, qui fut souvent son compagnon, nous a laissé des souvenirs intéressants de ces visites. Il les a raconté lui-même, mais le principal acteur était le P. Agathange.

Celui-ci se faisait autant de professeurs que d'amis. Il eut des relations cordiales avec le Sériph ou Chérif de la grande mosquée d'Alep. Ce personnage était « comme le théologal de ce pays », dit le P. Albert; il s'offrit de lui-même pour être le professeur arabe des Capucins; en réalité, sous cette apparente étiquette, il cherchait à s'instruire des vérités de notre foi, instruction déjà commencée, croyons-nous, par le P. Pacifique. Il jouissait d'une grande considération. « Le Grand-Seigneur lui donne tous les jours 400 aspres, qui sont environ 40 écus, en considération seulement de sa sainteté et de son mérite. »

Ce Chérif recevait les Capucins d'une manière patriarcale. Après les salutations arabes si respectueuses par les gestes et les formules, il leur souhaitait toutes les bénédictions emphatiques de l'Orient. Puis les faisant asseoir sur des tapis, il plaçait des coussins derrière leurs épaules; en un mot, selon l'expression du P. Albert, il leur faisait « mille caresses ». La visite ne se terminait pas sans une légère collation, excepté cependant les jours de jeûne.

Sans craindre de se compromettre, il se mit

un jour à faire à deux ou trois Turcs de qualité, un grand discours sur l'excellence de la vie religieuse des Capucins et à louer leur mépris du monde et des richesses. Puis, fait plus incroyable, il expliqua à ses auditeurs attentifs le mystère de la sainte Trinité, montrant une seule divinité, une seule nature divine en trois personnes, dissipant ainsi le préjugé musulman des trois dieux adorés par les chrétiens.

Un autre jour il se mit à invectiver contre le roi de Perse, ennemi mortel du Grand-Seigneur. La guerre, en effet, venait d'éclater entre ces deux chefs puissants du mahométisme, et le grand vizir Casseron-Pacha venait de passer à Alep avec une armée de 100.000 hommes pour aller assiéger Bagdad. C'était la deuxième guerre entre la Turquie et la Perse. Voyant l'irritation patriotique du seriph, nos religieux insinuèrent gracieusement comment Shah-Abbas avait favorablement accueilli leurs confrères et les avait établis à Ispahan et à Bagdad. Ces paroles firent tomber immédiatement son animosité, et, à la place des malédictions, il souhaita à Shah-Abbas toutes les bénédictions et les miséricordes de Dieu pour l'accueil qu'il avait fait aux Capucins (1).

Ce seriph admirait les mystères de notre religion et s'en faisait l'apôtre près de ses coreligionnaires. Sa conversion fut-elle complète, fut-il une nouvelle victime immolée au fana-

1. Lettre du P. Albert de Nantes, 29 novembre 1629, ms. 10.220.

tisme musulman que de pareilles inclinations auraient réveillé? Nous ne le savons. Toujours est-il qu'à sa mort, arrivée deux ans plus tard (1631), le bruit courut que sa femme l'avait empoisonné pour avoir sa fortune; il était riche de plus de 100.000 écus d'argent selon la créance commune. La mission perdit beaucoup par sa mort, car il aimait sincèrement nos missionnaires, et son autorité de chef des sériphs et de supérieur de la grande mosquée d'Alep en imposait aux musulmans ignorants ou fanatiques (1).

La Providence suppléa à cette perte. Un autre Turc de la ville, autrefois médecin du Grand-Seigneur, son conseiller d'État et supérieur de la mosquée de Sainte-Sophie, savant et de bon jugement, riche de 20.000 écus de rente, s'offrit de lui-même pour être le précepteur des missionnaires. Il leur enseignait des choses qu'aucun autre avant lui ne pouvait faire. Le P. Agathange ne fut peut-être pas son élève, mais il eut certainement des relations avec ce docteur (2), car il était encore à Alep à cette époque.

Un autre Alepin musulman, occupant une situation non moins en vue, fréquentait les Capucins. C'était le baba ou dada des derviches dits d'Antioche. Un jour, après mille compliments et protestations d'amitié, on lui fit visiter la maison. Trouvant, parmi les livres, un évan-

1. Cf. lettre du P. Jean Chrysostome d'Angers au P. Joseph de Vitré, 14 juin 1631. — Ms. 10.220, p. 108.
2. *Ibid.*

gile arabe, il se mit à lire trois ou quatre pages avec une satisfaction non dissimulée. Le P. Agathange lui donnait les explications appropriées. Après la lecture, le baba se mit à baiser le saint livre, à l'élever sur sa tête en signe de respect. Son émotion et son enthousiasme ne pouvaient plus se contenir; le P. Albert ajoute en effet dans sa lettre : « puis le baba se met à baiser et embrasser son interprète, et dire mille louanges de notre foi et singulièrement de notre profession capucine » (1).

Le compagnon du baba n'était pas moins ému. Il donna au P. Agathange le chapelet qu'il portait à sa ceinture. C'est, en effet, la coutume des Orientaux de porter des grains enroulés en forme de chapelet qu'ils tournent sans cesse entre leurs doigts. Ce geste est machinal et routinier, et se poursuit sans dire mot. Cependant, les doctes et pieux musulmans débitent parfois sur les grains une sorte de litanies faites de tous les titres magnifiques qu'ils peuvent donner à Dieu. Se dépouiller de ce chapelet était de la part du derviche une grande marque de confiance donnée au P. Agathange.

Le baba, à l'exubérance si cordiale, manifesta à plusieurs reprises le désir de passer en France. « Mais, lui répondit un Grec, son ami, il faut avoir la foi des chrétiens pour y être bien venu. — C'est mon dessein », reprit-il.

Plusieurs fois, le même baba des derviches

1. Lettre du P. Albert, 29 novembre, ms. 10.220.

exprima son intention aux missionnaires. Il voulait professer librement la religion catholique et entrer dans l'Ordre des Capucins.

La demande de ce dada ou baba, supérieur des derviches, pourra étonner des lecteurs peu au courant de la tyrannie des lois mahométanes. L'immuable Orient est figé dans ses traditions séculaires; aujourd'hui encore de semblables demandes sont adressées aux missionnaires; elles s'expliquent par la menace de mort portée contre tout musulman qui se convertit à la foi chrétienne. Nous ne savons si des démarches furent faites et quel en fut le résultat. Serait-ce ce baba qui, un jour, dans une mosquée, prêcha à tous les musulmans la vérité de la foi chrétienne, et tomba, séance tenante, sous les coups des fanatiques, s'empourprant d'une robe de sang qui lui ouvrit les portes du ciel (1)?

Connaître les mœurs et les cérémonies religieuses des musulmans était encore un moyen de s'instruire et de glisser en même temps quelques bonnes paroles. Le P. Agathange et le P. Albert se rendirent un jour au couvent des derviches tourneurs, situé près de la ville.

Ces derviches sont regardés comme les religieux du mahométisme. Ils rendent obéissance à un baba ou Supérieur. Mariés ou non, ils vivent près d'un *tekké* ou monastère, parfois fort riche, car il perçoit des redevances sur les chrétiens et musulmans des environs.

1. Ms. d'Alep.

Il semble que toute leur vie religieuse se résume dans une cérémonie, pour le moins singulière qui distingue les monastères les uns des autres en derviches tourneurs, hurleurs, etc. Les touristes aiment jouir de ce spectacle qui flatte la curiosité. La description que nous en fait le P. Albert, se trouve dans toutes les relations de voyage en Orient.

Les derviches d'Alep, dit-il, font leur exercice tous les lundis et jeudis, dans une grande salle carrée où court une balustrade limitant la place des spectateurs. Ils portent sur la tête un bonnet de feutre blanc taillé en forme de mitre. A l'heure voulue le baba fait son entrée solennelle, suivi de vingt ou trente derviches marchant processionnellement avec la gravité et la modestie des vieux chrétiens de la Syrie. Le baba donne le premier l'exemple des adorations silencieuses des musulmans, puis il fait lire quelques versets du Coran et en donne l'explication. « Suit une aubade d'instruments qui dure un demi quart d'heure sans que personne dise mot. » Après tous ces préambules, le baba fait un tour de danse ou deux, suivi de tous les derviches; il se retire ensuite avec les vieillards, laissant les plus robustes continuer le mouvement. C'est alors « une danse folâtre s'il en fut jamais, ils se mettent à tourner, comme les petits enfants quand ils se veulent étourdir, et si vite qu'à peine une meule de moulin va-t-elle plus prestement ». Ils vont en cadence et gardent toujours leur rang dans un double mouvement giratoire, l'un sur eux-mêmes et l'autre autour de la balustrade. La cérémonie se prolonge une demi-heure durant, au bout de laquelle les acteurs s'arrêtent essoufflés et couverts de sueur.

Le P. Agathange, témoin de cette scène, en prit occasion d'argument pour le seriph. « Dieu, dit-il, veut être adoré en esprit et en vérité, selon la parole de notre Évangile. Il faut que la raison et l'esprit conduisent les services que nous rendons, comment peuvent-ils posséder leur esprit et l'appliquer à Dieu pendant ces tournoiements ? »

Le seriph se tournant alors vers la compagnie : « Voilà de très bonnes paroles, dit-il. Il faut adorer Dieu en esprit, je ne sais que dire sinon que c'est une ancienne coutume de tourner ainsi par dévotion. »

Ces rapports avec les sommités musulmanes d'Alep s'étendaient à d'autres catégories. Ils durent aller en grandissant. « Nous allons librement voir beaucoup de Turcs, dira plus tard le P. Michel-Ange, particulièrement ceux qui font profession de science, ce qu'ils estiment davantage sont les mathématiques et la logique. Ils ne savent rien en perfection (1). »

Cet apostolat n'était pas sans danger, il pouvait soulever des tempêtes, et les adversaires de la mission, plus soucieux de leur bien-être que du bien des âmes, tremblaient d'en subir le

1. Lettre du 24 janvier 1633, ms. 10.220, p. 130.

contre-coup. Plusieurs fois les Capucins furent accusés d'imprudence, d'exagération, mais nous n'avons vu nulle part que leur méthode d'apostolat donnât raison aux craintifs et aux peureux.

Diminuer les préjugés, éclairer les esprits, gagner l'affection des musulmans par de saints exemples et de bonnes paroles, c'est tout le fruit que les missionnaires pouvaient espérer de cet apostolat. Ils le savaient bien et ne se faisaient point d'illusion à ce sujet; leurs lettres en donnent le témoignage fréquent. Mais ces succès étaient déjà grands, ils préparaient les voies de l'avenir et permettaient d'attendre un petit rayon de liberté de conscience qui, hélas! n'a pas encore lui sur les disciples de Mahomet soumis au Grand-Turc.

Le profit plus immédiat pouvait être, par contre-coup, une plus grande tolérance et une plus grande liberté pour les chrétiens d'Alep.

Le missionnaire au cœur d'apôtre ne se décourageait pas de la stérilité apparente de ses efforts et se consolait en voyant les belles dispositions de ces musulmans, « qui, dit-il, ne se peuvent saoûler de nous voir et entendre bégayer comme nous pouvons les choses de Dieu (1). »

1. Cf. ms. 10.220, lettre du P. Albert de Nantes, du 29 novembre 1629.

CHAPITRE VII

PRÉDICATION INTERDITE. — AU LIBAN. LES ESCLAVES.

Les Capucins étaient envoyés en Orient pour exercer leur apostolat près des chrétiens orientaux. L'Église romaine en effet ne perd jamais de vue le désir du Sauveur : « Un pasteur, un troupeau. » Rien ne lui coûte quand il s'agit de l'union des églises.

Les missionnaires y devaient travailler avec ardeur. Quiconque connaît tant soit peu la situation religieuse et morale de l'Orient schismatique est convaincu que ce retour ne peut se faire que par la hiérarchie établie. C'est pourquoi les missionnaires Capucins s'efforcèrent de gagner les évêques et les archevêques, et plusieurs de ces conversions ont été l'origine des églises unies d'Orient aujourd'hui encore florissantes (1). Trop souvent ces conversions

1. Nous pouvons signaler le P. Sylvestre de Saint-Aignan qui convertit André Achigian, patriarche des Syriens d'Alep; Macaire, patriarche des Grecs d'Antioche, et Cachadour, patriarche arménien. Le patriarcat syrien d'Alep fut définitivement réuni à l'Eglise romaine par Pierre Grégoire, précédemment évêque syrien de Jérusalem. Le principal ouvrier de cette union fut le P. Justinien de Tours, aidé du P. Nau, jésuite, et du P. Jean-Baptiste de Saint-Aignan, belle figure de missionnaire restée encore dans l'ombre. Celui-ci convertit encore Mar-Jousef Ier, patriarche des Chaldéens, détaché

restèrent éphémères et sans portée sur la masse du peuple.

Le P. Agathange avait entrepris la conversion d'un évêque grec-schismatique à Alep. Il y réussit à son retour du Liban. Cet évêque, dont nous ignorons le nom, resta très affectionné aux Capucins et les aida dans leur ministère apostolique. D'autres conversions assez nombreuses d'Arméniens et de Syriens ou Jacobites furent le fruit de l'apostolat de notre Bienheureux.

Ses succès furent surtout remarquables près des Maronites catholiques, ces Français d'Orient, toujours fidèles à l'Église romaine, trop souvent victimes de l'ignorance religieuse. Mais, ici encore, les épines précéderont la floraison.

Nous avons vu que le P. Albert de Nantes annonçait comme prochaine une prédication arabe du P. Agathange dans une église chrétienne. Il s'agissait des Maronites. Les fidèles, de concert avec leur curé, lui avaient demandé de prêcher pendant les fêtes de Noël 1629. « Ils étaient, disaient-ils, comme des enfants qui demandent du pain et personne ne pouvait le leur donner. »

Le zélé missionnaire ne pouvait opposer un

de l'Eglise nestorienne et premier patriarche uni de l'Eglise chaldéenne. Ce P. Jean-Baptiste de Saint-Aignan fut un missionnaire incomparable; il succéda dans la charge de custode de la mission de Syrie à son compatriote, le P. Sylvestre de Saint-Aignan. Il existe encore de lui, à la Bibliothèque nationale, des lettres à la duchesse d'Aiguillon, ainsi que d'autres ouvrages imprimés, mais fort rares.

refus à une demande si touchante. Une série de prédications solennelles par un Père français fut annoncée dans toute la ville (1).

Mais l'homme ennemi veillait, et l'irritante question de juridiction allait encore une fois reparaître.

Le P. Diego de San Severino, récemment nommé Custode de Terre-Sainte, prétendait avoir les droits de l'Ordinaire sur cette église des Maronites. Se trouvant à Alep, il fit défense au P. Agathange de monter en chaire, prétextant l'intention du Patriarche de ne permettre la prédication dans la ville qu'à un évêque ou un archevêque. Sans doute que ce religieux, vicaire patriarcal, n'ayant pas le caractère épiscopal, ne devait prêcher ni permettre à ses religieux de prêcher en arabe. Pouvaient-ils d'ailleurs le faire? Les manuscrits affirment leur incapacité et l'interdiction n'eût été qu'un masque pour la couvrir (2).

1. Relevons en passant les progrès rapides du P. Agathange dans la langue arabe. Après huit mois d'études, il pouvait prêcher. Le P. Sylvestre de Saint-Aignan nous dit, de lui-même, *qu'il attendit trois ans avant de pouvoir prêcher en arabe.*

2. Plusieurs manuscrits passent son nom sous silence. Mais le manuscrit des Missions capucines (n° 10.220, Bibl. nat., fol. 650) donne son nom et sa qualité de custode, sans ajouter le titre de vicaire patriarcal. Peut-être qu'à cette époque il n'avait pas encore pris possession de sa charge, ou se trouvait à Alep en visite canonique. Le P. Léon Patrem nous apprend que le P. Quaresmius fut nommé Gardien d'Alep (1629) et lui donne les titres de vicaire patriarcal des Maronites et des Chaldéens. (Cf. *Tableau synoptique*, etc., p. 71.) S'il

Plusieurs démarches furent tentées pour faire rapporter l'ordre si imprévu. On n'obtint que des refus. D'ailleurs le P. Diego eût-il été dans la disposition de laisser faire la prédication annoncée, qu'il aurait été relancé par un de ses sujets qui semble avoir été dans tous les conflits soulevés un brandon de discorde. C'était un Français et un compatriote du P. Agathange, appelé le P. Jacques de Vendôme, que Fagniez caractérise en quelques mots « cordelier français fort jeune et peu capable », qui, en entravant la mission, « soulevait... les protestations unanimes des résidents chrétiens de toute nation (1) ». D'ailleurs le P. Diego n'était pas homme à revenir sur sa décision.

y a erreur sur la personne, les prétentions restent les mêmes. Etaient-ce là des titres qui se transmettaient d'office? Nous savons que Sixte IV, par lettre du 12 février 1475, avait établi commissaire pontifical et nonce apostolique près la nation des Maronites, un Cordelier désigné par le Supérieur général. Mais, dans les pouvoirs qui se transmettaient avec le titre, il n'est pas parlé de prédication. (Cf. Wadding, t. XIV, p. 130.) Il est impossible en tout cas de comprendre le titre de vicaire patriarcal avec juridiction réelle sans le choix et l'assentiment du patriarche en cause. La Propagande avait, semble-t-il, pour règle de ne pas permettre ces nominations et cette juridiction qui auraient introduit des éléments de rite latin dans le gouvernement des églises orientales. Plusieurs fois, en effet, les patriarches et évêques d'Orient voulurent choisir des Capucins comme grands-vicaires et la Congrégation s'y opposa toujours.

1. Cf. *Le P. Joseph et Richelieu*, t. I, p. 343. — C'est le seul religieux dont se soit plaint le P. Joseph du Tremblay dans sa correspondance avec Rome. Pendant plusieurs années, il priera le secrétaire de la Propagande, Mgr Ingoli, de le rappeler du Levant. Il le qualifie

D'un autre côté, les Maronites, troublés dans leurs légitimes espérances, blessés au cœur par cette obstination, conseillaient au missionnaire de passer outre. Celui-ci savait ses pouvoirs légitimes, mais pacifique comme le séraphique François, il voulut pour le bien des âmes tenter une dernière démarche de conciliation en s'humiliant lui-même. Il alla trouver le P. Diego, se jeta à ses genoux et, dans cette posture suppliante, le conjura de retirer l'interdiction. Rien ne put fléchir l'entêtement autoritaire; l'autorisation fut refusée net, par l'énoncé de ce texte scripturaire tout étonné d'être ainsi interprété : « *Nolite mittere falcem in messem alterius.* Ne vous avisez pas de mettre la faux dans la moisson d'autrui (1). »

Notre Capucin vendômois se tut et se retira humblement, donnant ainsi l'exemple d'un

« d'homme violent sous des dehors doucereux ». (Cf. Bibl. franc., lettres et rapports du P. Joseph, ms. 373, fol. 50, 56, 57, 66.) Il apportait à l'appui de sa demande, non les plaintes et les souffrances de ses religieux qui le tenaient cependant au courant de tous les événements, mais les rapports des consuls de France.

Le P. Jacques de Vendôme était un correspondant du savant Peiresc. C'est à tort que le P. Apollinaire de Valence en fait un religieux de la Province capucine de Touraine-Bretagne. (*Correspondance de Peiresc*, Paris, 1891, p. 332.) Le P. Joseph le qualifie plusieurs fois : *osservantino*. Il avait été le premier gardien du sanctuaire de Nazareth qui, après un abandon de près de soixante-dix ans, avait été rendu aux Pères de Terre-Sainte par l'émir Fakhr-el-Din. La prise de possession eut lieu le 19 décembre 1620, alors que le célèbre P. Thomas de Novare était Custode.

1. Cf. P. Emmanuel de Rennes, p. 58; ms. 10.220.

sacrifice de son droit au bien de la paix. Ces malentendus regrettables eurent leurs échos à Paris et à Rome. Le P. Joseph, pour prévenir de semblables incidents, suggérait qu'une « entrevue du P. Chrysostome d'Angers, supérieur de la mission d'Alep, et du Père Gardien de Jérusalem pourrait contribuer grandement à une pacification. Il demandait au secrétaire de la Propagande de la faire agréer à ce dernier (1) ».

Nous ne savons quelle fut la suite de cette proposition, mais à Alep il y eut une autre solution.

Par suite de l'interdiction, l'apostolat du P. Agathange se trouvait paralysé dans la ville d'Alep. Les Supérieurs ne pouvaient cependant laisser son talent improductif. Un changement de résidence, momentané, s'imposait comme mesure de prudence et de pacification. Notre religieux vendômois « était du nombre de ces hommes que le Saint-Esprit compare à des éclairs, à qui Dieu dit : partez et ils partent; revenez et ils reviennent (2) ».

Le zélé missionnaire quitta donc Alep pour se rendre dans le Liban où les Capucins avaient une station. Le seigneur patriarche d'Antioche pour la nation des Maronites avait son siège à Kanobin dans le Djebel-Libanos; d'accord avec l'émir Facardin (*Fakhr-el-din*) et sur la demande

1. Cf. Fagniez, p. 346. — Le P. Joseph à Mgr Ingoli, Ratisbonne, 1er octobre 1630. Arch. de la Prop., vol. 132, fol. 84.
2. P. Emmanuel, p. 59.

des Maronites de la montagne, il avait voulu établir les Capucins près de sa personne. Le P. Macaire de Gien partit de Sidon et s'installa dans les cellules ou grottes de Mar-Thuma (mai 1628) près du village de Kasseron (1), dans la vallée du Kadicko et à trois lieues de distance de Deïr-Kanobin (2).

Ce voisinage devait amener des relations entre le patriarche et le P. Agathange. Le désir du bien spirituel des âmes allait les rapprocher. Au cours d'une audience, le missionnaire raconta, sans un mot d'amertume ou de plainte, l'interdit porté contre lui à Alep. Le patriarche se montra surpris de la conduite de son prétendu grand-vicaire, désavoua « cet intrus dans un

1. Ou Hasron. — Si petite qu'elle fut, cette station faillit avoir une grande importance pour l'évangélisation de l'Orient. Le P. Joseph du Tremblay avait compris l'importance de la presse. En France, il donnait des notes au *Mercure* et il voulut établir une typographie au Mont-Liban, en un lieu retiré, à l'abri des incursions turques. Toute la négociation de cette entreprise fut traitée secrètement avec Rome; des fonds avaient été expédiés au patriarche à cette intention, les caractères avaient été achetés à Paris, pour imprimer en langue arabe, turque, persane et syriaque. Les Capucins seuls devaient s'en servir. Le P. Joseph avait fait apprendre le métier d'imprimeur à plusieurs religieux en vue de former un atelier de typographie grecque et orientale. Il devançait ainsi, par son initiative privée, la création des imprimeries royale et papale. Le projet fut abandonné sur l'ordre de la Propagande. (Cf. Fagniez, t. I, pp. 335-336.) Nous n'en savons pas la raison.

2. Le P. Macaire de Gien descendit du Liban en 1630 pour fonder la station de Tripoli, où Marco Sodrini, consul des Francs et des Vénitiens, appelait les Capucins pour le service de la colonie européenne. Ceux-ci

ministère qu'il ne lui avait jamais confié (1) », et pria le P. Agathange de répandre la semence de la bonne parole dans toute l'étendue de sa juridiction qui va du Mont-Liban en Syrie jusqu'aux montagnes de Basan au-delà du Jourdain. Son troupeau dispersé dans cette vaste région n'avait pas assez d'ouvriers apostoliques pour apaiser sa faim et sa soif du royaume des cieux. C'était cependant la portion fidèle que Jésus-Christ s'était réservée, sur cette terre arrosée de ses sueurs et de son sang. Ces sentiments exprimés étaient une ample compensation à l'humiliation d'Alep. Tout heureux, le P. Agathange se jeta aux genoux du patriarche et

succédaient à l'illustrissime seigneur Michel de Hosteron, évêque maronite catholique, qui faisait le même service depuis quatorze ans. La colonie le nourrissait et lui donnait encore comme rétribution trois piastres par mois, plus une piastre et demie par voile pénétrant dans le port. Il résigna ses fonctions pour aller enseigner les enfants de sa nation. (Cf. Bibl. franc., Capucins de Tripoli, ms. 107, p. 33.) Le P. Macaire de Gien, les PP. Adrien de la Brosse, Bernard de Beaugé, Félicien de la Flèche et le Fr. Marius d'Orléans, furent enveloppés dans la chute de Fakhr-el-Din, le célèbre émir (1633), et jetés dans les prisons infectes de Constantinople, soumis à la bastonnade, privés d'eau, traités comme esclaves. Sommés d'apostasier, ils refusèrent héroïquement. Louis XIII, par l'intermédiaire de l'ambassadeur M. de Marcheville, obtint leur délivrance, le P. Bernard était déjà mort comme un saint. Les autres revinrent en France, mais le P. Félicien de la Flèche mourut en route, à Turin, en octobre 1634. Le P. Adrien de la Brosse avait converti et baptisé le célèbre émir, au moment d'une maladie (1633), sous le nom de Louis-François. (Cf. Bibl. franc., Missions de Touraine, ms. 114, pp. 101-102.)

1. P. Emmanuel, p. 60.

demanda sa bénédiction pour ses futurs travaux.

La prédication dans le Liban fut sans obstacle. De nombreux bourgs et villages s'étageaient aux flancs de la montagne, comme des châteaux forts ou des nids d'aigles, où les Turcs n'exerçaient souvent qu'un pouvoir nominatif. La population très dense favorisait encore le succès des réunions. Le P. Agathange se dépensa sans mesure auprès de ces Maronites au cœur simple et droit. Les consolations spirituelles, les résultats certains et la liberté de la prédication firent des grottes de Mar-Thuma le paradis des missionnaires (1).

Presque tous les villages du Liban furent réchauffés par ses enseignements et le feu de sa parole apostolique. Ses succès étaient le fruit de son abnégation et de ses sacrifices, autant que de ses instructions. Sa manière de vivre à cette époque paraîtrait hors de vraisemblance; le missionnaire se donnait tout à tous pour les gagner tous à Jésus-Christ. « Il ne disait la messe que vers les deux heures après midi, ne mangeait qu'après le soleil couché, et son repas consistait dans un peu de pain cuit sous la cendre avec de l'eau pour toute boisson. A peine prenait-il quelque repos. Au milieu de la nuit, tous les habitants du village où il se trouvait, se rassemblaient auprès de lui; et là il catéchisait, il instruisait, il prêchait : après avoir donné un

1. Cf. Bibl. franc., *Annales de la Mission de Grèce*, par le P. Furcy de Péronne, ms., p. 76. — P. Emmanuel de Rennes, p. 60.

temps suffisant dans un village, il passait à un autre, remplissant partout les devoirs d'un missionnaire fervent et infatigable.... La mémoire de tout le bien qu'il opéra comme en passant dans toute cette contrée, s'y conserve encore de nos jours : il y est révéré comme l'Apôtre du Liban, et l'on peut lui appliquer ces paroles du Roi Prophète, qui regardent le Messie : Les fruits de sa mission ont surpassé les hauteurs du Liban (1). »

Il est assez probable que Rome eut connaissance des succès du P. Agathange et de ses compagnons, parmi les Maronites. Pour leur donner un développement plus certain et plus durable, Urbain VIII eut à cœur de recommander les Capucins à toute la nation. Des lettres bien flatteuses pour les premiers furent adressées au patriarche, à l'archevêque d'Éden, non loin de Kanobin, et à tous les pasteurs catholiques des églises de Syrie et de Palestine. Au premier il disait : « Le Vatican vous envoie des prêtres qui abandonnent les douceurs de leur patrie et s'en vont sur les chemins de l'exil préparer les voies au Seigneur. Méprisant les richesses et les périls, les Capucins, ces nobles fils de la France, vous sont maintenant envoyés, pour donner, avec le secours de la grâce, et au besoin au prix de leur sang, des fruits de vie à ceux qui gisent dans les ombres de la mort. Le motif de leur voyage et leur grandeur d'âme les

1. P. Emmanuel, p. 61.

recommandent assez à Votre Fraternité qui doit se féliciter de la sollicitude pontificale à lui envoyer des hommes si remarquables par leurs travaux et leurs vertus... Nous déclarons que vous ne pouvez nous procurer plus grande consolation qu'en accueillant avec bienveillance tous les missionnaires, spécialement les Capucins français, et vous mériterez les louanges et les bénédictions de l'Église (1). »

Le Souverain Pontife tenait le même langage à l'archevêque d'Éden : « Vous vous concilierez toute notre affection, si vous faites jouir de l'appui de votre bienveillance tous les missionnaires, surtout les Capucins français (2). »

S'adressant aux pasteurs, il commence par une figure biblique, preuve manifeste de l'amour de Rome pour les chrétiens d'Orient : « Que notre main droite se dessèche, si nous vous oublions, églises de Syrie et de Palestine... Nous vous recommandons spécialement les prêtres Capucins que Rome demande à la France pour vous les envoyer. Appelez ces soldats auxiliaires dans les églises de vos montagnes, réjouissez-vous de les posséder, ils vous sont donnés autant par le ciel que par le Vatican (3). »

Urbain VIII connaissait toute la magie que le nom de Français exerçait alors sur les Orientaux et particulièrement sur la nation fidèle des Maronites, qui, dans ses heures d'angoisse, a

1. Cf. lettre du 7 décembre 1730, Bull. Ord., p. 309.
2. *Ibid.*
3. *Ibid.*

toujours l'œil tourné vers la nation chevaleresque. Il faisait sonner bien haut le nom de la France. Il ne fut pas déçu. Comme conséquence de ses recommandations, le patriarche, l'archevêque d'Éden et tous les prélats qui gémissaient sous le joug du Grand-Turc et des princes mahométans, se mirent à la tête des missionnaires et firent de merveilleuses conversions.

Quelques échos à peine de ce labeur immense sont parvenus jusqu'à nous, car les missionnaires de Syrie étaient plus occupés à travailler qu'à chanter leurs succès. La prudence leur conseillait d'ailleurs de ne pas les divulguer; les relations imprimées par les missionnaires portaient ombrage aux Maronites. Les Jésuites de Beyrouth le reconnurent à leurs dépens. Ils avaient livré à l'impression leur travail de deux années « qui n'était pas grand cas » (1); les Maronites en furent irrités et ne s'apaisèrent que par le départ des Jésuites. Leurs plaintes et leurs démarches l'avaient arraché au Souverain Pontife. Par ailleurs, les adversaires de la mission des Capucins se servaient de cet état d'esprit et tentaient d'exciter l'animosité des Maronites en disant que les Capucins faisaient imprimer des relations sur leur mis-

1. Cf. Bibl. nat., ms. cit., lettre du P. Adrien de la Brosse (25 novembre 1629) répondant au P. Raphaël d'Orléans qui lui avait demandé « des billets pour insérer dans la Chronique ». — C'est peut-être cet état d'esprit connu à Rome qui fit arrêter le projet de l'atelier de typographie dans le Liban.

sion (1). Les missionnaires français étaient donc tenus à beaucoup de prudence et souvent réduits au silence. C'est pourquoi nous ne pouvons avoir qu'un coup d'œil d'ensemble sur l'action du P. Agathange dans le Liban.

Après un séjour plus ou moins prolongé à Mar-Thuma, peut-être même interrompu et renouvelé, le P. Agathange pouvait reparaître à Alep et reprendre ses premiers travaux. Fort de l'autorisation du patriarche et des lettres d'Urbain VIII, il n'avait plus à craindre les prétentions d'une juridiction inférieure.

Nous le retrouvons à Alep avant le 14 juin 1631 où il est signalé « comme fort avancé en arabe », et pour « le littéral, il en sait plus que pas un chrétien du pays (2) ». Mais il n'avait plus le cher compagnon de ses visites au chérif et son émule dans la langue arabe. Le P. Albert était parti le 21 mars précédent, avec le P. Valentin d'Angers pour la mission de la Chaldée (3). S'il

1. *Ibid.*

2. Ms. 10.220 cit., lettre du P. Jean Chrysostome d'Angers, 14 juin 1631, pp. 107-108.

3. Le P. Valentin d'Angers était ce religieux tombé malade à Rennes et qui fut remplacé par le P. Agathange. Il resta de longues années en Perse. Les *Acta* de la Propagande le nomment encore en 1658. Il fut le compagnon du P. Raphaël du Mans, qui se créa une situation exceptionnelle à la cour du shah. Connaissant toutes les langues orientales, il fut pendant trente ans comme le secrétaire traducteur du shah et l'instructeur de ses enfants. Il enseigna la philosophie et les mathématiques, etc. Il a laissé un ouvrage important sur la Perse : *Relation du voyage de Perse*, réimprimé à Paris il y a quelques années par un membre de l'Institut. Il

ne perdit pas la vie dans les embûches dressées par un Français parisien et renégat, son apostolat ne fut pas cependant de longue durée. Exténué de fatigues et de privations, vrai squelette ambulant, il jubilait à la pensée de sa mort prochaine. Il se trouvait à Bagdad (1632) : « Je voudrais, disait-il à son Supérieur, le P. Juste de Beauvais, je voudrais, avec votre permission, dire deux paroles, mais je voudrais les faire entendre de toute la terre. — Dites-les pourtant », reprit le Supérieur. — Alors réunissant le reste de ses forces, il cria à haute voix : « Jésus, Marie. » Et il expira. C'était le premier ouvrier évangélique tombant sur le sillon confié à son courage et à son labeur, mais il partait les mains pleines des gerbes de conversions opérées pendant son court apostolat. Le jour même, une religieuse calvairienne de Paris, Sœur Anne de Félociat, dit au P. Joseph : « Aujourd'hui, l'âme du P. Albert est montée au ciel escortée par les anges. » Plus tard, la connaissance de sa mort donna créance à ces paroles (1).

Mais si ce compagnon de la première heure n'était plus là, d'autres plus jeunes et non

s'appelait dans le monde Jacques du Tertre, fils de du Tertre, seigneur de la Ragotière.

Le P. Juste de Beauvais dont il est question, fut aussi un grand missionnaire. Il mourut en prédestiné. Au moment d'être mis en terre, il opéra un miracle, son bras se leva et bénit encore une fois les fidèles qu'il avait convertis. — Cf. *Acta Cong.*, etc., 12 septembre 1639.

1. *Storia delle Missioni*, p. 247.

moins ardents étaient venus le remplacer. Le P. Agathange les initiait à l'étude des langues, à l'apostolat et les mettait en relation avec le monde ecclésiastique d'Alep, et les nombreux musulmans de qualité, amateurs de science, de mathématiques et de logique. Ils circulaient librement dans la ville et étaient toujours vénérés des Maronites et des Arméniens. Le P. Agathange assistait ainsi à la messe de minuit des Arméniens en 1632 avec le P. Michel-Ange de Nantes. L'évêque pontifiant leur donna la première place dans les rangs de son clergé, honneur qu'ils auraient voulu décliner. Il en est de même dans l'église des Maronites. « Tous les chrétiens de ces pays nous chérissent, dit le P. Michel-Ange, et notre maison est tous les jours pleine des personnes qui viennent nous voir, et dans la ville d'Alep il y a plus de dix mille chrétiens (1). »

Non seulement nos religieux prêchaient en arabe dans les églises chrétiennes de la ville, mais ils voulurent inaugurer cette prédication dans leur propre église, et l'initiateur dut être encore notre bienheureux Capucin vendômois. « Les chrétiens du pays y venaient avec tant de fruit que certes! je les ai vu faire de grands soupirs et pleurer à la prédication (2). » Après quatre ou cinq sermons, il fallut encore interrompre, car les musulmans, gouvernés par un

1. Ms. cit., 10.220, lettre du P. Michel-Ange de Nantes, du 24 janvier 1633.
2. *Ibid.*, lettre du 12 mai 1633.

nouveau cady, suscitèrent des tracasseries à tous les religieux européens, et les Capucins furent les plus doucement traités « à raison du nombre d'amis qui sont des plus grands des Turcs (1) ». Le cady, despote, vénal et fanatique, unique juge de la ville et qui a « plus d'autorité qu'un premier président de parlement », entreprit d'incendier toutes les églises chrétiennes, le lundi de Pâques, 31 mars 1633; celle des Capucins fut seulement « boullée », c'est-à-dire mise sous scellés, et rendue au culte ou « déboullée » quelques jours après (2).

La prédication de la parole divine, l'étude des langues ne faisaient pas oublier à nos missionnaires une œuvre de charité non moins urgente : le soulagement et le rachat des captifs. Ce fut sans doute l'œuvre de tous les missionnaires, aidés par la générosité des commerçants de la colonie européenne, mais notre Capucin vendômois y eut une large part et peut-être la principale.

Dix Français (3) avaient été surpris près de Scandaronne par des corsaires et conduits en esclavage dans la ville d'Alep. C'étaient sans doute des personnages d'une certaine importance, car leur propriétaire demandait pour leur rachat 10.000 écus. La somme était exorbi-

1. *Ibid.*, lettre du 12 mai 1633.

2. *Ibid.* — Les Jésuites, revenus à Alep, furent jetés en prison et les Capucins allèrent les visiter et s'occupèrent de leur délivrance.

3. Une autre relation dit : Maltais. — Cf. ms. cit., n° 10.220, p. 542.

tante ; les marchands, après quelques sacrifices, abandonnèrent les captifs à leur triste sort. Se croyant à jamais délaissés, ces Français étaient sur le point de renier leur foi pour échapper aux tortures de leur prison et sauver leur vie. C'est alors que nos missionnaires entrent en scène avec une touchante émulation.

Ils se glissent dans la prison, même au péril de leur vie, pour porter à ces pauvres esclaves et leurs bonnes paroles d'encouragement et la nourriture nécessaire, qu'ils leur passent à travers les grilles du cachot.

Les prisonniers étaient en effet d'autant plus maltraités que leur maître se vengeait sur eux de la prise de deux de ses serviteurs par les chevaliers de Malte. Le pain qu'il leur donnait, par sa quantité insuffisante, irritait l'appétit, mais ne pouvait apaiser la faim. L'eau ne leur était donnée qu'à prix d'argent. Cependant ce maître barbare et les gardes ne restèrent pas insensibles au spectacle de la charité. Peu à peu, les missionnaires purent entamer des pourparlers. Le P. Agathange (1), qui était en ce moment le seul à parler la langue arabe, se proposa avec quelques autres religieux pour remplacer les captifs et prendre les fers de l'esclavage. Cette avance héroïque faite avec simplicité toucha le musulman et ses gardes. La proposition fut sur le point d'être agréée,

1. Son nom est écrit en marge de la relation de ces faits. — *Ibid.*

mais ce trafiquant d'esclaves n'y trouvant sans doute aucun bénéfice, finit par refuser.

Il ne restait plus aux missionnaires qu'à continuer leur œuvre de miséricorde. Vingt-un mois durant, ils se rendent à la prison éloignée de leur demeure, et se font à tour de rôle les pères nourriciers et les anges consolateurs des malheureux. Chacun d'eux prenait sa semaine de service. Comme ils vivaient de la quête, ils recoururent à la générosité de la colonie européenne pour les nécessités des esclaves. Leur influence auprès du maître et des gardiens devint plus grande, et ils purent s'enfermer quelques heures avec les prisonniers; ils obtinrent des soulagements pour les malades, la délivrance des chaînes, et parfois la jouissance d'un rayon de soleil. Leur arrivée était toujours un plaisir pour les prisonniers et même pour les enfants du trafiquant d'esclaves, qui s'empressaient de gourmander les geôliers trop lents à ouvrir les portes du bagne.

Ce marchand de chair humaine voulut enfin entrer en composition, et demanda aux religieux s'ils voulaient racheter les prisonniers. « Comment le pourrions-nous? dirent-ils, nous vivons dans la pauvreté, et le peu que nous donnons aux prisonniers, nous le recevons d'abord en aumône (1). » Le Turc s'émerveilla de leur charité, et après pourparlers, fixa la somme qu'il demandait.

1. *Ibid.*

Nos missionnaires se mirent en quête près des marchands, qui, cédant à leurs importunités réitérées, finirent par verser les 1.200 écus exigés.

La délivrance mit la joie dans tous les cœurs; les marchands étaient heureux du résultat de leurs aumônes, ils en estimèrent davantage les Capucins; ceux-ci, recueillant dans leur maison les captifs, étaient « plus contents de cet acquêt » que « de la prise de possession d'un empire ». Quelques jours après, les libérés, à l'exception d'un seul qui mourut chrétiennement, reprenaient le chemin de la France, bénissant les missionnaires qui avaient soutenu leur corps, préservé leur foi et fortifié leur âme du pain eucharistique distribué secrètement, dans leur cachot, comme aux martyrs des catacombes (1).

La délivrance des esclaves chrétiens fut toujours le souci des missionnaires. Ce n'était pas une philanthropie compatissante qui les animait, mais l'amour des âmes. Un autre malheureux, âgé de cinquante ans, venait d'arriver à Alep. En changeant de maître après cinq années d'esclavage, il ne changeait que de geôlier. Les souffrances l'avaient anéanti; ses yeux enfoncés, sa face décharnée, ses jambes incapables de le porter prouvaient aux moins perspicaces que ses jours étaient comptés. Cependant le maître réclamait encore 40 à 42 écus pour sa rançon. Il fallait trouver cette somme.

1. Cf. ms. 10.220 cit., relation, p. 160; relation du P. Michel de Rennes, p. 542.

Les marchands étaient ennuyés de toujours donner. Les Capucins avaient une lampe, leur seul trésor. Ils la mirent en vente pour aider à parfaire la somme requise ; mais personne ne voulut l'acheter. Les marchands alors se laissèrent toucher par cet exemple, et fournirent la somme désirée. L'esclave malheureux fut aussitôt délivré et recueilli par les Capucins qui le soignèrent de leur mieux. Quinze jours après, il faisait une mort édifiante ; quelques marchands, témoins de ses derniers instants, étaient heureux du résultat de leurs sacrifices, et en firent part à leurs amis. La popularité des missionnaires ne fit que s'accroître (1). Nous ne savons ce qu'il faut le plus admirer du dévouement des missionnaires ou de la générosité des marchands toujours sollicités et donnant toujours.

Le P. Agathange fut-il témoin de cette délivrance? Nous ne pouvons le savoir, car nous ne le trouvons plus à Alep au 12 mai 1633. « Nous ne sommes que trois », écrit à cette date le P. Michel-Ange (2). Les Supérieurs, renseignés sur ses travaux, fondaient sur lui les plus grandes espérances. Le P. Joseph avait besoin d'un homme actif et prudent pour restaurer la

1. Ms. 10.220, p. 163.

2. Ces trois missionnaires seraient les PP. Sylvestre de Saint-Aignan, Michel-Ange de Nantes, qui se dispose lui-même à partir pour l'Arménie, *mais n'exécutera* son voyage que plus tard (1637), et Michel de Rennes. La même année, le P. Jean-Chrysostome d'Angers rentrait en France.

mission du Caire, alors dans le plus grand désarroi, et préparer celle d'Abyssinie. Il avait, à cette fin, choisi et nommé Supérieur le P. Agathange. Celui-ci en quittant Alep alla-t-il revoir ses chers Maronites du Liban? Nous ne le pensons pas, car le Liban subissait, à cette époque, le contre-coup des défaites de Fakhr-el-Din; les missionnaires fuyaient de Beyrouth et de Saïda; ils cherchaient un refuge dans la solitude de la montagne pour échapper aux poursuites des Turcs.

Le P. Agathange dut prendre la voie de mer pour se rendre à sa nouvelle destination, et quitter cette mission d'Alep qui restera debout jusqu'à nos jours. Au XVIIIe siècle, elle passera à la Province de Flandre puis aux Pères italiens pour revenir aux Capucins français de Lyon.

Nous allons le voir à l'œuvre sur la terre d'Égypte avec le P. Cassien, le futur compagnon de son martyre.

CHAPITRE VIII

FONDATION DE LA MISSION DU CAIRE. — LE P. GILLES DE LOCHES. — ARRIVÉE DES PP. AGATHANGE ET CASSIEN. — LE CONSUL DE FRANCE AU CAIRE.

Le missionnaire s'attache à son œuvre et aux âmes ramenées, par ses prières et ses fatigues, dans le chemin de la vérité et de la vertu. Le P. Agathange aimait ses chers Maronites et ceux-ci le lui rendaient. La douleur de les quitter lui devint encore plus sensible par les unanimes regrets de cette population catholique. Le Patriarche lui-même aurait fait des démarches pour le conserver plus longtemps. Mais l'obéissance parlait, les ordres du P. Joseph étaient formels; le missionnaire dit adieu aux Maronites, à tous ses amis d'Alep et partit pour le Caire, sa nouvelle destination.

Depuis l'origine des Missions d'Orient, le P. Joseph avait sollicité d'établir une mission au Caire, comme première étape de pénétration dans l'Abyssinie. Les relations reçues de la Syrie l'avaient fortifié dans ses desseins, mais la lenteur des pourparlers avec Rome en avait retardé la réalisation. Enfin, en 1630, il recevait de la Propagande la permission et l'ordre de fonder une mission au Caire avec prescription pour les missionnaire de ne pas s'occuper de la chapelle consulaire.

Le premier Supérieur nommé fut le P. Gilles de Loches. La situation de celui-ci à Saïda était compromise, son irritation dans la lutte en était cause, et la Propagande avait demandé son rappel. Le P. Joseph du Tremblay ne voulait pas priver les missions d'un homme de valeur, ayant à son actif des aptitudes particulières pour les langues, de nombreuses conversions opérées à Saïda, les sympathies des Druses et l'intimité de l'émir Fakhr-el-Din. Un déplacement calmerait peut-être l'irritation et conserverait à l'œuvre de la mission un bon ouvrier. Le P. Joseph prévenait Mgr Ingoli de ses résolutions, et le P. Gilles quittait Saïda pour le Caire au mois de mai 1630 (1). Ce voyage fut fertile en péripéties. La mer était sillonnée par des corsaires, le vaisseau qui le portait en rencontra jusqu'à trois et quatre par jour. De là, des retards considérables. Il mit ainsi trente-huit jours pour arriver de Saïda à Damiette, voyage qui, en temps ordinaire, n'en demande que deux. Là, on voulut l'arrêter comme espion. Il arriva enfin au Caire sans pouvoir trouver une maison pour l'abriter. Le consul de France, vénérable prêtre du nom de Famoux, après une opposition momentanée, devint son ami, le reçut à sa table, et fit des démarches pour lui trouver un gîte. Une maison que personne ne voulait habiter servira d'abri à lui et aux deux

1. Il annonce son départ le 4 mai au P. Raphaël de Nantes par une lettre datée de Saïda. — Cf. Mss. 10.220, Miss. Cap., p. 102.

missionnaires de Saïda qui, sur son ordre, étaient venus le rejoindre, les PP. Césarée ou Césaire de Roscoff et Thomas de Saint-Calais.

Le P. Gilles pouvait être satisfait de la marque de confiance que lui donnait le P. Joseph. Il avait sollicité depuis plusieurs années d'inaugurer la mission d'Ethiopie. En fondant la station du Caire, il faisait le premier pas vers le but de ses désirs.

En attendant d'en voir la réalisation, une lettre d'Urbain VIII, adressée à tous les recteurs catholiques des églises d'Égypte, lui fournissait un appui incomparable pour inaugurer son apostolat au Caire. Cette lettre est dans le même ordre d'idées que celle des Maronites. Après une prosopopée biblique : « Écoutez, flots du Nil, berceau de Moïse ; Égypte, refuge du Sauveur, écoutez. » Le pape continue : « ... Il semble que le Tout-Puissant ait versé tous les flots de sa vengeance sur cette Égypte fécondée par les eaux fertilisantes du fleuve... Cependant l'eau de la mer se desséchera, votre fleuve disparaîtra avant que se tarisse la source éternelle de la miséricorde divine qui sort des plaies du Sauveur crucifié...

« Autrefois les vaisseaux se détachaient de vos rivages, pour nourrir, de la fertilité du Nil, la cité victorieuse des nations... Aujourd'hui c'est l'Église maîtresse de la vérité qui envoie des prêtres porter le pain des anges à l'Égypte affamée... Nous avons choisi des hommes de grande piété et de science solide... Vous devez les recevoir tous avec grande vénération, particulièrement les prêtres capucins choisis dans le royaume de France. Ils appartiennent à cette famille religieuse qui préfère la pauvreté volontaire à tous les héritages des aïeux; ils viennent de ce royaume de France dont les rois n'ont jamais dédaigné... de veiller au salut des Égyptiens... Celui-là manquerait aux devoirs de religion et même d'humanité qui refuserait d'accueillir avec bienveillance ces prêtres, sacrifiant, par amour pour vous, les délices de leur noble patrie (1). »

La Providence semblait mettre entre les mains du P. Gilles tous les éléments désirables d'un fructueux apostolat. Mais, nous ne savons par suite de quelles circonstances, il ne sut pas en profiter dans la mesure, du moins, que le P. Joseph avait escomptée. Victime encore de son tempérament impatient, il ne put vivre en paix avec les religieux du Caire, et traduisit son aigreur et son mécontentement en se plaignant de ne pas être secouru par le P. Joseph. Celui-ci n'aurait pas répondu à plusieurs de ses lettres. La raison de ce silence dépendait d'une cause majeure où la volonté n'avait aucune part. La peste régnait à Marseille, et les vaisseaux ne pouvaient partir (2).

Ce caractère aigri, qui s'en prenait même à Mgr Ingoli, secrétaire de la Propagande, causa

1. Bref du 24 février 1630.

2. Bibl. franc., Mss. 373; Lettres et rapports du P. Joseph à la Propagande, fol. 38, 49, 50.

une grande peine au P. Joseph, qui voyait son œuvre des missions prospérer dans toutes les stations du Levant. Il fallait couper le mal dans sa racine. Une obédience de retour fut expédiée au P. Gilles et au P. Césaire de Roscoff, dans la première moitié de l'année 1632. Le troisième missionnaire au Caire ne tarda pas à quitter après eux la station. Le P. Joseph était en droit de se plaindre de ces trois religieux découragés (1).

La mission du Caire se trouvait donc dans la plus grande détresse, en réalité elle n'existait plus que de nom. Tout était à refaire, il fallait, de plus, remonter le courant des mauvaises impressions laissées par ceux qui étaient partis.

Cette nouvelle entreprise demandait un religieux actif, prudent, capable de redonner la vie à cette mission. L'homme choisi par le P. Joseph était le P. Agathange. Il se trouvait au Caire certainement vers septembre ou octobre de 1633 (2), où il attendait des auxiliaires animés

1. *Ibid.* Lettre du 15 mars 1633 à Mgr Ingoli; *Process. Summ.* Lettre du P. Agathange de Morlaix, 24 juin 1641, qui avoue, comme les lettres du P. Joseph, que ces trois missionnaires ne s'étaient pas appliqués à l'étude de la langue arabe usuelle du pays. — Il y a erreur typographique évidente en fixant la date de 1638 comme celle de l'arrivée du P. Agathange de Vendôme. — Nous trouvons le P. Gilles de Loches avec son compagnon à Rome le 10 décembre 1632, à Aix chez M. Peiresc le 25 juillet 1633. — Cf. Correspondance.

2. Le P. Cassien dit en effet que le P. Agathange l'attendait depuis trois ou quatre mois. Or le premier arrivait au Caire à la fin de février 1634. — Cf. Mss. 10.220, lettre

d'un même esprit et qui seront comme le dédoublement de sa personnalité.

Le P. Joseph les avait choisis tels. Dans leurs rangs nous retrouvons le P. Cassien que nous avons laissé à son départ de Marseille. Il avait pour compagnons de traversée les PP. Benoît de Dijon et Martial d'Angoulême. Comme leurs prédécesseurs, ils s'étaient embarqués avec un peu de vin et des biscuits, mais le voyage fut long et difficile.

Pendant que le P. Agathange les attendait au Caire, les missionnaires d'Alep avaient des inquiétudes sur leur sort. Ils craignaient de les voir enveloppés dans la persécution qui sévissait à Beyrouth et Saïda, à propos de l'intimité des missionnaires avec Fakhr-el-Din. Heureusement, ils avaient repris la mer, après s'être attardés sur les chemins, et avaient profité du départ des vaisseaux qui avaient porté les PP. Joseph de Saint-Paul, Toussaint de Landerneau et le Frère Martial de Torigny. Ceux-ci se trouvaient à Alep le 7 novembre 1633 (1).

Les péripéties du voyage durent se renouve-

du P. Cassien, publiée dans les *Etudes franciscaines*, juin 1904, p. 625.

1. Lettre du P. Michel-Ange de Nantes, d'Alep, 7 novembre 1633. Mss. 10.220, p. 141. — « Les vénérables PP. Benoît et Cassien de Nantes n'y sont pas (à Beyrouth), et pour avoir trop demeuré sur les chemins, ont pris la commodité des vaisseaux qui ont porté le vénérable P. Joseph de Saint-Paul, Toussaint de Landerneau et Fr. Marcial de Torigny, qui sont ici. » Ces nouveaux arrivants durent sans doute donner des nouvelles de nos missionnaires destinés au Caire.

ler, car ils n'arrivèrent au Caire qu'à la fin de février 1634, comme nous l'apprend le P. Cassien : « Il y a quinze jours que nous sommes arrivés céans, après avoir demeuré plus de deux mois sur mer, non sans bien de la peine comme vous pouvez penser, étant malades la plupart du temps, beaucoup moins pourtant que nos compagnons. Il semble que le diable faisait tous ses efforts pour nous empêcher d'arriver; Dieu a pourtant été le plus fort et sommes arrivés en Alexandrie et y avons séjourné plus de quinze jours (durant lesquels j'ai prêché trois fois, à la Conversion de saint Paul, le jour de la Purification et le dimanche suivant), en attendant ordre de notre Supérieur, à sçavoir le R. P. Agathange de Vendôme qui nous attendait, il y avait trois ou quatre mois (1). »

A leur arrivée au Caire, les difficultés laissées par le P. Gilles de Loches s'étaient détendues. Le P. Agathange avait rétabli la cordialité avec les autres religieux; la bonne intelligence régnait avec les Cordeliers. C'est l'âme candide du P. Cassien qui nous fait connaître cette union en nous dévoilant des actes de charité et des détails de vie monastique et franciscaine : « Étant arrivés céans, dit-il, nous fûmes voir les RR. PP. Cordeliers qui nous ont fait et font tant de courtoisies et d'honneur qu'il ne se peut désirer davantage des Capucins. Nous vivons ensemble avec aussi bonne intelligence

1. Lettre du P. Cassien, 9 mars 1634. Mss. 10.220, publiée par les *Etudes franciscaines*, juin 1904, p. 624.

que si c'étaient nos propres frères. Ce sont eux qui nous font la couronne, accommodent nos habits et sandales, enfin font tout ce que nous voulons. Je spécifie ceci pour montrer la familiarité que nous avons par ensemble (1). »

Suivons nos missionnaires sur ce nouveau champ de labeur. Le P. Agathange, comme Supérieur, jouera toujours le premier rôle, mais l'action des seconds, tout en restant dans l'ombre, n'en sera pas moins réelle et productive. Nous allons les voir dans des entreprises difficiles entre toutes, qu'ils conduiront de front avec plus ou moins de succès immédiats, mais il faut en parler séparément dans notre récit.

La ville du Caire, comme toutes les villes orientales méditerranéennes, avait une population mélangée où toutes les races se coudoyaient et se superposaient. On y voyait comme aujourd'hui des Arabes, des Turcs, des Maures, races conquérantes et dominatrices qu'unissait la religion de l'Islam; on y voyait des nègres amenés là des profondeurs de l'Afrique et vendus comme des chiens sur le marché des esclaves; il fallait pourvoir tous les pachaliks de l'empire turc, et l'Égypte était la principale source d'approvisionnement. On y voyait la race des anciens habitants de l'Égypte, connus sous

1. *Ibid.* — Les Cordeliers avaient établi un couvent au Caire en 1632, auparavant l'un d'eux allait de temps à autre faire le service religieux de la colonie catholique. Ils recevaient en retour des Vénitiens, à titre d'aumône, la somme de 330 saraffi, équivalant à 110 ducats, 6 lires 4 sous de Venise. — Golubovich, p. 36.

le nom de fellah, réduits à occuper les situations les plus infimes, vivant dans une sorte de servage. Beaucoup ont embrassé la religion de leurs vainqueurs ; les autres, fidèles au culte national, ont maintenu vivante la secte de Dioscore. Ceux-ci sont plus ordinairement connus sous le nom de Coptes. Des Juifs se livraient là, comme partout, au commerce de l'argent, et enfin des Européens et des Francs occupés aux intérêts du négoce ou réduits en esclavage. La plupart venaient de pays catholiques ; les protestants, comme nous le verrons, avaient aussi des adeptes et surtout des missionnaires faisant du prosélytisme de mauvais aloi sur la terre des Pharaons.

Le P. Agathange connaissant l'italien, l'arabe, le grec, en plus du latin et de sa langue maternelle, pouvait immédiatement se livrer à un ministère actif et fructueux. Les catholiques, quoique peu nombreux, avaient des prêtres et des religieux pour les administrer. L'apostolat des Capucins devait viser particulièrement la réunion de l'Église copte à l'Église romaine. C'était une entreprise hardie que chaque siècle précédent avait vu échouer. Nous verrons nos deux martyrs ne pas reculer devant les plus insurmontables difficultés.

Il fallait pouvoir compter sur l'appui des consuls européens pour obtenir quelques succès. Leur intervention appuyée sur le bon renom du roi très chrétien pouvait influencer les esprits.

Une tentative de réunion des Coptes avec

l'Église romaine, faite quelques années auparavant, prouve leur crédit. Les principaux acteurs en avaient été les deux consuls de France et de Venise, le premier, prêtre vénérable, du nom de Famoux, l'autre, un pieux gentilhomme. Leur science n'était pas grande et ils n'avaient pour interprètes que des Juifs, cependant ils faillirent toucher au but. Le patriarche était décidé à l'union, l'on n'attendait plus que les délégués du Souverain Pontife ayant les pouvoirs requis pour en régler les conditions et ne plus former qu'un seul bercail de l'Église copte et de l'Église romaine. Toute cette belle espérance sombra avec la mort du patriarche, survenue pendant que les premiers missionnaires étaient en route pour le Caire.

Maintenant que nos religieux sont là, tenant de Rome les pouvoirs voulus pour sceller l'union désirée, les premiers à s'opposer à la réussite de leur projet seront les consuls. Voici le premier cri du Capucin vendômois : « Il n'y a aucun espoir à fonder sur les consuls présents au Caire. Ils sont les ennemis hostiles de la mission, surtout le marchand vénitien, fait consul français après l'avoir été des Hollandais... Il serait bon que les Éminentissimes cardinaux trouvent le moyen de l'apaiser, car il est le principal agent, et il attire à lui le consul de Venise (1). »

Quel était ce marchand vénitien, fait consul de France dans la ville du Caire? Ce n'était plus

1. Lettre au cardinal Barberini du 6 novembre 1634. — *Summ.*

le vénérable prêtre Famoux qui avait si bien accueilli le P. Gilles de Loches et tenté l'union des Coptes avec Rome. Ce n'était pas le sieur Bermond qui lui avait succédé. Celui-ci avait géré le consulat jusqu'au milieu de l'année 1634, sans y laisser d'ailleurs une très bonne mémoire, ni un souvenir sympathique aux missionnaires (1).

Le nouveau consul avait nom Santo Seghezzi. Il s'était fait naturaliser français et avait à Marseille un beau-frère du nom de Gela. C'était un correspondant de Peiresc : « Je ne doute pas, lui écrit ce dernier, que Votre Seigneurie Illustrissime, en qualité de consul de France, par dévouement au saint Ordre des Capucins, et à tous les Franciscains, et par égard des mérites personnels du P. Agathange, orné de tant de vertu, de pureté de mœurs, dont la piété est accompagnée d'une très grande érudition, je ne doute pas, dis-je, que vous ne le favorisiez ainsi que ses compagnons, de tout votre pouvoir et en toute occasion, mettant à leur service votre protection et votre puissant crédit (2). »

Le bon abbé Peiresc n'était pas au Caire pour juger du bon vouloir du sieur Santo Seghezzi. Il avait par ailleurs une âme candide; ses correspondants possédaient toutes les qualités

1. M. Fagniez donne le nom de Bremon et Peiresc dans sa correspondance écrit Bermond. — Correspondance, p. 130.

2. Corresp. Lettre XL, 6 décembre 1634.

quand ils favorisaient sa passion des recherches scientifiques. Convaincu du bon vouloir du consul, il multipliera les démarches pour le maintenir dans sa charge, convoitée par un autre Bermond.

Les missionnaires d'ailleurs, dans leur correspondance avec Peiresc, firent toujours silence sur sa conduite et sur ses agissements; mais au Caire ils virent bien que la protection sollicitée par Peiresc était aussi parcimonieuse que possible, et revêtait en certaines circonstances un caractère d'hostilité ouverte.

Il fallait par ailleurs un grand courage pour s'en prendre à un pareil personnage dont le crédit, en raison d'une immense fortune, égalait la puissance du gouverneur ou du pacha.

Cependant le P. Agathange, mettant le bien des âmes et les intérêts de Dieu au-dessus de toute considération humaine, ne craignit pas de travailler à saper cette puissance qui entravait ses travaux et ses succès.

Comment, en effet, les missionnaires auraient-ils pu profiter de la protection d'un consul qui étalait en public une vie scandaleuse. Plusieurs commerçants européens du Caire imitaient sa conduite. Ils mettaient en pratique la polygamie de l'Islam. Leurs maisons devenaient des harems. Ils tenaient des concubines et des esclaves, qu'ils changeaient, comme les Turcs, au gré de leur caprice. Santo Seghezzi vivait publiquement dans l'adultère et l'inceste, au grand scandale des Grecs, des Coptes et autres chrétiens du Caire, qui reprochaient aux prêtres catholiques une pareille tolérance. Cet affichage éhonté de la corruption jetait la confusion et le déshonneur sur l'Église catholique et paralysait par avance les travaux des missionnaires.

A cette immoralité personnelle, se joignait la connivence avec les athées et les protestants débarqués en Égypte pour répandre leurs doctrines révolutionnaires et annihiler l'influence de l'Église catholique.

Un certain Laurent de Crois (1) ou de La Croix, médecin flamand de Bruxelles, après avoir passé par Marseille, était venu échouer au Caire, vers 1635, pour suivre plus librement ses passions. Dans des réunions de club ou dans des conversations particulières, il provoquait des scandales, tournant en dérision le signe de la croix, les reliques des saints et les jeûnes. Les juifs qui jeûnaient étaient à ses

1. C'est ainsi que le nomme le P. Agathange dans une lettre du 19 mars 1636. Le même personnage est ainsi désigné dans la correspondance de Peiresc : « Le dict Magy m'escript en son patois la relation d'un certain Alleman, recommandé là à Dammartin par le S[r] De La Croix, flamand... » (Lettre du 14 mai 1635, p. 131.) Nous retrouverons plus loin cet Allemand patronné par le Sr de la Croix. Remarquons seulement la dualité des personnages que plusieurs historiens ont confondu. Elle ressort d'ailleurs avec évidence de la correspondance des deux martyrs, Agathange et Cassien. Le premier arrivé au Caire était l'Allemand, 1634, le Flamand ne vint que vers 1635, d'après la correspondance du P. Agathange, sa lettre de recommandation dut sans doute être écrite de Marseille.

yeux aussi fous que les chrétiens. Cet énergumène s'attira plus d'une fois de vertes répliques de la part de ses auditeurs chrétiens ou juifs.

Les missionnaires, au courant de ces propos, lui firent l'admonition requise. Mais il répondit avec insolence : « Je ferai plus d'athées et d'hérétiques en un seul jour, que tous les missionnaires feront de catholiques dans toute leur vie (1). »

Le consul français, loin de réprimer ces écarts de langage et d'action qui sapaient, avec l'influence catholique, le protectorat français, prêta une oreille favorable aux discours de l'athée et se mit, pour ainsi dire, à son école. Il voulait crier à son aise contre le célibat ecclésiastique, pour mieux justifier sa profanation du mariage chrétien. Il avait trouvé l'homme qui faisait taire tous les remords de sa conscience. C'est chez lui que se tenaient tous ces propos, et son exemple fut suivi par plusieurs marchands de la ville. Le résultat ne pouvait être que le scandale public. Pendant le Carême, consul et marchands ne tinrent aucun compte des jeûnes de l'Église; ils vécurent comme en plein carnaval. Sa maison était donc devenue, selon l'expression du P. Agathange : « une synagogue de Satan. »

Ces scandales publics mettaient la sainte Église en « si grande abomination auprès des Coptes, Grecs et autres chrétiens, qu'il sera

1. Lettre du P. Agathange, 19 mars 1636.

très difficile de faire disparaître l'aversion conçue contre les Romains » (1).

Le scandale durait depuis plusieurs années. Le P. Agathange l'avait trouvé existant, dès son arrivée au Caire.

Le premier avantage à obtenir dans la mission était d'éliminer ces éléments de gangrène, qui auraient pourri la petite colonie catholique. Le Capucin vendômois s'y employa avec énergie. Il exposa la situation au cardinal Barberini, préfet de la Propagande.

Sachant bien par expérience que les moyens de douceur seraient sans résultat, il n'hésita pas de suggérer l'usage des censures canoniques. « Je pense, dit-il, que pour remédier à ces maux, il serait bon de donner l'ordre aux chapelains (ou à d'autres, si l'on jugeait que les chapelains ou commensaux des intéressés ne pouvaient le faire) d'excommunier *nominatim* de tels pécheurs publics, après la troisième monition, et de les déclarer *vitandi* pour les autres, comme le font ici les autres chrétiens (2). »

Après les scandales du Carême, il revient à la charge : « Je m'étais entretenu avec le Père Chapelain des Français, religieux réformé, pour l'encourager à porter remède à ces maux, tant par la prédication que, seul, il adresse aux Français, que par un autre moyen, c'est-à-dire en chassant cet impie Laurent de La Croix de

1. Lettre du 19 mars 1636.
2. Lettre du 3 février 1636.

l'église, et en interdisant aux autres de le fréquenter. Mais la crainte de perdre l'amitié du consul et les émoluments qui en viennent au mont Sion, l'empêche de le faire (1). En avertissant Votre Éminence, j'obéis au précepte de l'Évangile : *dic Ecclesiæ*, et j'espère que notre sainte Mère l'Église ne manquera pas de parer à ces maux. On pourrait pour cela écrire soit en France, soit à l'ambassadeur du Roi Très-Chrétien à Constantinople, afin qu'il donne l'ordre de faire quitter le pays à ces impies (2). »

De ce côté, cependant, il n'avait pas grand espoir. Quelques catholiques avaient adressé, en France, un rapport sur la conduite du Flamand, « mais comme on n'y traite que de l'honneur de Dieu, sans aucun profit temporel, je ne sais le cas qu'en feront les juges (3) ». Il prévoyait déjà les faiblesses de la politique.

De son côté, le P. Cassien partageait les angoisses de son Supérieur et faisait les mêmes instances : « Le médecin flamand continue ses blasphèmes, et pour le chasser d'ici, je crois qu'il faudrait un ordre du Grand-Turc (4). »

La Sacrée Congrégation de la Propagande n'attendit pas les dernières lettres des missionnaires pour prendre une décision. Dans sa séance du 28 mai 1635, elle donne l'ordre d'é-

1. On appelait ainsi le couvent de Jérusalem, des Pères Cordeliers ou de Terre-Sainte.
2. Lettre du 19 mars 1636, *Summ.*
3. *Ibid.*
4. Lettre du 22 septembre 1636.

crire au Nonce, en France, afin d'obtenir du Roi des lettres adressées aux Français du Caire, et privant Santo Seghezzi de la charge de consul, pour lui substituer une autre personne (1).

Cependant, avant cette séance, la cause du consulat était en jeu. Un parti s'était élevé au Caire et à Marseille, qui voulait éliminer Santo Seghezzi par la raison qu'il était italien. Peiresc protégeait celui-ci contre les Bermonds, qui convoitaient encore le consulat pour un des leurs (2). Cette intrigue se prolongea pendant plus d'une année, car Seghezzi, si sa conduite était scandaleuse, s'était créé par ailleurs des droits à la reconnaissance de la nation française au Caire. Celle-ci était très endettée. Déjà, en 1632, le P. Césaire de Roscoff écrivait : « Tout va de mal en pis. Ici les pauvres marchands sont ruinés et perpétuellement en danger d'être mis à la chaîne pour cent mille piastres qu'ils sont condamnés à payer injustement... L'argent court toujours à intérêt de 4 ou 5 pour cent par mois (3). » On prenait en garantie les marchandises des vaisseaux.

Or, Santo Seghezzi, puissamment riche, avait payé de semblables dettes en prenant possession du consulat. Sa situation s'était fortifiée par cette générosité et tout nouveau consul aurait eu à compter avec lui.

1. *Summ. add.*, p. 8.
2. Corresp. Lettres du 15 avril 1635, 31 juillet 1635.
3. Lettre du 24 janvier 1632. Mss. 10.220.

Cependant, malgré cette prépondérance, une décision fut prise à Paris, peut-être à la suite des démarches ordonnées au Nonce. Santo Seghezzi devait être remplacé. Le P. Agathange se trouvait heureux de cette solution : « Il y a peu de jours, écrit-il, est arrivé un nouveau consul pour les Français, c'est un gentilhomme de grande piété et de zèle. Je crois qu'il serait bon de lui écrire de Rome pour l'exciter à coopérer au bien quand il aura pris possession de sa charge (1). »

Cette prise de possession fut retardée de plusieurs mois par la résistance de Santo Seghezzi. « Le Vénitien n'a pas voulu obéir, ayant donné beaucoup d'argent à cette fin. Maintenant, on attend un second ordre de France (2). »

L'autorité royale ne fléchit pas ; nous voyons ce nouveau consul, Christophe de Baumont, faire des démarches, en 1637, auprès du patriarche des Coptes en faveur des missionnaires Capucins.

Hélas ! le changement du représentant de la France n'avait pas eu pour conséquence de changer les mœurs dépravées des personnages en cause. Quand il s'agira plus tard, en 1637, de l'union des Coptes avec l'Église romaine, l'un des conseillers du patriarche opposera l'immoralité publique et scandaleuse des marchands

1. Lettre du 3 février 1636. *Proc.*
2. Lettre du P. Cassien, 22 septembre 1635.

catholiques du Caire. Il reprochera aux prêtres de supporter ces scandales que les Coptes ne toléreraient pas chez eux, d'aller dire la messe dans les maisons de ces pécheurs publics, plus encore, ces faits indéniables lui serviront d'argument pour accuser avec violence, l'Église d'être un « lupanar ».

Le P. Agathange, qui sera présent, subira cette avanie sans colère, et se contentera de répondre que les vices des individus n'empêchent pas l'Église d'être la vraie et la sainte Mère de tous les catholiques.

Mais il écrira au sortir de cette séance orageuse au Préfet de la Propagande : « Je vous dirai que l'immoralité publique de nos Francs m'a attiré cette grande affliction, je ne puis plus la supporter. J'ai fait ici tout ce que j'ai pu, j'ai exhorté, j'ai reproché, j'ai menacé. J'ai écrit à Rome, en France, à Constantinople, partout où j'ai pensé trouver un remède à ces scandales, je n'ai obtenu comme effet que de me faire détester de beaucoup, et j'avais résolu de n'en plus parler. Mais ces reproches en face et dans une semblable compagnie ont réveillé mes premiers sentiments. Je crois que le zèle de la gloire de Dieu m'impose l'obligation d'en avertir encore Votre Éminence. Je vous assure qu'ils causent un très grand scandale, très préjudiciable à l'honneur de la sainte Église et qu'ils font plus de mal que nous ne pourrons jamais faire de bien. Le Concile de Trente ordonne que de pareils pécheurs soient excommuniés, et, certes, il y a plus de trois ans que je l'aurais fait, si j'avais eu l'autorité. Maintenant, mon zèle mesuré ou indiscret ne peut plus supporter ceux qui ont l'autorité et ne veulent pas s'en servir. Ce sont des chiens muets qui n'ont pas le courage d'aboyer. *Canes muti non valentes latrare*. Votre Éminence fera ce que le bon zèle de la gloire de Dieu lui dictera. Que le feu de votre zèle s'enflamme et que l'ardeur de votre colère s'appesantisse sur eux : *Exurgat velut ignis zelus tuus, furor iræ tuæ apprehendat eos*. Pour l'amour de Jésus crucifié et de sa sainte Mère, que Vos Seigneuries veuillent trouver un remède à ces énormes scandales. Pour moi, je n'en serai pas responsable au tribunal du Christ, qui nous jugera tous, et je le prie avec amour de vouloir bien m'appeler à cette heure parmi les bons et fidèles serviteurs qui se seront employés avec ferveur pour son service (1). »

C'était là le dernier cri de son cœur d'apôtre sur la terre d'Égypte. Quelques jours après il partait pour la nouvelle mission d'Éthiopie avec son fidèle compagnon de lutte, le P. Cassien. Ses efforts et ses souffrances ne furent pas cependant perdus; l'ordre fut enfin donné de chasser le flamand de La Croix (2); les scandales publics disparurent, et, quelques années après, le P. Agathange de Morlaix rendait

1. Lettre du 7 décembre 1637.

2. Mss. 10.220. — Lettre du P. Gabriel d'Alençon, 8 juin 1639, p. 369.

témoignage de la moralité et de la piété de la colonie française du Caire (1).

Mais, avant de le suivre à travers le désert, nous devons parler de ses autres travaux et des démarches préliminaires de son départ.

1. Mss. cit. 10.220.

CHAPITRE IX

MISSION PRÈS DU PEUPLE. — LES SYRIENS. — LES COPTES. — DÉCRET DE ROME. — PLAIDOYER DU P. AGATHANGE.

Les catholiques du Caire n'étaient pas l'objet direct de la mission des Capucins. La vie scandaleuse de quelques-uns et surtout des notables de la colonie était pourtant un danger pour leur apostolat. C'est pourquoi le P. Agathange avait tenté, non sans quelques succès, d'y porter remède; il aurait voulu voir les catholiques purs et fils soumis de la sainte Église; les montrer comme exemples et témoins des vérités divines et des vertus chrétiennes. Les missionnaires devaient s'occuper surtout des populations dissidentes de l'Égypte.

De ce côté, nos religieux se trouvaient comme le laboureur devant un champ couvert de ronces. Le paresseux biblique se croisait les bras et reculait devant l'effort et le travail, mais les Capucins ne pouvaient s'endormir sur l'oreiller complaisant du « rien à faire ». Le P. Agathange inspecta ce terrain épineux des âmes pour en connaître les ressources et les difficultés.

Laissons de côté les musulmans, pour lesquels, écrit le P. Cassien, « il n'y a pas encore de porte ouverte. Ce sera quand il plaira à Dieu (1) ». Des tentatives de conversion furent-elles faites plus tard? Le consul et les marchands, ennemis de la mission, accusèrent les Capucins d'excès de zèle. Santo Seghezzi aurait même adressé des plaintes au P. Joseph contre les missionnaires « qui avaient voulu dogmatiser quelques Turcs... et qu'il les avait aimablement avertis du danger auquel ils s'exposaient (2) ».

Nous croyons à une exagération et à une manœuvre du consul. L'apostolat des missionnaires sous toutes ses formes lui portait ombrage; il aurait voulu en arrêter les élans, par le prétexte des susceptibilités musulmanes qui, en se réveillant, pouvaient causer des vexations à la colonie européenne. Ce n'était là qu'une feinte, car le consul ne craignait pas d'appuyer des athées et des protestants audacieux, dont les doctrines subversives étaient plus dangereuses. Le zèle le plus mesuré est toujours taxé d'exagération par le coupable qui veut croupir dans son lit de corruption.

Il y eut sans doute des conversations avec les musulmans, il fallait bien voir si une porte pouvait donner accès dans ce milieu toujours fermé. Mais nous avons vu avec quelle sagesse et quelle prudence le P. Agathange traitait avec les mahométans d'Alep. D'ailleurs, les lettres des missionnaires ne parlent jamais de tentatives auprès des Turcs. Ils se sentaient

1. Lettre du 9 mars 1634.
2. Corresp. Peiresc, p. 159.

au contraire sur un terrain plein de dangers, tant du côté des musulmans que des chrétiens schismatiques, et ils cherchaient à éviter toute démarche qui pût fournir aux premiers un prétexte même indirect d'intervenir dans leurs affaires (1). Les Capucins ne trouvaient pas au Caire l'ambiance sympathique du monde musulman d'Alep.

Du côté des chrétiens, si l'état d'esprit était moins hostile, les problèmes à résoudre étaient non moins épineux. Dès le mois de janvier 1634, le P. Agathange avait envoyé à Rome une relation des difficultés d'ordre moral et théologique qu'il allait rencontrer dans le cours de ses travaux; il demandait une ligne de conduite. Il revint sur les mêmes questions dans une lettre du 6 novembre 1634.

Il s'agissait de chrétiens qui suivaient le rite copte, mais on les appelait ordinairement des Syriens à cause de leur pays d'origine. Ils formaient une ramification de l'hérésie d'Eutychès, avec, en plus, les fantaisies doctrinales de Jacques Bazadée ou Zanzale, moine ignorant qui, en 541, s'était fait nommer métropolitain œcuménique, et avait rassemblé toutes les sectes d'Eutychiens sous sa juridiction. Ce rameau séparé du tronc vivant de l'Église porte dans l'histoire le nom d'Église Jacobite. Leur évêque ne dépendait pas du patriarche des Coptes, mais de celui d'Antioche. C'est cet évêque devenu un

1. Lettres du P. Agathange, 3 février 1636. *Process.* — 7 juillet 1637, *Storia delle Missioni*, p. 388.

ami du P. Agathange qui le renseignait sur les dispositions de ses ouailles dispersées dans le Delta du Nil et jusque dans la Haute-Égypte. Leur centre principal était Saïs ou Kafr-el-Zayat sur le canal actuel de Rosette.

A cette époque, leurs dispositions à l'orthodoxie étaient manifestes.

Ils croyaient à deux natures et deux volontés en Jésus-Christ sauveur des hommes, et ils célébraient la fête de Pâques comme les Romains. Cette affirmation était capitale, car le dogme intangible de la divinité et de l'humanité réunies mais distinctes dans la personne du Sauveur avait été, sous un aspect ou sous un autre, la pierre d'achoppement de tous les hérésiarques orientaux et l'occasion de toutes leurs erreurs.

Mais à côté de ce dogme fondamental, ces chrétiens admettaient la polygamie, n'observaient aucun jeûne, s'abstenaient, il est vrai, du travail du dimanche, mais ne regardaient pas comme un devoir d'entendre la messe. Ce dernier point était commun aux Coptes et aux Syriens. Le P. Agathange exposait la difficulté dans tout son jour : « Les Coptes schismatiques vont peu à la messe; bien plus, le patriarche et les autres évêques ne se font aucun scrupule de passer les fêtes et les dimanches sans messe, de ne pas venir à l'église, bien qu'ils puissent le faire sans grand inconvénient. En somme, ils ne croient pas que l'audition de la messe soit de précepte, et ils apportent à l'appui l'exemple des saints qui vécurent de nombreuses années, sans messe, dans les solitudes du désert. Il peut se faire que réellement ce précepte n'ait pas été promulgué en Égypte, et par conséquent la conduite de ces chrétiens pourrait être tolérée pendant quelque temps. Je désirais une réponse de la Sacrée Congrégation à laquelle j'écrivis au mois de janvier (1). »

Le P. Agathange aurait pu se croiser les bras, s'il avait attendu, avant d'agir, les décisions romaines. La question de l'assistance à la messe ne fut, en effet, exposée à la session de la Propagande que le 18 mai 1635. Cette Congrégation jugea que la solution de cette difficulté n'était pas de sa compétence, et la renvoya pour examen à celle du Saint-Office, suprême tribunal de l'Église dans les questions de foi et de morale. Le secrétaire de la Propagande fit part aux missionnaires de cette décision. Ce n'était encore qu'une espérance donnée après vingt mois d'attente. La difficulté fut-elle jamais résolue? Nous ne le savons.

En attendant, notre Capucin vendômois s'était mis à l'œuvre, agissant, dès les premiers jours, au mieux des intérêts des âmes et des prescriptions canoniques.

L'évêque syrien passait lui-même pour catholique, disposé qu'il était à reconnaître la suprématie romaine. Dès l'arrivée du P. Agathange

1. Lettre du 6 novembre 1634.

il l'avait pris pour compagnon dans la visite d'une partie importante de son diocèse, au-dessus du Delta. Les portes étaient ouvertes au missionnaire. Connaissant bien l'arabe, celui-ci était bien accueilli partout et pouvait commencer un apostolat qui allait absorber toute son activité. Le succès de ces prédications était loin de faire oublier à l'évêque syrien ses ouailles du Delta. Il conjurait le missionnaire de s'y rendre. Mais l'apôtre ne s'appartient pas, les circonstances le dominent, il va où le poussent les événements. « J'avais dessein, dit le Capucin vendômois, d'aller évangéliser ces chrétiens, habitant divers villages dans la direction de Damiette, jusqu'à présent, j'en ai été empêché, mais j'espère, avec l'aide de Dieu, y aller bientôt (1). »

Le P. Cassien se préparait aussi au même labeur ainsi que le P. Benoît de Dijon. Ces bons religieux ne faisaient qu'un cœur et qu'une âme avec leur Supérieur. Ils ne pouvaient, sans douleur, le voir supporter seul les fatigues d'un dur apostolat; le désir de les partager leur était un puissant stimulant dans leurs études de l'arabe. Le bien à faire est considérable, disait le P. Cassien, « mais il faut savoir la langue arabesque, car sans icelle on ne peut rien faire » et ceux qui ne seraient pas résolus à l'étudier « n'ont que faire de venir en ces quartiers... Nous étudions tant que nous pouvons » pour

1. Lettre du 6 novembre 1634.

aider et enseigner les chrétiens de « Sayelte » (1).

Ces chrétiens du Delta ne furent évangélisés par les missionnaires qu'après le mois de septembre 1636 ou au commencement de 1637, après un séjour de plusieurs mois du P. Agathange au monastère de saint Antoine dans la Thébaïde. L'évêque syrien y était allé le chercher. La mission réussit pleinement selon les désirs et les promesses de l'évêque.

Pendant plusieurs mois, nos deux apôtres Agathange et Cassien ne ménagèrent ni leur temps ni leurs sueurs dans l'évangélisation de ce troupeau qui leur était si sympathique L'évêque les accompagnait dans toutes leurs courses et leur facilitait toutes les voies. Les prédications, les voyages, les controverses et l'administration des sacrements n'allaient pas sans fatigue et sans privations, car ils trouvaient à peine les secours nécessaires à la vie. Mais rien ne coûte à l'apôtre qui cueille une abondante moisson, chassant les erreurs et opérant la transformation des mœurs. Après cette longue mission, le diocèse syrien était renouvelé, et l'évêque, heureux des résultats acquis, ne cessa de prouver sa reconnaissance et son affection aux deux apôtres français.

A côté des Syriens Jacobites, se trouvaient les Coptes. Comme secte, ils ont suivi les erreurs d'Eutychès, mais agrémentées encore par les additions de Dioscore. Au fond, quelques

1. Lettre du 9 mars 1634.

points particuliers les séparaient des premiers; ils avaient la même souche doctrinale, l'hérésie monophysite, c'est-à-dire, avec Eutychès, ils n'admettaient qu'une nature en Jésus-Christ, résultante d'une fusion complète de la nature divine et de la nature humaine.

Cette Église d'Égypte, qui avait donné les Cyrille et les Athanase à la chrétienté, n'a fait que végéter dans la stérilité de ses doctrines eutychiennes, et dans l'anémie morale depuis qu'elle s'est séparée du centre de la catholicité. Les Coptes ou Égyptiens forment une population humiliée par des siècles de tyrannie musulmane. Elle est d'abord facile et de mœurs douces, attachée par habitude et surtout par ignorance à ses antiques erreurs.

Leur faiblesse de caractère, jointe aux préjugés séculaires, ne donne souvent aux missionnaires latins que des résultats pleins de déception. Les bouleversements politiques rendront peut-être à ce peuple, avec la liberté, un peu plus d'énergie. Quoi qu'il en soit, nos missionnaires ne crurent pas indigne de leur zèle de tenter l'union de l'Église copte à l'Église romaine.

Dès le commencement de 1634, le P. Agathange s'était créé des relations sympathiques avec des évêques coptes et des notables influents du Caire, cependant ses travaux de l'année n'avaient pu prendre une grande extension dans les masses populaires. L'autorisation du patriarche d'Alexandrie, dont la juridiction est toujours respectée, pouvait leur donner un grand élan (1).

Le P. Agathange l'avait compris; dans un voyage qu'il fit à Manfalout, dans des circonstances que nous rapporterons plus loin, il sollicita du patriarche Mattaios la permission d'exercer son ministère dans toutes les églises coptes. La demande n'était pas ordinaire; le religieux capucin obtint cependant un mandement patriarcal à cet effet. C'était un grand pas de fait dans la voie de l'union.

Dès lors, les quatorze curés coptes du Caire lui ouvrirent largement les portes de leurs églises, et aussitôt commença pour nos missionnaires un apostolat des plus actifs et des plus pénibles. Il se prolongera jusqu'à leur départ pour l'Éthiopie. Les religieux, usant des pouvoirs accordés par Rome, pouvaient célébrer dans les églises coptes les saints mystères selon le rit de l'Église romaine, catéchiser et prêcher ces populations plus ignorantes qu'obstinées dans leurs erreurs.

Comment s'exerçait cet apostolat?

Les églises orientales ont conservé dans une immutabilité séculaire quelques usages des premiers siècles de l'Église. Ils célèbrent encore pendant la nuit les saints mystères, surtout les jours de grande fête. C'est une occasion, presque la seule, de manifester leur existence

1. Les Coptes prétendent que leur patriarche est le successeur de l'apôtre saint Marc, sur le siège d'Alexandrie, mais les Grecs le leur disputent avec plus de raison.

religieuse par des pétards, des fusées et des feux de joie. En dehors de ces circonstances principales, on ne voit pas le peuple remplir la rotonde des coupoles, et ils vérifient ce dicton d'Orient : « Ils construisent des églises pour n'y pas mettre les pieds. »

Les Coptes du Caire se réunissaient tous les samedis après le soleil couché. Après deux heures de prière, les riches se retiraient dans quelque appartement voisin. C'étaient les notables de la nation. Les missionnaires profitaient de ce moment pour s'entretenir de questions religieuses, ou bien ils restaient avec le peuple, qu'ils catéchisaient et faisaient chanter. A minuit, commençaient les Matines qui étaient suivies de la messe. L'office se prolongeait ainsi pendant quatre heures et plus. C'était l'unique messe du jour, et ceux qui voulaient y assister devaient passer la nuit.

Tous les samedis, le P. Agathange se trouvait tantôt dans une église et tantôt dans une autre. A l'évangile, il montait en chaire et annonçait les vérités catholiques. Les fruits de ces prédications furent consolants, beaucoup de Coptes se convertissaient, se confessaient au missionnaire et recevaient de ses mains la communion à la messe qu'il célébrait à l'aurore. Le missionnaire avait à peine une heure de sommeil.

Par ces prédications fréquentes, outre les conversions, des abus furent réformés, des erreurs dissipées, des préjugés amoindris ; les

Capucins français défrichaient le terrain, semaient la parole vivifiante, d'autres peut-être recueilleraient une plus ample moisson. Ce n'est pas un travail de quelques jours, il y faut de la patience et de la prudence, disait le P. Agathange à la Propagande. Il y avait, en effet, toujours à craindre que quelques Coptes turbulents ne provoquassent, par intérêt ou autrement, une intervention des Turcs qui auraient arrêté ce beau mouvement de conversions. La prudence des missionnaires leur fit éviter tout conflit et ils purent poursuivre cette évangélisation du Caire pendant de longues années. Le P. Sylvestre de Saint-Aignan, qui succédera au P. Agathange comme Supérieur, continuera son apostolat de la même manière par les prédications et instructions, les nuits du samedi au dimanche (1).

Les pasteurs favorisaient ce mouvement, leurs églises étaient plus fréquentées, et bientôt les pèlerins et les voyageurs portaient au loin le récit émerveillé de cette transformation morale et religieuse. Un religieux écrivait de Damas : « Pour nos Pères du Caire, les chrétiens qui en viennent m'en tiennent un grand récit, disant qu'ils font un grandissime progrès, mais je n'en sais les particularités (2). »

Ces succès rapides, consolants, restent surprenants en face de la stérilité presque complète

1. Lettre des Archives de la Propag.
2. Lettre du P. Michel de Rennes, Damas, 24 décembre 1637. Mss. cit. 10.220, p. 254.

de tant de missionnaires qui, de nos jours, circulent avec plus de liberté encore, sur toutes les plaines et montagnes de l'Égypte, de la Palestine et de la Syrie.

Il est bon de dire un mot de la conduite des missionnaires à l'égard de leurs nouveaux convertis. Nous diminuerons peut-être la surprise sans porter atteinte à leur gloire, et sans jeter le blâme sur leurs successeurs.

Les missionnaires d'Égypte, de Palestine et de Syrie, témoins attristés de l'ignorance des foules, voyaient par expérience que les questions doctrinales leur étaient fort étrangères. Ils constataient avec douleur que le clergé lui-même n'échappait pas à cette plaie. C'était ainsi une opposition formelle entre l'état d'esprit des populations levantines et les manuels théologiques remplissant nos bibliothèques et exposant avec complaisance les erreurs des Grecs, des Arméniens, des Nestoriens, Jacobites et autres sectes antiques de l'Orient. L'obstination nécessaire à l'hérésie n'était pas leur fait, l'erreur doctrinale de bonne foi n'était pas même leur partage. L'ignorance, voilà leur état d'esprit. Les missionnaires les traitaient en conséquence comme des baptisés privés de toute instruction religieuse.

« Ici, nous trouvons par expérience que fort peu savent ce qu'est l'erreur, et, pour les faire bons catholiques, il ne faut autre chose que les instruire des vérités catholiques, c'est le souverain moyen, et que nous allons entreprendre à bon escient à mesure que nous apprendrons la langue pour nous expliquer; nous avons, par la grâce de Dieu et par ce moyen, acquis quelques âmes à Notre-Seigneur (1). »

Ces paroles se vérifiaient en Egypte comme en Syrie, et les missionnaires suivirent la même ligne de conduite. Exigeaient-ils de leurs nouveaux convertis une abjuration de leurs prétendues erreurs antérieures?

Ils l'exigeaient particulièrement des personnes religieuses et ecclésiastiques et de quelques autres. Pour la foule ignorante, une profession de foi catholique devait suffire, croyons-nous.

Mais alors, que devenaient ces convertis? Quittaient-ils leur église copte schismatique pour se mettre sous la direction et juridiction des missionnaires. C'est ici que la question se complique et devient épineuse. Les orientaux convertis ne peuvent passer au rit latin. Les Coptes n'avaient pas dès lors d'église de rit-uni. Que faire? Les missionnaires laissaient leurs nouveaux convertis participer à tous les offices et cérémonies de l'église schismatique, en s'appuyant sur l'impossibilité d'agir autrement. Ils escomptaient, par un travail persévérant, multiplier les conversions et faire d'un peuple schismatique une nation catholique et fidèle. La condition du succès était la conversion du patriarche et des moines, et nos Capucins,

1. Lettre du P. Albert de Nantes, d'Alep, 10 novembre 1629, mss. 10.220 cit., p. 89.

comme nous le verrons, exerçaient auprès de ceux-ci un apostolat parallèle.

Ce fut un coup sensible pour le P. Agathange d'apprendre que Rome n'approuvait pas cette conduite. C'était la ruine de leurs travaux, l'écroulement de leurs espérances. Voici comment il eut connaissance de ce blâme, qui ne lui était pas personnel, mais qui frappait tous les missionnaires.

Le Père Gardien de Jérusalem avait exposé à la Sacrée Congrégation l'opinion du P. Paul de Lodi (1) tenant pour licite la fréquentation des églises schismatiques ou hérétiques, à condition de garder dans son cœur la fidélité à la foi catholique. La Sacrée Congrégation déclara l'opinion erronée et interdit de la mettre en pratique.

Cette réponse, communiquée au P. Agathange, à Jérusalem, par le Père Gardien, les mettait tous dans l'embarras.

— Qu'en pensez-vous? lui demande le Capucin.

— Je pense que si les Éminentissimes Seigneurs étaient informés de l'état du pays, ils n'auraient jamais porté un pareil jugement, et c'est l'avis de tous les Pères de ma communauté.

De fait, ils étaient contraints de permettre à des Grecs convertis de se présenter plusieurs fois l'année dans les églises des schismatiques pour éviter les persécutions que ceux-ci avaient

1. Custode de Terre-Sainte.

précédemment soulevées à propos des convertis.

La question était grave, tout l'avenir des missions d'Orient était en jeu. Le Père Gardien de Jérusalem résolut d'exposer la situation à Rome, et il exhorta le P. Agathange à le faire de son côté pour l'Égypte.

Celui-ci consulta ses religieux du Caire, et le P. Archange de Pistoie, des Réformés. Tous les missionnaires étaient du même avis. Cette unanimité lui donnait une force pour défendre son œuvre.

Aussitôt il écrit à Rome : « Je prie Votre Éminence d'accueillir le plus petit de ses disciples, qui vient lui exposer humblement ce qui lui paraît le plus profitable à la gloire de Dieu et au bien des âmes, se soumettant par avance à toute correction. Les théologiens qui traitent la question, sans considération de l'ancien droit, en cherchent la solution dans la bulle de Martin V, publiée au Concile de Constance. Il y est dit : « Que personne ne soit obligé de « s'abstenir de la communication avec les héré- « tiques et schismatiques, tant dans la réception « des sacrements que dans les offices divins, si « les dits hérétiques ne sont pas nommément « excommuniés et dénoncés par sentence portée « spécialement contre telle personne déter- « minée, etc. » Les docteurs limitent cette décision par diverses conditions, que l'on peut réduire à quatre : 1° Que cette communication ne produise pas de scandale; 2° Qu'elle soit sans danger pour la foi; 3° Qu'elle ne se fasse pas dans un rit hérétique par nature ou vicieux; 4° Qu'elle ne soit pas une approbation de l'hérésie ou d'un rit hérétique.

« Or, pour juger de ces quatre conditions, il faut avoir une connaissance parfaite de toutes les circonstances de lieu, de temps, de personnes, de rit, etc., connaissance que ne peuvent avoir les docteurs de la chrétienté qui n'ont pas vécu dans ces contrées. C'est pourquoi il me semble que le jugement doit en être laissé aux missionnaires qui ont jugé bon autrefois de ne pas interdire cette communication, d'autant plus que l'opinion contraire nous enlève tout moyen et toute espérance de faire du bien dans la mission, sans compter les inconvénients qu'elle entraîne... Ainsi, pour les moines, nous ne saurions plus que faire. Si nous leur disons que, pour se faire catholiques, ils doivent se séparer de leurs églises et de leur couvent, ils répondront, je pense : *Durus est hic sermo,* où irons-nous? qui nous recevra? quelle église nous accueillera? où vivrons-nous? Ils savent bien qu'avec notre pauvreté, nous ne pouvons ni les secourir ni les loger. Il en sera de même pour les prêtres... et le péril de renier la foi sera encore plus grand... Les Francs ne leur permettront jamais de fréquenter nos églises, ou, pour mieux dire, nos chambres ornées en forme de chapelle, où ils viennent prier Dieu presque furtivement par crainte des Turcs. Ceux-ci font deux fois par an la recherche des églises pour en exiger de l'argent... Que les

Coptes ou Grecs convertis viennent dans nos églises, ce serait leur ruine et la cause d'un plus grand dommage. De plus, le patriarche et les évêques coptes ne s'inquiètent pas de nous voir convertir leurs ouailles au catholicisme, car ils ne perdent rien, mais du jour où nous exigerons la séparation, ils soulèveront une persécution contre eux, contre nous et contre les marchands. Les Turcs feront main basse sur tous les biens, et les missionnaires, pour le moins, seront chassés par les autorités consulaires. Si nous voulons faire sortir un moine de son couvent, nous ne serons jamais plus autorisés à pénétrer dans un seul ni dans la maison du patriarche. C'est fermer la porte à toute espérance... (1) »

Le plaidoyer continue, toujours respectueux, mais aussi toujours empreint d'une mâle énergie. Le P. Agathange défendait l'œuvre de ses quatre années d'apostolat en Égypte. Le problème était posé, comment Rome allait-elle répondre? La question fut examinée par la Propagande six mois plus tard, le 30 janvier 1638. Cette Congrégation, qui avait transmis l'ordre primitif cause de toute l'inquiétude, fut sans doute impressionnée par les fortes raisons de l'apôtre du Caire; elle renvoya la question au Saint-Office pour un examen plus approfondi, et fit part de cette décision au P. Agathange par une lettre du 13 février 1638.

1. Lettre du 6 juillet 1637.

Rome, souveraine temporisatrice, se tut, car les archives du Suprême tribunal n'ont pas gardé trace de la solution donnée à ce problème. Nous pouvons conjecturer cependant que la Sacrée Congrégation atténua la rigueur primitive de son décret. Dans les instructions données aux missionnaires d'Éthiopie en 1640, où la même difficulté était à prévoir, il n'est plus question de cette interdiction. Les envoyés de Rome devaient seulement protester qu'ils ne voulaient rien changer aux rits éthiopiens, ni à la liturgie ni aux offices, mais seulement corriger les erreurs manifestes. Pour la question d'union avec Rome, il suffisait d'accepter la profession de foi faite pour les Orientaux (1).

De plus, nous pensons que la thèse soutenue par le P. Agathange a triomphé à travers les siècles, car les missionnaires qui lui succédèrent au Caire, comme le P. Sylvestre de Saint-Aignan, suivirent la même voie sans recevoir aucun blâme de la Congrégation du Saint-Office. Aujourd'hui encore, dans des circonstances semblables, les missionnaires d'Orient autorisent les nouveaux convertis à fréquenter au moins quelque temps les églises schismatiques et à assister aux cérémonies religieuses. Les théologiens modernes tiennent cette conduite pour licite (2) et la Sacrée Congrégation l'a parfois autorisée.

1. Cf. *Summ. Proc.*, p. 14.

2. Cf. R. P. Timotheus a Podio-Luperio, O. M. Cap. *Theologia moralis universa*, tom. I, p. 505.

Le P. Agathange ne put attendre la solution de cette difficulté, qui avait mis son cœur à la torture, il était déjà parti pour l'Éthiopie quand le secrétaire de la Propagande lui annonçait le résultat de son rapport.

Les nombreuses conversions opérées parmi les Coptes étaient un ferment de salut pour cette antique église, elles disposaient les esprits à sceller avec Rome une union durable, union qui ne pouvait pourtant se réaliser que par la conversion du patriarche et des moines de Nitrie et de la Thébaïde. C'était l'œuvre capitale, et nos missionnaires s'y dévouèrent sans compter avec les dangers et les fatigues.

CHAPITRE X

LE PATRIARCHE MATTAIOS. — SAINT-MACAIRE DE NITRIE. — SAINT ANTOINE DE LA THÉBAÏDE.

Saint Cyrille d'Alexandrie avait préservé l'Égypte de l'hérésie de Nestorius; son successeur, Dioscore, l'entraîna dans celle d'Eutychès. Depuis lors, la série ininterrompue des évêques égyptiens a maintenu dans le pays une apparence de vie chrétienne et de hiérarchie ecclésiastique. Toute la gloire de cette Église est faite de son passé catholique. Si elle eut de grands évêques et de grands saints, défenseurs de la foi des apôtres, c'est qu'alors elle recevait la vie du Siège de Rome; elle était une branche de la vraie vigne plantée par le Sauveur du monde.

L'Église d'Égypte avait été le berceau de la vie érémitique. Les cellules de branchages des Pacôme et des Antoine éclipsèrent, dans les souvenirs chrétiens, la gloire et les somptueux mausolées des antiques Pharaons. Qui n'a entendu parler de la Thébaïde, des déserts de Nitrie et de leurs mystérieux habitants, « dont la terre n'était pas digne ». Des monastères nombreux avaient succédé aux cellules des premiers ermites. Ils formaient des villes entières, et leurs 80.000 moines faisaient monter vers le ciel le *laus perennis,* la louange et l'adoration perpétuelle de jour et de nuit. Les souvenirs et les pieuses légendes des Pères du désert embaument encore la chrétienté et donnent un idéal à toutes les âmes éprises de silence, de solitude et de sacrifice.

Cette puissante vitalité chrétienne a disparu avec la vraie foi. L'hérésie, le schisme ont tari toute sève vitale; aujourd'hui, l'Arabe indifférent à ces splendeurs du passé, foule et nivelle sous ses pas les ruines des anciens monastères. Ceux qui sont encore debout ressemblent à des squelettes desséchés par le vent du désert.

Cependant l'apparence de vie chrétienne qui subsiste dans la nation des Coptes ou des Égyptiens vient de sa hiérarchie ecclésiastique et des quelques moines des déserts de Nitrie et de la Thébaïde. C'est pourquoi l'Église romaine, par ses missionnaires, a toujours tenté de faire rentrer dans son bercail ces brebis anémiées. Plusieurs fois, elle a cru toucher au but, mais les pasteurs de l'Égypte, déprimés par l'énervante autorité des musulmans et l'influence désastreuse des laïques dans le conseil national, n'ont jamais pu recouvrer la liberté et l'indépendance nécessaires, pour cimenter une union durable avec l'Église romaine.

On peut juger de la situation de l'Église copte, par la façon dont se fait l'élection du premier pasteur.

Leur patriarcat ne serait pas une charge enviée, au dire de Champollion. Les notables de la nation, qui sont laïques, forment une liste de trois candidats; ceux-ci s'enfuient au désert dès qu'ils connaissent leur nomination. Mais le pacha, qui perdrait les bénéfices et les impôts de la succession, expédie des janissaires à la recherche des fugitifs qui sont ramenés dans l'assemblée pieds et poings liés, et ne sont remis en liberté qu'après l'élection du patriarche.

Ce rôle des notables séculiers dans toutes les Églises d'Orient est une des causes principales de leurs faiblesses et de la vénalité des fonctions ecclésiastiques.

Quoi qu'il en soit, le zèle du P. Agathange était à la hauteur des difficultés. Comme il voulait obtenir la conversion des Coptes et l'union de leur Église à l'Église romaine, il ne pouvait oublier le patriarche et les moines. Nous pouvons dire même que tous ses efforts convergèrent de ce côté. Il avait d'ailleurs toutes les qualités nécessaires pour la réussite. Le P. Esprit de Blois nous trace en effet son portrait moral que les historiens se plaisent à reproduire; il répond bien à l'ensemble de sa vie, et il ressort de tous les documents contemporains.

« Le P. Agathange était l'homme du monde le plus propre à ramener ces pauvres aveugles dans les voies du salut. Outre les grâces abondantes que le ciel répandait visiblement sur ses travaux apostoliques, Dieu lui avait donné un esprit vif et éclairé, un naturel doux et insinuant, des manières aisées, une grande modestie et une sage retenue, qui ne détruisaient point en lui la complaisance et l'affabilité ; une patience à l'épreuve des fâcheux contre-temps qu'il faut nécessairement essuyer lorsqu'on a à vivre avec des personnes qui se conduisent moins par la raison que par l'entêtement et les préjugés. Cependant avec toutes ces belles qualités, il aurait eu difficilement entrée dans les monastères dont la conversion était très importante à ses desseins, s'il n'eût trouvé le secret de lier une étroite amitié avec quelques évêques coptes qui, ayant été nourris dans ces maisons, y avaient beaucoup de crédit et d'autorité (1). »

Nous avons déjà parlé d'un de ces évêques ; il en trouva d'autres au Caire avec lesquels il eut de nombreuses conférences théologiques, mais leurs noms et leurs dispositions à l'égard de l'Église romaine ne nous ont pas été transmis par l'histoire. Nous devons donc nous borner à ce que firent les missionnaires près du patriarche et des moines de la Thébaïde et du désert de Nitrie.

Le patriarche, à cette époque, avait nom Mattaios. La première fois que le Capucin de Vendôme fut en tête-à-tête avec lui, ce fut à Manfalout, dans les mois de septembre et d'octobre 1634 (2). Le P. Agathange s'y était rendu

1. Cf. *Mémoires du Martyre*, etc. *Summ. addit.*, p. 76.

2. Le P. Michel de Rennes et les historiens qui l'ont suivi mettent le patriarche et le P. Agathange en relations suivies longtemps auparavant. Leur erreur vient

pour tenter de porter remède à la persécution qui sévissait en Éthiopie. Il y avait été précédé de quelques jours par un autre Franciscain, le P. Archange de Pistoie. Celui-ci avait déjà abordé la question de l'union avec Rome. En effet, pour se faire bien recevoir, il s'était muni des lettres du Souverain Pontife, adressées quelques années auparavant au prédécesseur de Mattaios, que le digne prêtre Gabriel Famoux avait si bien disposé à se réunir à l'Église romaine. Mais le destinataire était mort, et ces lettres restaient sans effet. Le P. Archange les présenta au patriarche Mattaios, comme à lui adressées, et expliqua de son mieux le but de sa visite, et le grand désir du Souverain Pontife de les voir tous unis à l'Église romaine, centre de la foi (1). Mattaios, en recevant la lettre, « l'a mise sur sa tête et l'a baisée », dit le P. Cassien (2). Il ne répondit à cette avance que par des promesses dilatoires : « Apprenez bien, dit-il au P. Archange, la langue arabe, et quand nous serons tous au Caire, nous traiterons cette grande question (3). » Ces paroles semblaient

de ce qu'ils font venir les missionnaires au Caire en 1631. Si le P. Agathange eût connu précédemment le patriarche, il n'aurait pas eu besoin de lettres de recommandation pour être reçu. La lettre citée du P. Agathange et celle du P. Cassien laissent à entendre clairement que c'était la première fois que le missionnaire parlait au patriarche.

1. Lettre du 6 novembre 1634. *Summ.*

2. Lettre du P. Cassien, 3 novembre 1634. — *Etudes franciscaines*, t. *XI*, p. 626.

3. Lettre du 6 novembre, *ibid.*

pourtant sincères, car il permit au P. Archange de séjourner dans un monastère copte où il put apprendre la langue; il l'autorisa même à grouper quelques enfants pour les initier au latin, avec promesse de le défrayer de tout, jusqu'à ce que ces jeunes gens pussent aller en Europe achever leurs études.

Après cet entretien, le P. Archange de Pistoie resta quelque temps à Manfalout. Le Capucin vendômois y venait à son tour. Des lettres de recommandation et quelques présents le faisaient bien accueillir du patriarche. Comment en cette circonstance ne pas traiter la question d'union, alors que les intérêts de sa mission du Caire et l'avenir de celle de l'Éthiopie en dépendaient? « J'insistais sur l'union, écrit le P. Agathange, car tous les troubles de l'Abyssinie se seraient apaisés, me semblait-il, avec la nouvelle que le patriarche d'Alexandrie s'était uni à l'Église romaine (1). » Il attaquait, en effet, le mal dans sa racine. Nous verrons plus tard ce qu'il obtint dans cette circonstance pour la mission des Pères Jésuites alors si éprouvée.

Quels furent les sentiments personnels de Mattaios à la suite des entretiens de Manfalout?

Laissons le P. Agathange nous l'apprendre : « Ayant abordé les questions de foi, le patriarche ne voulut rien conclure, ni admettre ouvertement deux natures en Jésus-Christ. Cependant il ajoutait : « Je vois bien que votre

1. Lettre du 6 novembre 1634.

« foi est la vraie, et je ne doute nullement de ce « que vous enseignez, mais je suis esclave; « quand je serai au Caire, nous tenterons « quelque chose avec l'aide des consuls; ceux-ci « pourraient réunir chez eux les Coptes influents « et quelques prêtres qui près d'eux ont réputa- « tion de savants, nous aboutirions ainsi à scel- « ler l'union des deux Églises (1). »

Voilà le mot de la situation : « Je suis esclave. » Le patriarche l'était en effet et du pouvoir et de son entourage. C'était « un bon vieillard d'environ soixante-dix ans (2) », ne sachant que l'arabe et fort peu le copte; il n'avait pas un sentiment bien vif de sa dignité ni de ses droits; il était à la merci de son secrétaire, qui était aussi son grand-vicaire; de plus, il dépendait de quelques Coptes riches et influents qui le soutenaient de leurs aumônes. D'un caractère faible et indécis, Mattaios n'osait rien faire sans prendre conseil de ces derniers qui, au besoin, devaient le défendre contre les vexations des Turcs (3).

Cette conduite sauvegardait avant tout ses intérêts pécuniaires, et si, pour l'œuvre de l'union projetée avec Rome, le patriarche exigeait le concours et la protection des consuls, ce n'était pas sans une arrière-pensée de lucre et de bachich à recevoir des représentants des nations chrétiennes. Le P. Agathange le comprenait si

1. Lettre du 6 novembre.
2. Lettre du P. Cassien, 27 juillet 1635. Corresp., p. 158.
3. Lettre du 6 novembre.

bien qu'il ajoutait encore dans sa lettre au cardinal-préfet de la Propagande : « Il serait très bon, dans les commencements, de faire quelques présents et quelques cadeaux aux Coptes qui se tournent volontiers du côté d'où leur vient le profit (1). » Ces seules paroles peignent tout l'Orient schismatique (2).

Toutefois, le craintif Mattaios semblait avoir une raison sérieuse de recourir aux consuls; c'était la crainte du pouvoir dominateur. Les Turcs, en effet, tenaient le patriarche pour le représentant officiel de la nation copte, et le rendaient responsable de tout événement insolite. Les pourparlers d'union avec les Francs ou Romains n'auraient pas passé inaperçus; ils auraient pu faire naître, dans l'esprit des Turcs, la pensée d'un complot contre l'État, et le patriarche eût été exposé à subir en conséquence leurs vexations. En se réunissant chez les consuls, Mattaios mettait sa responsabilité à couvert, en s'assurant la protection de ces derniers.

Mais le P. Agathange savait à quoi s'en tenir sur les dispositions des consuls; il n'y avait pas à faire fonds sur l'intervention de Santo Seghezzi, ni du consul de Venise, dans une pareille question religieuse. Il ne put donc rapporter de ses premières relations avec le patriarche que

1. Lettre du 6 novembre.
2. A Rome, la question des présents fut renvoyée à la Congrégation des Cardinaux, nous n'en connaissons pas les résultats.

le souvenir de sa courtoisie, de ses bonnes dispositions personnelles, et la promesse de venir au Caire au Carême de 1635, pour traiter la question capitale de l'union avec Rome. Il rapporta cependant de Manfalout une pièce importante pour son apostolat auprès du peuple. Le P. Cassien nous apprend que le patriarche « a donné de plus une lettre par laquelle il nous recommande à tous les prêtres et religieux, et donne la permission de dire la messe et prêcher en ses églises (1). » Ce document important ouvrit aux missionnaires, comme nous l'avons vu, toutes les églises des Coptes.

La promesse de Mattaios de revenir au Caire au Carême suivant ne fut réalisée qu'à la fin de l'année 1635 (2). La vieillesse et la maladie l'avaient retenu loin de la grande ville. Il était encore malade à son arrivée. Le P. Agathange lui fit alors plusieurs visites sans pouvoir aborder la grande question ; une seule fois, pendant un quart d'heure, il put mettre la conversation sur ce sujet ; le patriarche se trouvait dans les mêmes dispositions personnelles, mais laissa entrevoir de grandes difficultés de la part des Turcs et de son conseil. Une visite inopinée de notables, parmi lesquels un Turc, mit fin au dialogue (3).

Le P. Agathange n'était pas seul à tenter

1. Lettre du 3 novembre 1634. *Etudes franciscaines*, loc. cit.

2 Lettre du P. Agathange, 3 février 1636. *Summ.*, p. 12.

3. *Ibid.*

l'union du patriarche copte avec l'Église romaine. Deux autres Franciscains réformés, les PP. André d'Arc, Français, et le P. Archange de Pistoie que nous avons vu à Manfalout, travaillaient de concert avec lui et sous sa direction.

Les difficultés de la situation et le caractère du patriarche n'arrêtaient pas leurs efforts. Ils comprenaient tous que le succès final exigeait une patience égale à l'indécision et à la temporisation habituelle aux Orientaux. De nouvelles entrevues eurent lieu, sans aucun doute, entre le P. Agathange et le patriarche Mattaios. Rome semblait elle-même impatiente du succès, mais dix-huit mois après les premières entrevues, le P. Agathange lui donnait à entendre la difficulté de l'entreprise. « Quant à l'union du patriarche des Coptes, je vous dirai que c'est un homme très inconstant, et jusqu'à présent nous ne pouvons donner assurance ni pour ni contre ; je cherche et j'emploie avec les nôtres, toutes les industries possibles pour aboutir, et il ne faut pas penser que toutes nos vues puissent se réaliser si promptement, il y faut de la patience et de la longanimité. Si nous avions le moyen de faire quelque cadeau à son secrétaire et aux gens de sa maison, cela nous aiderait plus que toutes les lettres, car c'est un homme intéressé, mais, n'ayant rien, nous ferons ce que nous pourrons, attendant pour l'avenir le bon plaisir de Dieu (1). »

1. Lettre du 6 juillet 1637.

On le voit, la question de l'union n'avait pas fait un pas, la résistance venait toujours de l'entourage du patriarche Mattaios, résistance qui pour être sourde n'en était pas moins dangereuse. Elle éclata un jour en plein conseil patriarcal. Celui-ci, en effet, se trouvait réuni dans la maison du patriarche, et non chez le consul selon le projet primitif. Le consul, Christophe de Beaumont, et le P. Agathange s'y étaient rendus pour obtenir des lettres de recommandation à l'adresse du négus d'Éthiopie. Le moment parut favorable de traiter encore une fois de l'union avec Rome. Les dispositions du sénat national étaient d'abord indécises; quelques membres désiraient l'union, les autres avouaient que les Romains étaient dans la bonne voie, mais prétextaient qu'il n'y avait aucune différence essentielle entre les deux Églises; ils ne croyaient pas l'union nécessaire. Le P. Agathange tenta de faire comprendre à ses interlocuteurs que la vérité étant indivisible par essence, il fallait en conclure que l'une ou l'autre Église était dans l'erreur. Il n'avait pas achevé sa démonstration apologétique, qu'un membre du conseil, mal embouché, déplaça la question et la porta sur les mœurs des Européens du Caire. Nous avons vu plus haut (1) cette scène et la peine qu'en éprouva le saint missionnaire. Les passions soulevées par cette diatribe ne voulurent plus rien entendre, et le

1. Pages 148 et 149.

missionnaire mit fin à l'entrevue par crainte de complications plus désastreuses.

Les membres plus modérés du conseil et le patriarche n'approuvèrent pas la sortie inconsidérée et haineuse du malencontreux interrupteur. Ils donnèrent au Capucin des paroles d'espérance; à leurs yeux, la concession des lettres de recommandation par le conseil était déjà un fait important; une autre fois, disaient-ils, on tentera de faire faire un nouveau pas à la question de l'union.

Là s'arrêtèrent les relations du missionnaire avec le patriarche des Coptes. Ses efforts n'avaient pas épuisé sa patience; leur stérilité apparente était imputable à l'âge, à la faiblesse de Mattaios, et plus encore aux dispositions hostiles de son entourage laïque et ecclésiastique. Les questions religieuses et doctrinales, comme celle de l'union avec Rome, peuvent-elles être de la compétence des laïques préoccupés avant tout de leurs intérêts? Ce sénat hétérogène, tant qu'il subsistera, brisera les espérances des missionnaires catholiques et ne leur laissera pour compte que la plus grande déception.

Les moines sont, après le patriarche, les membres les plus influents de l'Église copte. Si la conversion du premier pouvait donner des résultats immédiats et tangibles, celle des seconds préparait l'avenir et assurait la stabilité des premiers succès. C'est, en effet, dans leur sein que sont choisis les évêques égyptiens.

N'étant pas mariés, ils se trouvent dans les conditions traditionnelles exigées pour l'épiscopat. C'est d'ailleurs à peu près la seule, car la science requise se borne à savoir lire l'arabe et le copte, et encore ne leur demande-t-on pas de comprendre ce dernier ! Écrire et avoir l'intelligence du copte, langue liturgique égyptienne, a toujours été un luxe très rare ; le P. Cassien le témoigne pour son temps : « Il ne se trouve en tout le pays de l'Égypte, à ce que je crois, que deux personnes qui le sachent parfaitement (1). »

Nos missionnaires ne pouvaient les oublier dans leur œuvre d'évangélisation. Les moines coptes vivent dans les déserts de Nitrie et de la Thébaïde. La Nitrie, région située au sud-ouest du delta du Nil, tire son nom du natron, matière spongieuse faisant office de carbonate de soude, et dans laquelle on mettait jadis les morts, pendant soixante-dix jours, pour les momifier. C'est une contrée brûlée par le soleil où les moines n'ont, pour se désaltérer, qu'une eau horriblement salée, qui, même sucrée, conserve encore le goût de sel de magnésie. L'on comprend à peine que des hommes puissent se contenter de cette boisson, autrefois l'unique rafraîchissement des Pères de Nitrie. Il y a cependant une source d'eau douce, mais les moines n'en font presque pas usage.

Le désert est couvert de ruines, tristes débris d'un passé plein de gloire. L'hérésie et l'isla-

1. Corresp., Lettre du 27 juillet 1635, p. 158.

misme ont passé là et fait leur œuvre de destruction et de mort ; ces ruines ne sont plus que les tombeaux de la vie cénobitique égyptienne. Le vent et le sable du désert les nivellent chaque année.

Quatre monastères pourtant restent encore debout ; ils sont communément appelés monastères de Saint-Macaire. Le *Deïr-El-Amba-Bichaï* est le plus important. Ses murs d'enceinte de 18 mètres de hauteur prouvent que les moines se sont protégés contre les Bédouins, écumeurs du désert. Les autres lui ressemblent. Le *Deïr-El-Abou-Makar* a laissé dans l'histoire chrétienne des souvenirs plus grands ; la règle de son fondateur fut suivie dans de nombreux monastères. Le *Deïr-El-Suriani* ou monastère des Syriens ou de la Vierge, depuis plusieurs siècles, n'est plus habité par les moines de cette nation ; les Coptes ont pris leur place. Enfin, le *Deïr-El-Baramous,* quatrième monastère, rebute les voyageurs par son accès difficile.

Les cénobites qui vivent dans cette solitude de Nitrie sont loin d'avoir l'austérité des anciens Pères ; le noviciat n'a pas de règle déterminée ; il peut se faire en un mois, comme aussi durer plusieurs années. Les vœux sont inconnus ; en dehors de l'assistance au chœur, des jeûnes de règle, chaque moine vit à sa guise, dort ou travaille quand il lui plaît et où il veut ; le silence régulier, l'oraison, les conférences spirituelles y sont inconnus. Si l'on en croit Mgr Massaïa qui a séjourné parmi ces moines, les mœurs corrompues de l'Islam ont envahi ces enceintes, jadis refuges de la prière et de la vertu.

La discipline est sans vigueur. Le rayès ou supérieur local dépend immédiatement du patriarche, mais la vie du Caire est plus douce que celle du désert, et rarement on le trouve à la tête de son monastère. Il est suppléé par le gomos ou l'égoumène qui devient ainsi le supérieur responsable.

C'est dans ce milieu plus ingrat que celui des foules, que le P. Agathange et le P. Cassien vont exercer tour à tour leur apostolat.

La première fois que le Capucin vendômois alla aux monastères de Saint-Macaire, ce fut à la fin de 1633 ou au commencement de l'année 1634. L'évêque syrien lui servit d'introducteur, et lui prépara un bon accueil. Un pareil patronage ne pouvait que diminuer l'hostilité et la défiance habituelle des moines coptes à l'égard des latins. Mais, devant un pareil auditoire, il ne s'agissait plus simplement d'instruire, il fallait discuter avec des hommes qui prétendaient avoir la clef de la science religieuse, mais en réalité subissaient l'influence des préjugés et des sophismes du schisme et de l'hérésie. La difficulté était d'autant plus grande pour le missionnaire, que les expressions théologiques si importantes pour préciser la doctrine faisaient défaut aux uns et aux autres. Le P. Agathange lui-même, si avancé dans la langue arabe, était parfois surpris. « Souvent, dit-il, je me trouve avec quelques prêtres et évêques du pays, auxquels voulant faire entendre les mystères de notre croyance, je me trouve court de paroles, lesquelles ils ne me peuvent pas enseigner, parce qu'il n'y a aucun entre eux qui ait étudié en théologie (1). »

Dans ce premier séjour, qui fut de courte durée, il captiva les moines par sa douceur, sa patience et ses enseignements. « Notre vénéré Supérieur, écrit le P. Cassien, a été aux déserts de Saint-Macaire, avec un évêque syrien qui l'affectionne beaucoup et nous est venu voir céans deux fois. Les religieux de ces monastères l'ont prié et importuné de demeurer avec eux, afin de les enseigner, mais ne le pouvant pour lors, quand nous aurons connaissance de la langue, nous y pourrons aller (2). »

Ce résultat était assez grand pour asseoir des espérances de conversion. Un succès immédiat pour le missionnaire fut de démasquer un protestant qui s'était glissé dans les rangs des moines et sur lequel nous reviendrons.

Le P. Agathange répéta plusieurs fois ses visites aux monastères de Saint-Macaire, distants du Caire d'une vingtaine de lieues. Put-il jamais y faire un séjour prolongé comme il se le promettait après sa première et courte visite? Nous en doutons. Il s'y rendit pourtant une deuxième fois entre les mois de mai et de juillet 1634. Plus tard il était retenu au Caire par l'évangélisation hebdomadaire des Coptes,

1. Corresp., Lettre du 19 juillet 1634, p. 68.
2. Lettre du 9 mars 1634.

travail que ses confrères ne pouvaient accomplir, faute de ne pas savoir encore la langue arabe. Il dut y aller aussi au commencement de 1635 (1), et le P. Cassien s'y transporta au mois d'octobre de la même année (2).

Quels furent de ce côté les fruits de leur apostolat? Il est très difficile de le dire. Le P. Agathange, dans sa correspondance, ne parle jamais de ses conquêtes; il expose les difficultés qu'il rencontre et là même où il est acteur et triomphe dans la lutte, il emploie la forme impersonnelle; il couvrait ainsi ses succès du voile de l'humilité. Une seule fois il précisera, pour défendre sa méthode d'apostolat et de conversion.

Tout ce qu'il put faire à Saint-Macaire, ce fut, croyons-nous, de jeter de temps à autre les

1. Dans sa lettre du 6 novembre 1634, le P. Agathange annonce son voyage prochain, sans indiquer le but. Nous pensons qu'il s'agit de Saint-Macaire; Peiresc cependant parle d'un voyage fait à Saint-Antoine. « J'ai écrit, à Rome, à l'E^me cardinal Barberin les grands services que vous avez rendus à l'Eglise, à votre voyage de Saint-Antoine, dont on vous sait le gré que mérite votre grand zèle et votre incomparable piété, et pense que vous verrez bientôt les effets, et possible quelque digne condition pour mieux faire valoir votre talent et de vos bons collègues. » Corresp., 24 décembre 1635, p. 215. — Dans cette correspondance il ne s'agit que de livres envoyés à Peiresc, et nous croyons que le bon abbé s'est trompé en parlant de Saint-Antoine, car dans la lettre à laquelle il répond (Corresp., lettre du 25 juillet 1635), il est fait mention de Saint-Macaire et non de Saint-Antoine. Cette confusion d'ailleurs était fréquente à cette époque, dans les écrits ou correspondances, le désert était indifféremment appelé de Saint-Macaire ou de Saint-Antoine.

2. Corresp., Lettre du P. Agathange, 20 décembre 1635, p. 210.

semences des vérités catholiques, demandant au temps de les faire germer ; il se réservait d'y retourner et d'y prolonger son séjour pour conduire la moisson à maturité (1).

Son apostolat près des moines de la Basse-Thébaïde fut de plus longue durée et produisit des résultats peut-être minimes, mais plus certains. La Basse-Thébaïde est située du côté de la mer Rouge, à 250 kilomètres du Caire. Là se trouve, croit-on, le véritable berceau de la vie monacale ; aujourd'hui, deux monastères sont encore debout, celui de Saint-Antoine et celui de Saint-Paul, *Deïr-Amba-Boulos.* Situés en face du Sinaï, ils sont cependant distants l'un de l'autre d'un jour et demi. Nous ne parlerons pas du dernier, car le P. Agathange le trouva vide au moment où il s'y rendit (2).

C'est le lieu le plus solitaire et le plus affreux qu'on puisse imaginer. « Figurez-vous une immense cuvette dont les parois de roche noirâtre, hautes de 800 mètres, sont déchirées par de nombreux ravins ; au fond se dressent les grands murs du couvent, sombres et sans ouverture comme les murs d'un mausolée (3). »

Tout autre est le désert de Saint-Antoine.

1. Cf. Lettre du 6 juillet 1637. — *Appendix ad Summ. Addit.*

2. Nous lisons dans la correspondance de Peiresc : « Il a été à l'hermitage de Saint-Paul pour Ar... où il ne trouva plus d'habitants », p. 313. Le savant éditeur n'a pas pu déchiffrer le nom propre.

3. Missions catholiques, articles du P. Julien, S. J. Ann. 1884

« C'est une montagne pierreuse, d'environ mille pas. De son pied s'échappent des eaux dont le sable boit une partie ; le reste, qui tombe plus bas, forme peu à peu un petit ruisseau sur le bord duquel on voit un grand nombre de palmiers qui contribuent beaucoup à rendre ce lieu commode et agréable (1). » Une eau tiède et sulfureuse arrose les jardins où se développent de beaux légumes et de vigoureux herbages. L'air pur du désert, exempt de moucherons, le ciel sans nuages, font de Saint-Antoine un séjour enchanteur où se prolonge jusqu'à un âge avancé la vie des anachorètes. Ceux-ci suivent la même règle et les mêmes usages que les cénobites de Saint-Macaire.

Quinze moines vivaient à Saint-Antoine au temps où le P. Agathange s'y rendit en compagnie du P. Benoît de Dijon. Tous deux quittaient le Caire le 18 mai 1636, laissant le P. Cassien, alors assez avancé dans la langue arabe, continuer seul l'œuvre de la mission près du peuple copte (2).

Les deux missionnaires furent surpris en arrivant devant les murs du monastère, de ne pas trouver de porte d'entrée. Celle-ci est, en effet, placée à plus de huit mètres de hauteur. Les voyageurs comme les marchandises, les chevaux et les ânes, sont hissés au moyen d'une corde enroulée sur un treuil. Les visiteurs, jadis, prenaient place dans un panier, et arrivés à hau-

1. Saint Jérôme, cité par le P. Julien.
2. Corresp., p. 254.

teur, ils étaient saisis à bras-le-corps par un moine et pénétraient ainsi dans le monastère. On le voit, celui-ci était, et est encore, comme une forteresse qui redoute l'approche des Bédouins. Dans l'enceinte, de nombreuses petites maisons de trois ou quatre mètres de large, semblent former un village que surmontent des coupoles et des églises. C'est le monastère de Saint-Antoine (1).

Là, nos deux missionnaires vécurent pendant plusieurs mois et se livrèrent à toutes les ardeurs de leur zèle. Ils voulaient défricher ce terrain ingrat des âmes schismatiques où toutes les erreurs et les préjugés se donnaient rendez-vous, depuis leur séparation du centre de la foi. Exposer les éléments de la vie chrétienne et religieuse, préciser les doctrines catholiques, dissiper les absurdes légendes où se complaît l'entêtement de l'erreur, mettre dans les cœurs le goût et l'amour de la prière, tout cela exigea sans doute des conférences et des prédications multipliées, mais aussi l'exemple de vertus religieuses inconnues dans ce désert. Ce n'était pourtant que le défrichement, et le temps des semailles. Le P. Agathange se courba sur son sillon avec l'espérance qu'après les fatigues viendrait le temps de la moisson.

En somme, tout était à refaire dans le domaine religieux, avec ces moines qui, à l'hérésie des monophysites, ajoutaient encore les erreurs de

1. Missions catholiques, 1884.

doctrinaires dont les noms sont aujourd'hui presque inconnus. C'est ainsi qu'ils ne croyaient pas au bonheur des saints avant la résurrection générale. A leurs yeux, les anges rebelles n'étaient pas condamnés pour toute l'éternité. Ces erreurs, communes aux moines et aux fidèles, étaient concrétisées dans des légendes dont voici un échantillon abrégé.

Un religieux, d'une sainteté extraordinaire, dit la légende, allumait son feu pour cuire les pains destinés à l'autel. C'était le sacristain du monastère. Les flammes prirent tout à coup un grand développement; impossible de les éteindre ni avec de l'eau ni avec de la terre. Un jeune homme parut alors au milieu du brasier. Le solitaire surpris fit le signe de la croix, et aussitôt le personnage mystérieux sortit resplendissant du sein des flammes et se précipita à ses genoux : « Je suis, dit-il, un des esprits rebelles chassés du ciel, et je voudrais présenter ma pénitence à Dieu avant que la sentence dernière fût prononcée. »

Admis au monastère, sans faire connaître son origine, il mena une vie exemplaire, versant continuellement des larmes de pénitence. Un prodige le fit reconnaître. Le Supérieur lui ayant donné l'ordre d'acheter du poisson, le moine pénitent partit vers la mer, et ayant trouvé une barque pleine de poisson, il rapporta contenant et contenu au monastère. De là, grand émoi, le Supérieur se mit à l'interroger. Le prétendu moine découvrit alors son origine et la raison de sa présence au monastère. Aussitôt tous les cénobites se mirent en prières trois jours et trois nuits durant, au bout desquels l'esprit disparut après avoir avoué qu'il était rétabli dans son premier état (1).

C'est en s'appuyant sur de pareilles fictions que l'hérésie s'enracinait dans les âmes et les maintenait sous son joug.

Le P. Agathange, malgré les difficultés d'un pareil ministère, ne tarda pas à se montrer satisfait des dispositions des cénobites. Il en fit part à plusieurs reprises au P. Cassien resté au Caire : « Par plusieurs lettres, écrit ce dernier, le P. Agathange m'a fait connaître les bonnes dispositions de ces religieux qui l'ont accueilli et le traitent encore avec cordialité ; ils écoutent volontiers ses discours sur la foi, et sur les erreurs et faussetés qui se trouvent dans leurs livres. Ils l'ont aussi prié de leur apprendre à faire l'oraison mentale ; c'est ce que fait le P. Agathange, et à cette fin, il a commencé à traduire en arabe un volume sur ce sujet. Quant à moi, je puis assurer Votre Éminence de ce que j'ai constaté. Trois de ces religieux, dont l'un était le Supérieur, sont venus me voir, je les ai trouvé bien sensés dans leurs conversations et bien disposés pour la foi catholique ; on peut même les dire catholiques, car, en traitant de leurs erreurs, ils avouent promptement que nous avons rai-

1. Mss. Missions de Touraine, p. 113-117. L'auteur de ce manuscrit dit que cette légende a été racontée par les missionnaires d'Egypte.

son et que la vérité est de notre côté. Je puis en dire autant de tous les Coptes que j'ai fréquentés (1). »

Au moment où le P. Cassien écrivait ces bonnes nouvelles, le P. Agathange continuait son œuvre à Saint-Antoine. Il évangélisait le désert par la parole, par l'exemple et par la plume. L'ouvrage qu'il mit entre les mains des cénobites était « un abrégé de la première partie du livre du P. Benoît, De la volonté de Dieu, et de l'oraison mentale sur la Méthode de l'oraison, du R. P. Joseph de Paris (2). »

1. Lettre du 22 septembre 1636 au Préfet de la Propagande. *Proc.*

2. Mss. Miss. de Touraine, p. 134. — Les deux énoncés de ces ouvrages sont incomplets. Le premier est *Abrégé de toute la vie spirituelle réduite à ce seul point de la volonté de Dieu*, Paris 1696. Cet ouvrage est cependant plus connu sous son titre primitif : *Règle de perfection*, etc. Il eut plusieurs éditions en anglais son texte original, en flamand, latin, français et italien. Son auteur était le P. Benoît de Canfeld, Anglais de naissance, né de parents puritains. Son nom de famille était Guillaume Fileh. Converti au catholicisme, il devint un des plus célèbres Capucins de cette époque. Ayant tenté une mission en Angleterre, il fut jeté dans la tour de Londres, puis dans la prison de Wisbich. Revenu en France il fut le directeur de la bienheureuse Marie de l'Incarnation, carmélite, il aida le vénérable P. Honoré de Champigny dans la réforme des monastères bénédictins de Montmartre, du Val-de-Grâce, etc. Dame Jacqueline de la Grange de Montigny, épouse d'Honorat de Beauvillier, comte de Saint-Aignan, avait la plus grande confiance dans ses prières, et obtint par son intercession un fils, François de Beauvillier, qui porta en retour l'habit de Capucin jusqu'à l'âge de sept ans. (Memorabilia Provinciæ Turonensis Capuccinorum, Mss. — Bibliographie universelle de Michaud.) Le P. Benoît de Canfeld mourut le 21 no-

Le P. Agathange, comme on le voit, dut donner une somme de travail considérable pendant les quatre mois passés au désert de Saint-Antoine, mais l'apôtre se trouve, par la conversion d'une seule âme, amplement récompensé de ses fatigues et de ses sacrifices.

Quelles furent les conquêtes du saint missionnaire?

Nous ne les aurions peut-être jamais connu, si le décret de la Propagande, à propos des convertis, ne l'avait fait sortir de son silence habituel sur ses succès. Dans son plaidoyer au cardinal Barberini, Préfet de la Propagande, il dit : « Au monastère de Saint-Antoine où il y avait quinze religieux, deux d'entre eux ont reçu notre foi avec amour et les autres sont restés à moitié persuadés ; nous avions laissé cette semence fructifier, avec l'espoir d'y retourner plus tard, nos projets avaient été de faire de même aux couvents de Saint-Macaire de Nitrie, où les moines sont plus nombreux. Nous jugions cet apostolat plus avantageux, car c'est toujours dans leur sein que sont choisis le patriarche et les autres évêques; il pouvait arriver en effet, par une providence divine, qu'un religieux déjà catholique fût

vembre 1610, en odeur de sainteté. Il a laissé plusieurs autres ouvrages.

Le P. Joseph de Paris, comme nous l'avons vu, est le P. Joseph du Tremblay. L'ouvrage désigné porte encore un titre incomplet. C'est l'*Introduction à la vie spirituelle par une facile méthode d'oraison*. Cet ouvrage avait déjà eu quatre éditions. Il a été réédité il y a quelques années.

choisi pour ces dignités, et par lui, on obtiendrait un grand résultat. Maintenant nous ne savons plus que faire (1). »

Le décret qui causa tant d'angoisses au Bienheureux atteignait plus particulièrement ces deux moines et les quelques prêtres convertis au Caire qui se trouvaient dans la même difficulté. Pour leur permettre aux uns et aux autres de rester dans les églises coptes et d'y célébrer selon leur rite, il fallait à tout prix que la liturgie n'exprimât aucune doctrine contraire à l'enseignement catholique. Le P. Agathange y avait pourvu. « J'ai lu leur liturgie, dit-il, et je n'y ai trouvé rien d'erroné, sinon l'invocation des hérétiques Dioscore et Sévère, cependant nous avons permis aux prêtres de dire la messe, avec obligation d'omettre ces noms, ce qu'ils font sans scandale de la part du peuple (2). »

1. Lettre du 6 juillet 1637. — Le Manuscrit des Missions de Touraine, le P. Emmanuel de Rennes et tous les historiens qui les ont suivis ont exagéré les fruits de cette mission au désert de Saint-Antoine. Ils supposent un premier voyage à Saint-Antoine avant 1634, où deux ou trois religieux auraient abjuré l'hérésie, puis une seconde mission en 1636 où le P. Agathange aurait donné l'absolution à bon nombre de cénobites. Or le voyage à Saint-Antoine reste encore à l'état de projet concerté avec Ariminios (Cf. Lettre du 6 novembre 1634.) Ces auteurs croyaient aussi à un grand nombre de solitaires. La lettre du P. Agathange, écrite six mois avant son départ pour l'Abyssinie, met les choses au point et pour le nombre et pour les conversions obtenues.

2. Lettre du 6 juillet 1637. — Sévère avait donné naissance à une secte, dite des Sévériens, à la fin du second siècle de l'ère chrétienne. Sa doctrine était la dualité des créateurs du bien et du mal, qui s'étaient fait de mu-

Si ces deux cénobites convertis ne quittèrent pas leur monastère, ils restèrent cependant fidèles aux enseignements reçus du saint missionnaire. Celui-ci ne put achever l'œuvre commencée, mais un autre religieux Capucin, le P. Agathange de Morlaix, la continuera : « Un religieux de Saint-Antoine, écrit ce dernier, qui depuis un mois vit avec nous, m'a dit que dans son monastère se trouvaient deux autres religieux catholiques, bien instruits par le vénérable P. Agathange de Vendôme. Cette nouvelle m'a donné le désir d'aller le plus tôt possible, avec lui, à Saint-Antoine, pour cultiver au moins, si je ne puis faire autre chose, ce que nos pauvres Pères ont planté. » Il ajoutait : « Je vous dis en confidence que j'attends un grand bien de ce religieux de Saint-Antoine, appelé Michel; c'est le meilleur jugement de toute la secte. Souvent on a voulu le faire évêque, dernièrement il était proposé pour *Rayès,* c'est-à-dire président ou supérieur du monastère, il n'a jamais voulu accepter. Avec ses collègues ou d'autres personnes, partout où

tuelles concessions pour arriver à une œuvre commune. Le premier avait formé la partie supérieure de l'homme jusqu'au nombril, l'autre y avait ajouté la partie inférieure, etc. Cependant il ne s'agirait pas de cet hérésiarque, mais probablement d'un autre Sévère, car le P. Agathange parle dans une lettre à Peiresc, « d'un certain Severus hérétique qui a écrit contre le quatrième concile », c'est-à-dire contre le concile de Chalcédoine que les Coptes n'ont jamais reçu, et qui a achevé leur séparation d'avec Rome, en les jetant définitivement dans l'hérésie.

il se trouve, il manifeste et corrige l'erreur avec tant de jugement que ceux de la secte l'appellent Franc. Nous l'avons souvent prié de se modérer, dans l'espoir qu'à la mort du patriarche, il prenne sa place, car ils n'en ont pas de plus capable ni de plus estimé (1). »

Ce moine Michel avait été le disciple du P. Agathange; si sa volonté ne s'était pas décidée à une abjuration des erreurs eutychiennes, son intelligence était remise dans la bonne voie. Plusieurs autres, dans une mesure peut-être plus restreinte, profitèrent encore des enseignements du Capucin de Vendôme et de ses compagnons. Il ne lui était pas nécessaire, en effet, d'aller toujours chercher les moines dans leurs déserts, plusieurs passaient fréquemment au Caire et entraient en relation avec nos missionnaires. Nous le constatons particulièrement pour les rayès ou supérieurs des monastères, qui avaient des conférences religieuses avec le P. Agathange (2). C'est ainsi qu'en 1633 et 1634, il dut rencontrer Ariminios, supérieur du monastère de Saint-Antoine. Le missionnaire le disposa peu à peu à l'abjuration de l'hérésie sans obtenir le résultat final. Nous retrouverons plus tard ce personnage.

Les Capucins au Caire travaillaient par l'exemple et la parole à ramener les âmes à

1. Lettre du P. Agathange de Morlaix, 23 décembre 1638, au préfet de la Propagande, citée par le P. Antonio de Pontedera : *Vita e Martirio dei Beati,* etc. Roma 1904.

2. Corresp. Peiresc, passim.

Dieu. Ils portaient au milieu de l'Égypte schismatique et hérétique la bonne odeur de Jésus-Christ. Ils méritaient l'éloge que l'archevêque de Mire fera plus tard de leurs confrères de Surate, Golconde, Méliapour : « Les Pères Capucins travaillent et vivent d'une manière séraphique (1). »

1. *Summ.*, p. 41. — Lettre de Goa, 12 février 1646; elle est signée Fra Francesco-Antonio de Santo-Felice, arcivescovo di Mira.

CHAPITRE XI

LES MISSIONNAIRES ET LES LANGUES. — LES MANUSCRITS. — OBSERVATIONS ASTRONOMIQUES.

Les missionnaires franchissent les océans pour conquérir des âmes ; pour elles, ils disent adieu à leur patrie, ils renoncent aux affections de famille. Hommes d'action avant tout, ils sèment la parole divine et demandent à Dieu de la faire germer en fruits de bénédictions. Les joies de la vie intellectuelle leur sont très souvent interdites ; cependant, serviteurs de Dieu et de leur patrie, ils ne laissent pas de s'intéresser à la gloire scientifique de l'Église et de leur pays et d'y contribuer dans la mesure de leurs moyens. Tout progrès dans les sciences divines et humaines fait tomber sur leur solitude une rosée rafraîchissante, parce qu'il profite au bien des âmes.

L'étude des langues, nécessaires à leur apostolat, leur permet d'en découvrir les secrets à leurs contemporains. Nos deux Bienheureux s'y étaient donnés de tout cœur. Nous avons admiré la rapidité avec laquelle le P. Agathange s'était assimilé la langue arabe, langue particulièrement difficile à cause de ses formes multiples. Mais le missionnaire n'apprenait que pour donner à son tour. Il devint le professeur d'arabe des jeunes confrères arrivés après lui à Alep et au Caire. Par suite de ses progrès, qui le plaçaient au premier rang, nous pensons qu'il a dû donner sa part de labeur et de travail à la traduction de la Bible en arabe que firent collectivement les Capucins du Liban, en 1633. Nous l'avons vu, à Saint-Antoine du désert, traduire en arabe des livres de piété, utiles à la formation spirituelle des moines déchus qu'il voulait convertir. Au Caire, il forma le projet, peut-être réalisé, de composer en arabe « un petit traité des points qui sont en différend entre nous et eux, avec la réfutation de leurs erreurs, ce que je ne puis parachever, faute de savoir les termes particuliers dont on se sert en l'explication des mystères de notre foi (1). »

Cet apostolat par la plume, comme on le voit, n'était arrêté que par le défaut de livres indispensables. Se les procurer n'était pas chose facile. Le P. Agathange cherchait les expressions précises pour exprimer les vérités de la foi. Aucun Oriental arabisant ne pouvait les lui enseigner et, parfois, il se trouvait pris de court dans ses conférences avec les prêtres et les évêques. Ces expressions, lui avait-on dit, devaient se trouver dans le *Camous*, ouvrage

1. Corresp., p. 68. — Presque toutes les citations de ce chapitre sont prises dans la *Correspondance de Peiresc avec plusieurs missionnaires et religieux de l'Ordre des Capucins, 1631-1637*, publiée par le P. Apollinaire de Valence, religieux du même Ordre. Paris, Picard, 1891. Nous nous sommes contenté d'indiquer les pages.

imprimé à Milan (1). Il était encore à Alep quand il pria le P. Joseph de le lui fournir. L'ouvrage ne parvint dans cette ville que deux ans après. Les Pères de cette station en avaient besoin comme lui; « ils ont jugé, dit-il, à propos de le retenir et ont eu raison (2) ».

Pour ne pas perdre deux nouvelles années, le P. Agathange, alors au Caire, demanda à Peiresc un autre exemplaire. Celui-ci était généreux : « n'ayant rien, dit-il, qui ne soit plus à la disposition de mes amis qu'à la mienne propre (3). » Il avait déjà prêté son *Camous*, et dut faire acheter à Milan un nouveau *Trésor de la langue arabique*. C'était encore un retard. Enfin le dictionnaire, demandé au mois de juillet, fut expédié de Marseille le 8 février 1635. Arrivera-t-il à bon port? C'est toujours une question à poser. Peiresc en attendait encore des nouvelles au mois de septembre. Elles arrivèrent enfin du Caire : « Par mes dernières, envoyées par le capitaine Bayle, je vous remerciais et, par la présente, je vous remercie encore du *Camous* arabe qu'il vous plut nous envoyer : dont Dieu n'a pas permis que nous ayons joui, le livre ayant été perdu dans le Nil, ce qui n'empêche

1. Giggei, *Thesaurus linguæ arabicæ*. — Mediolani et Ambrosiani collegii typographus excudebat Fr.-Petr. Ramellatus, 1632, quatre volumes in-folio.

Le Camous était un dictionnaire arabe, qui avant d'être imprimé, 1817, avait déjà servi de base au dictionnaire arabe de Giggei. Le nom de Camous était appliqué au Trésor de la langue arabique.

2. P. 68. — 3. P. 235.

pas que je n'en aie toute l'obligation à votre courtoisie et prie Dieu qu'il reçoive toute la charité et qu'il la récompense (1). »

Peiresc, que Bayle appela le procureur général de la littérature, se trouvait mortifié de la perte des « quatre volumes du *Trésor arabique* sur le Nil » : « Je n'avais jamais ouï dire qu'on ne puisse repêcher ce qui y allait à fond, la rivière n'étant pas rapide. Car j'ai retiré du fond de la mer des coffres de livres qui y avaient demeuré douze ou quinze jours, sans qu'ils aient été tachés, et les faisant relaver dans l'eau claire et puis mettre sous presse (2). »

Tout était à recommencer. Ces contre-temps mettaient à l'épreuve la patience des uns et des autres, mais n'arrêtaient pas leur constance. « Surtout n'oubliez pas le *Camous arabe* (3) », écrira plus tard le P. Agathange aux missionnaires en partance pour le Caire. Il en jouira, seulement, après quatre années d'attente, vers la fin de 1636.

Le P. Cassien, de son côté, passait par les mêmes difficultés. Il avait appris, à Nantes, sous la direction des Pères Cordeliers, les premiers éléments de la langue hébraïque ; cette acquisition lui facilitait l'étude de l'arabe, langue sémitique comme la première. Il s'y adonna dès son arrivée au Caire, pour se mettre en mesure de travailler au salut des Coptes. La langue liturgique de ces derniers devint aussi l'objet

1. P. 156. — 2. P. 185. — 3. P. 230.

de son application, travail d'autant plus ingrat et difficile que les nombreux ouvrages coptes ne trouvaient que peu de docteurs capables d'en livrer la clef. Après une année d'efforts, le P. Cassien dut changer le cours de ses idées.

Le P. Agathange, à la réception des mauvaises nouvelles de l'Abyssinie, lui donna, en effet, l'ordre d'apprendre la langue éthiopienne, pour préparer la future mission.

Cette nouvelle orientation intellectuelle explique le rôle presque effacé du P. Cassien dans la mission du Caire. Il consacra presque entièrement, à l'étude des langues, ses quatre années de séjour en Égypte. En Abyssinie, à son tour, il prendra le premier rôle, et le P. Agathange, fort en arabe, mais peu au courant de la langue éthiopienne, passera au second plan.

Le P. Cassien avait quelques moyens pratiques de réussir dans cette étude nouvelle. Sa langue maternelle lui donnait un lien de communication avec les Abyssins portugais qui fuyaient les rigueurs de la persécution d'Atié Fazil. La langue de l'Amhara, plus douce que celle du Tigré, avait remplacé, dans la pratique, le Gheez, langue sacrée et liturgique des Abyssins; en étudiant la première, il en retirait double profit pour ses travaux apostoliques ultérieurs.

Cependant les livres nécessaires, pour perfectionner ses études, lui faisaient aussi défaut. Il en demanda à Peiresc et au cardinal Barberini, préfet de la Propagande.

« Pour l'éthiopien, dit-il, il y a quelque temps que je tâche d'apprendre la langue et il se trouve ici force bons livres, mais peu de gens qui les puissent expliquer, et ce que j'en ai appris, c'est avec grande peine, et presque à tâtons, n'ayant aucun livre qui me puisse aider. Je vous supplie de me faire savoir s'il se trouve quelque dictionnaire éthiopien imprimé en chrétienté, et en quel lieu, afin que je puisse donner ordre pour me l'envoyer. Avec l'aide de ce livre-là, je pourrais faire quelque chose (1). » « Il n'est pas que les RR. PP. Jésuites n'en aient fait quelqu'un (2). »

Peiresc est tout marri de ne pouvoir le satisfaire et de lui répondre, après plusieurs recherches, que le vocabulaire éthiopien n'a jamais été imprimé (3).

Cette déception ne brisa pas l'initiative du P. Cassien. Il continua ses études et la Propagande lui envoya une lettre de félicitations et d'encouragement. Ses progrès et ses travaux furent estimés. Il les avait annoncés lui-même au cardinal Barberini, mais nous les connaissons mieux encore par le témoignage du P. Agathange de Morlaix :

« Le P. Cassien, dit-il, m'a laissé quelques traductions, c'est-à-dire, une doctrine chrétienne, une profession de foi en abyssin, une grammaire et un dictionnaire qu'il avait composés dans la même langue. Je les ai montrés

1. P. 157. — 2. P. 170. — 3. P. 242.

à Habra Mariam et à d'autres Abyssins, qui en ont fait grand éloge et les ont jugé dignes de l'impression (1). »

Toutes les demandes adressées à Peiresc ne se faisaient pas sans échange de bons offices. Ce bon abbé, conseiller du roi au Parlement de Provence, amateur de curiosités bibliographiques et autres, pressait tous les missionnaires de lui donner satisfaction.

Les religieux du Caire furent des correspondants actifs de Peiresc. Le P. Agathange commença le premier, sans doute sur les recommandations du P. Gilles de Loches : « Quand je vins du mont Liban, dit-il, j'apportai un petit vaisseau fait du bois des cèdres qui sont au sommet du mont Liban. Il a été travaillé par un bon religieux et moi-même en ai fait couper le bois. M. Magy m'a dit que vous auriez agréable le présent que je vous en fais. Dedans ce vaisseau, il y a un morceau du bois et de la fleur d'un tamarin miraculeux. Il ne s'en trouve aucun autre dans toute l'Afrique que celui-là, qui est dans un des couvents de Saint-Macaire, au désert de Nitrie, et est né du bâton de saint Éphrem. Les livres de ce couvent disent que ce saint diacre de l'Eglise d'Edesse, étant venu en Égypte pour visiter les saints qui étaient là, il entra dans l'église du couvent comme un pauvre inconnu, et laissant son bâton à la porte, lequel jeta des feuilles et prit racine tout à l'instant,

1. Lettre du 24 juin 1641, citée dans la *Storia*... t. III, p. 410.

et les religieux connurent par ce miracle la sainteté de ce pauvre pèlerin (1). »

Cet arbre merveilleux existe encore aujourd'hui ; le P. Julien l'appelle *l'arbre de l'obéissance* (2); c'est le seul arbre qui émerge des sables arides du désert. Les moines en distribuent les fleurs aux malades, « dont plusieurs reçoivent guérison, ce que j'attribue plus à la foi et dévotion qu'à la vertu de la chose, car ils s'en servent indifféremment en toutes maladies (3). »

Peiresc, en recevant « l'escuellon de boys de cèdre » et les fragments de l'arbre dit de Saint-Éphrem, en remercia l'expéditeur, mais « bien marri, dit-il, de ne me sentir assez digne de posséder de si saintes reliques et si précieuses (4) ».

Il désirait surtout des livres orientaux pour en faire bénéficier le public : « J'espère, disait-il, de faire bien mieux valoir que ne font d'autres qui ne recouvrent des livres que pour les enfermer dans des cachots impénétrables, où ils tombent d'une sorte de ténèbres en d'autres plus obscures (5). »

Quel fut l'apport de nos Bienheureux à la louable passion de Peiresc ?

1. P. 70.
2. Miss. cathol., année 1884.
3. P. 71. — 4. P. 111.
5. P. 165. — Peiresc avait, dans sa correspondance, des pointes d'ironie à l'adresse de Rome si riche en manuscrits qui restaient sans profit pour le public. Il y fait encore allusion dans ce passage.

Nous trouvons plusieurs manuscrits expédiés et arrivés en Europe, dont bénéficièrent les orientalistes du temps : Une compilation arabe des conciles de Nicée, de Sardes et plusieurs autres, et des lois tant des empereurs que des princes arabes;

Un exemplaire des Quatre Évangiles, en copte et arabe en regard;

Un dictionnaire et grammaire coptes;

Les Épîtres de saint Paul, en arabe;

Un Psautier polyglotte: cophte, arménien, abyssin, arabe et chaldaïque;

Le livre d'Ebn-el-Bitar (1);

Des manuscrits de philosophie et d'astronomie arabes, des ouvrages abyssins, etc.

Chacun de ces volumes a son histoire particulière, comme le *Camous* arabe, avant d'arriver à destination. Pour les canons des conciles, Peiresc priait: « le Sr Magy de faire bailler une chasuble à ces bons Pères (2) » de Saint-Macaire. Ceux-ci, pour le Psautier, avaient réclamé en échange un calice d'argent de forme particulière; Peiresc le fit exécuter d'après les instructions et descriptions du P. Agathange. Pendant

1. « Ibn-Beïthar est le surnom d'Abdallah-ben-Ahmed, médecin et botaniste, mort à Damas, au milieu du XIIIe siècle. C'est l'auteur d'un *Traité des simples*, en langue arabe, récemment traduit par le Dr Leclerc, avec le concours d'un de nos plus savants arabisants, M. Barbier de Meynard (de l'Institut). Leur traduction a paru dans les *Notices et Extraits des manuscrits de la Bibliothèque nationale*, publié par l'Académie des Inscriptions et Belles-lettres. » Note de l'Editeur de la Corresp., p. 25.

2. P. 105.

que les moines de Nitrie s'en déclaraient satisfaits, le bon Peiresc apprenait que le capitaine Bayle abandonna sa barque par sa « grande lâcheté », à l'approche des corsaires, sans même savoir qui le poursuivait (1). La perte de ce psautier était pour lui une raison de maugréer contre les capitaines provençaux et de préférer les Anglais qui « ne se laissent pas faire peur (2) ». Le capitaine Bayle jouait de malheur, il avait laissé le *Camous* arabe aller au fond de l'eau, à son retour il perd le psautier : « C'était mon malheur, dit Peiresc, dont il se faut consoler et dire que nous n'étions pas dignes de jouir d'une si curieuse pièce (3). » Mais avec sa ténacité, il recherchera ce manuscrit, et enfin le retrouvera deux ans plus tard : « J'attends d'heure à autre le volume du Psautier... Je l'ai fait suivre à la piste avec tant de soin, qu'enfin il a été retrouvé à Tripoli de Barbarie, et remis à rançon, et recouvré par un honnête homme (4). » Il avait déjà passé par dix mains.

Un bel exemplaire arabe des épîtres de saint Paul fut ainsi perdu. « Il était attendu avec tant d'impatience non seulement de moi, mais de toute l'Europe, car l'édition qui se fait à Paris de la grande *Bible Royale*, en toutes les langues orientales plus ordinaires, n'est accueillie qu'à faute d'un exemplaire des épîtres de saint Paul en arabe (5). » Le capitaine Etienne Beaussier

1. P. 185. — 2. *Ibid.* — 3. P. 186. — 4. P. 308. — 5. P. 163.

s'était laissé prendre par des corsaires turcs, les épîtres étaient perdues, « avec tant d'autres bonnes et curieuses pièces dont j'aurai du regret toute ma vie (1) ». Peiresc ne pouvait encore une fois que manifester son dépit contre ses compatriotes et leur préférer les Anglais. « Nos Provençaux se laissent prendre, dit-il, comme des cannes sans défense; mais ces autres-là ne se prennent pas sans gantelet, comme l'on dit (2). » Pour réparer cette perte, le P. Agathange fit prendre copie d'un autre manuscrit et Peiresc eut la joie de la recevoir.

Tous les manuscrits des Livres saints étaient alors comme aujourd'hui d'une grande utilité à l'Église catholique. Il s'agissait à cette époque de fixer le texte des saintes Écritures dans les langues orientales, pour prévenir ou répondre aux interprétations des protestants qui voulaient les accommoder « au sens de Genève (3) ». Les missionnaires avaient eux-mêmes le plus grand intérêt à cette publication; le P. Gilles leur avait en effet laissé au Caire un Nouveau Testament imprimé en langue arabe pour Thomas Van Erpen, célèbre orientaliste hollandais. Celui-ci, comme protestant, avait suivi « les dépravations de Genève ». Faute de mieux, les missionnaires étaient contraints de se servir de ce texte falsifié (4).

Nos Capucins du Caire se faisaient les cour-

1. P. 164. — 2. P. 164. — 3. P. 309. — 4. P. 179.

tiers désintéressés de toutes les transactions. Le P. Agathange, avec un grand sens critique, conseillait à Peiresc de prendre les plus vieux manuscrits, lesquels, dit-il : « Je prendrais volontiers si je n'avais à consulter que mon goût, qui se plaît beaucoup plus aux livres anciens que aux modernes, spécialement ès manuscrits (1). » Son docte correspondant lui répondait : « Il faut toujours tâcher d'acheter l'original de plus vieille écriture (2). »

Les religieux prenaient ainsi sur eux-mêmes toutes les difficultés du courtage. Parfois elles étaient bien grandes. Les moines et les Muallim ou docteurs arabes, gardiens vigilants et jaloux des trésors bibliographiques et scripturaires, ne les livraient que par nécessité. C'est à peine s'ils permettaient d'en faire le relevé; c'est ainsi qu'au désert de Nitrie les moines d'un couvent feignirent d'avoir perdu la clef de leur bibliothèque pour n'en pas montrer les richesses au P. Cassien. Il fallait souvent se résoudre à toutes les lenteurs des reproductions manuscrites. Le copiste était paresseux comme le prêtre Bactar, et n'avançait pas au gré des missionnaires, ou voleur comme certain Maure granatin (3), qui s'en allait emportant manuscrits et copies de tous les livres à lui confiés. De plus, les Turcs surveillaient la douane et ne laissaient pas facilement passer les livres arabes. Tous ces contre-temps ralentissaient

1. P. 225. — 2. P. 238. — 3. De Grenade, p. 212.

les achats et les expéditions, sans arrêter les recherches de nos deux Capucins.

Ils méritaient bien les éloges et les remerciements de Peiresc, qui d'ailleurs ne se privait pas de les leur adresser. Ainsi après avoir reçu les quatre évangiles en copte et arabe, arrivés sans difficulté par un navire anglais, il leur dit : « Je vous remercie très humblement de ce beau volume des quatre évangélistes en langage des Cophtes et des Arabes, qui nous a déjà bien donné de l'entretien (1). » Il ajoutera plus tard : « Je vous réitère mes très humbles actions de grâces, vous assurant que nous y avons déjà acquis de très belles et de très bonnes choses pour la gloire de Dieu et de son Église, où vous acquerrez bien du mérite. Car il faudra qu'un chacun sache que c'est à vos soins qu'on en doit avoir l'obligation (2). »

La réception du « vocabulaire copte en forme de grammaire » rendit Peiresc encore plus heureux. Il n'y en avait qu'un exemplaire connu au Caire, et l'évêque propriétaire ne voulant pas s'en dessaisir, il avait fallu le faire copier. Le bon abbé l'attendait avec impatience, « et ne serai, dit-il, en repos que je ne les voie arriver a bon port (3) ». Le navire Sainte-Anne qui les portait erra six mois en mer par suite du mauvais temps et des quarantaines, Peiresc est au comble de la joie en apprenant enfin son arrivée. « L'auteur a eu grande raison de le nommer

1. P. 163. — 2. P. 171. — 3. P. 115.

Sulum ou échelle, puisque c'est par une espèce de gradation qu'il fait monter les lecteurs à la notice de cette langue (1). » « Vous ne me pouviez guères faire de meilleur office qu'en me procurant ce livre, où je me suis entretenu depuis son arrivée, de très bonnes heures, et avec un merveilleux plaisir (2). »

Ce dictionnaire fut confié à quelque savant orientaliste. Lorsque le P. Athanase Kirscher eût fait paraître le premier ouvrage de langue copte, Peiresc tout heureux, chanta son triomphe. « J'ai été instrument pour faire déterrer la langue des Cophtes ou anciens Égyptiens, dont j'ai fait venir les grammaires et vocabulaires du Levant, et y a des plus grands hommes du siècle déjà bien avancés en besogne, le R. P. Athanase Kirscher ayant fait à mon instigation le voyage de Rome pour cet effet, où il y a déjà imprimé un beau volume (3) sur ce sujet, qui sera bientôt suivi d'autres d'importance, de même matière (4). »

C'est ainsi que nos deux missionnaires capucins rendaient service au bon Peiresc et par lui à l'Église et à leur patrie. Cependant leurs recherches ne se bornèrent pas à trouver des livres ensevelis dans la poussière des bibliothèques. Il est un autre terrain scientifique où Peiresc réclama leur concours avec une insis-

1. P. 133. — 2. P. 137.
3. *Prodromus coptus sive ægyptiacus.* C'est une grammaire copte in-4 qui sortit des presses de la Propagande.
4. P. 303.

tance passionnée. Celui-ci, d'accord avec son ami le savant astronome Gassendi, avait entrepris de faire observer scientifiquement, et à différents points, l'éclipse de lune du 28 août 1635. Rien n'est curieux comme les minutieuses recommandations qu'il adressait à ce sujet au P. Agathange.

« S'il était possible de faire une bonne observation des moments de l'éclipse de lune prochaine, qui arrivera le 28e août prochain, de grand matin, ce serait chose mémorable à la postérité, et qui pourrait redonder à grand honneur et avantage de votre personne et des autres que vous trouverez bon y employer, voire de tout votre ordre... cela servirait grandement pour régler la chronologie, et vérifier si le calcul répond bien exactement à celui que Ptolémée et les autres ont fait... au même lieu. Et faudrait tâcher de voir du dessus des Pyramides... Mais il ne faudra pas se fier simplement à vos yeux tous nus. Il faudra se servir de ces lunettes de longue vue, qu'on appelle des portevues, mais non des longues, qui seraient trop incommodes... mais des plus courtes, pourvu qu'elles soient claires, afin de voir le corps de la lune bien dépouillé de ses faux rayons (1)... Mais il faudra marquer de quel œil vous observez, si ce sera du gauche ou du droit, cela n'étant pas inutile et pouvant causer de l'erreur et faut y prendre garde bien soigneusement,

1. P. 137.

même quand vous regarderez dans la lune et par les pinnules du carré géométrique ou aultrement (1). »

Peiresc envoya des mémoires imprimés et des lunettes porte-vues pour aider le P. Agathange dans ses observations. Celui-ci accusa réception de toutes les pièces et promit de suivre exactement les instructions reçues. « Pour ce qui est, dit-il, d'aller sur la pyramide, ce n'est pas chose qui se puisse faire, parce qu'on n'y va là que de jour, et bien accompagné, à cause des larrons qui se trouvent souvent en ce lieu-là. Et le lieu est si difficile à monter, que plusieurs ne s'y veulent pas hasarder de peur (2). »

Le P. Agathange se fit aider dans ses observations par un Arménien, Jean Mollin, drogman des Vénitiens (3). C'est celui-ci, croyons-nous, qui fit le rapport scientifique (4). Le Capucin vendômois tomba en effet malade immédiatement après l'observation de l'éclipse. Avait-il pris les fièvres par les fraîcheurs de la nuit, nous ne le savons. Le travail fut expédié le 7 septembre par le P. Cassien au nom de son Supérieur, « qui ne le peut faire maintenant, dit-

1. P. 139. — 2. P. 154.

3. Petri Gassendi, *Opera astronomica*. Lugduni, 1648, t. IV, f. 278. *Cahiri in Ægypto observavit Agathangelus Capuccinus una cum socio Joanne Molino Drogamano Veneto.*

4. P. 170. — Un autre Capucin, le P. Michel-Ange de Nantes, observa la même éclipse à Alep. Mais Peiresc obtint difficilement le résultat de ses observations, *ibid.*, passim.

il, étant incommodé il y a huit jours, et moi ayant trois malades sur les bras, ce qui est cause que je serai bref (1). » Le Capucin nantais reprenait ses fonctions d'infirmier, comme à Rennes, près de ses confrères le P. Agathange, le P. Benoît de Dijon et le frère lai Martial de Torigny. Ce dernier mourut au Caire, victime de la peste, disent les historiens (1635) (2). La maladie du Supérieur ne fut pas de longue durée, il était rétabli au 1er octobre.

L'activité du P. Agathange fut arrêtée quelque temps ; et il ne put répondre aux désirs de Peiresc qui lui demandait d'autres observations astronomiques pour fixer la vraie latitude du Caire et d'Alexandrie. L'éclipse du 28 août avait été observée à Rome, Naples, Padoue, Jérusalem, Alep, à Paris et ailleurs. Peiresc recevait toutes les relations et sa maison devenait ainsi un bureau des longitudes. Il était heureux de transmettre à ses correspondants les résultats pratiques déduits des observations faites au Caire. « Il y a de quoi faire admirer les conséquences inespérées qui s'en colligent, et le moyen de corriger toutes les cartes marines, et de rendre

1. P. 169.
2. Il sera remplacé au Caire par le Fr. Pierre de Morlaix. C'est à tort que le P. Apollinaire attribue une confusion de noms à Peiresc. Celui-ci parle en réalité de deux religieux : du P. Pierre de Guingamp et du Fr. Pierre de Morlaix (p. 239). Ils partaient en même temps, mais le premier était à destination d'Alep, le second allait au Caire avec le P. Agathange de Morlaix. Le mss. 10.220 contient plusieurs lettres du Fr. Pierre de Morlaix.

raison des inconvénients que trouvaient tous les meilleurs mariniers en leur route et navigation du Levant, où ils étaient contraints de se donner un quart de vue à la gauche, de Malte en Candie, et deux quarts de Candie en Chypre, et autant au retour, toujours à la gauche, sans comprendre pourquoi. Ce qui se démontre à cette heure fort clairement (1). »

Cette correction des cartes marines était assurément un grand résultat, elle favorisait la navigation sur la Méditerranée, et faisait gagner du temps aux navigateurs. Les observations des Capucins du Caire et d'Alep avaient ainsi provoqué le progrès scientifique et commercial; ils avaient travaillé « pour le public et la nation française, sans nuire à leurs pieuses et charitables conquêtes des âmes ».

1. P. 239.

CHAPITRE XII

ÉTAT RELIGIEUX DE L'ABYSSINIE. — SUCCÈS ET RUINE DE LA MISSION DES PÈRES JÉSUITES. — LE P. AGATHANGE ET LE NOUVEL ARCHEVÊQUE.

Les traditions abyssines font de leurs négus les descendants directs de la fameuse reine de Saba, admiratrice enthousiaste de la sagesse de Salomon. Les historiens l'appellent Makéda, et les Abyssins, Belkis. Son plan était, à son retour de Jérusalem, d'instruire son peuple dans les sciences et la religion des Hébreux. C'est pourquoi elle envoya son fils Ménélik recevoir une éducation royale à la cour de Salomon. Le jeune Abyssin, après ses années de formation intellectuelle et morale, revint dans sa patrie, accompagné par de nombreux docteurs de la loi. Il prit, comme roi d'Éthiopie, le nom de David, son aïeul, au dire des traditions officielles, et devint le fondateur de cette race royale qui survécut à toutes les vicissitudes du temps et ne fut détrônée que par le fameux Théodoros (1855). Sous son règne, la religion juive devint la religion nationale.

Quoi qu'il en soit de ces prétentions religieuses, où la fable peut se mêler à l'histoire, il est certain que la loi de Moïse pouvait être connue en Éthiopie. Le royaume de Makéda s'étendait sur les deux rives de la Mer Rouge et touchait de près aux possessions de Salomon. Plus tard, « après la captivité de Babylone, les Juifs, réfugiés en Égypte, se sont avancés de Méroé en Abyssinie, où les rois d'Aksoum ont embrassé leur foi (1) ».

Ces communications avec les Juifs expliquent la persistance à travers les siècles chrétiens de quelques usages et prescriptions de la loi mosaïque. Les voyageurs et observateurs consciencieux disent avec Salt, qui visitait l'Abyssinie en 1805 : « J'étais si frappé de ces ressemblances avec les mœurs hébraïques, que parfois je ne pouvais m'empêcher de m'imaginer que j'habitais parmi des Israélites (2). »

Le monothéisme mosaïque préparait les voies à la foi chrétienne. Il fallut cependant attendre l'apostolat de saint Frumence au IVe siècle pour voir le christianisme devenir la religion nationale. Cette conversion fut solide et durable. Pendant des siècles, les Abyssins, au caractère belliqueux, résistèrent avec succès aux ennemis de la foi. Les musulmans ne purent dompter ce peuple intrépide, et souvent la victoire resta aux chrétiens.

Malgré la contagion hérétique envahissant et désagrégeant les églises orientales, les Abyssins, quatre siècles durant, eurent une série d'archevêques ou d'abuna catholiques.

1. *Ann. de la Prop. de la Foi*, t. XXIV, p. 44. Lettre de M. Antoine d'Abbadie.
2. *Voyage en Abyssinie.*

Un incident, minime dans l'histoire d'un peuple, vint anéantir quatre siècles de fidélité.

Saint Frumence avait été envoyé par saint Athanase, le grand évêque d'Alexandrie. Le souvenir de cette filiation restait vivant dans l'Église éthiopienne. Quand l'abuna venait à mourir, les Abyssins devaient, selon l'usage établi, demander un successeur au patriarche catholique d'Alexandrie. Tant que cette ville posséda un évêque soumis au Pape, tout alla bien. Mais un jour, les délégués abyssins, arrivant dans la ville, bouleversée par le calife Omar, ne purent trouver le patriarche de leur foi; il était persécuté et banni par le terrible musulman. Il leur fallait un abuna; ils le demandèrent à regret au patriarche jacobite et eutychien qui les avait circonvenus.

Le nouvel élu partit avec douze moines. Peu à peu, par l'influence de leur prédication hérétique, la nation entière fut entraînée dans la défection et l'éloignement de l'Église romaine. Depuis lors, la situation ne s'est pas modifiée. La tradition, primitivement sauvegarde de la religion catholique, en se déplaçant par surprise, est restée le plus grand obstacle à tout relèvement religieux.

Les abuna sont en effet la première puissance de l'empire. Toujours étrangers au pays, ignorant parfois sa langue et ses mœurs, ils jouissent cependant d'une suprématie incontestée dont ils se montrent fort jaloux. Toute tentative d'apostolat leur porte ombrage, et l'excommunication est une arme terrible dont ils usent et abusent pour satisfaire leur ambition et leur haine de l'Église romaine. Personne n'oserait braver cette manifestation presque unique de leur pouvoir spirituel. Les empereurs eux-mêmes, qui rêveraient l'indépendance, courbent le front par crainte des soulèvements populaires.

Les difficultés créées à l'apostolat catholique par ce pouvoir ombrageux et despotique n'ont pas empêché l'Église romaine de tourner les yeux vers l'Éthiopie, ni de lui porter les lumières de la vérité et de la foi. A la fin du XIIIe siècle, des religieux Dominicains pénétrèrent dans le Tigré. Leurs succès évangéliques furent rapides et brillants. Le clergé schismatique en prit ombrage, souleva le peuple, et les fils de saint Dominique furent massacrés. Leurs fidèles enfermés dans les cavernes des rochers de Tesné, de Boraka et de Métera, y moururent de faim. De la semence évangélique jetée par les missionnaires, il ne restait plus que les ossements des martyrs vénérés par les schismatiques eux-mêmes, sous l'anonymat des « saints endormis ».

Les enfants de saint François tentèrent à leur tour de pénétrer en Éthiopie (1440), mais, pour tout résultat, ils remportèrent en Italie les empreintes de leurs chaînes et le souvenir de leurs souffrances. Le P. Thomas de Scarlino mourut inconsolable de n'avoir pas cueilli la palme du martyre.

Un siècle plus tard, une nouvelle aurore semblait luire au ciel de l'Église éthiopienne. Le négus David voyait son empire pressé de tous côtés par les forces musulmanes, surtout par les troupes conquérantes du sultan Granié. D'un autre côté, il avait à se plaindre du patriarche schismatique d'Alexandrie qui exigeait un tribut annuel, comme suzerain ecclésiastique, et n'envoyait que des abuna ignorants, de mauvaises mœurs, étrangers à la langue, aux usages, incapables d'instruire le peuple, conférant les ordinations sans discrétion, même à des sujets indignes.

Il fit appel aux armes portugaises, célèbres dans toute l'Afrique par les exploits de Vasco de Gama et d'Albuquerque. En même temps, le négus David demandait des missionnaires.

Les soldats portugais furent les premiers à débarquer sur les côtes d'Éthiopie (1541). Leur petite armée, sous la direction de Christophe de Gama, fils du célèbre navigateur, refoula les troupes musulmanes de Granié, et les Abyssins respirèrent en paix, chantant la victoire de leurs libérateurs.

Les missionnaires ne partirent que quinze ans plus tard. Saint Ignace se plaignait en vain à saint François-Xavier de ce délai prolongé. Mais quand les Pères Jésuites arrivèrent en Éthiopie (1556), les tendances de l'autorité royale s'étaient modifiées (1). Le roi

1. L'un d'eux, Bermudez, avait été nommé patriarche latin d'Ethiopie; il mourut à Goa, sans avoir vu sa mission. Il en est de même de son successeur Jean Barreto.

David était mort, son fils Claudios fit comprendre aux Portugais, restés dans ses États, qu'ils ne pouvaient compter sur son appui. De là, grande déception pour les missionnaires débarqués avec les plus belles espérances et qui n'avaient en perspective que des privations et des souffrances. Ames fortes, ils firent tête à l'orage par une patience que rien ne déconcerta, et pendant plus de quarante ans, ils restèrent les intrépides pasteurs du petit troupeau fidèle, formé d'indigènes convertis et des survivants de l'armée portugaise. Ils tombèrent tour à tour au champ d'honneur.

Le P. André Oviedo, évêque de Hieropolis et Supérieur de la mission, toujours traqué par Adamas-Seghed, frère de Claude, était mort au village de May-Gogoa ou Fremona en 1577. Des miracles opérés sur sa tombe continuèrent son apostolat en multipliant les conversions.

Les fidèles étaient restés cinq années sans pasteur, quand arriva en Éthiopie le P. Paez (1603), le véritable apôtre de l'Abyssinie. Homme de grande vertu et de souveraine prudence, il gagna les sympathies des négus, et obtint leur conversion. Le premier, Atznaf-Seghed ou Zadenghel, après plusieurs entretiens avec le P. Paez, n'hésita pas à dire : « Je ne puis pas ne pas reconnaître, pour chef de l'Église, le successeur de Pierre, auquel Jésus-Christ a donné le soin de paître les brebis et les agneaux, et sur lequel il a fondé son Église. Je crois que lui refuser l'obéissance, c'est la refuser à Jésus-Christ (1). »

Dans son ardeur de néophyte, il porta des édits en faveur de l'Église romaine; mais les grands du royaume, jaloux les uns des autres, les moines schismatiques toujours ombrageux en prirent occasion pour se révolter. Pétros, l'abuna d'alors, ne pouvait que se mettre de leur côté, en déliant les sujets du négus de leur serment de fidélité. Il périt lui-même dans la bataille en 1613, et le négus, trahi par ses troupes, eut le même sort.

La situation du catholicisme renaissant était critique. Le P. Paez, respecté de tous, continua son apostolat. Il eut encore la joie de voir à son école le nouveau négus, Socinios ou Susnez, qui avait pris le nom de Seltan-Seghed, et recevoir son abjuration, avant de cueillir lui-même sa couronne en chantant le *Nunc dimittis* (1622). La mémoire du P. Paez est restée vivante en Abyssinie jusqu'à nos jours, et « les professeurs de Gondar, les plus instruits et les plus anticatholiques, parlaient de Pierre Paez et de ses Frères avec une admiration mêlée de regrets, et citaient à leur égard de touchantes légendes (2). » Quatre années plus tard, le 11 février 1626, Seltan-Seghed, entouré de sa cour, recevait en triomphe le nouveau patriarche Alphonse Mendez, de la Compagnie de Jésus.

1. *Lettres édifiantes*, t. V, p. 244.
2. *L'Abyssinie et le roi Théodore*, par M. d'Abbadie. *Correspondant* du 25 février 1868.

A cette occasion, Seltan-Seghed, la main sur les saints Évangiles, fit une profession de foi solennelle et de soumission au Pontife romain.

« Nous, Seltan-Seghed, empereur d'Éthiopie, croyons et confessons que saint Pierre, prince des Apôtres, a été établi par Jésus-Christ Notre-Seigneur, chef de toute l'Église chrétienne, et qu'il lui a donné la principauté et la seigneurie du monde entier, quand il lui dit : « Tu es Pierre et sur cette pierre j'édifierai mon « Église. » Nous croyons que le Pape de Rome, légitimement élu, est le véritable successeur de saint Pierre, et, avec la même dignité, a le même pouvoir que lui sur toute l'Église chrétienne ; et nous promettons et jurons à Notre Saint-Père et Seigneur Urbain VIII et à ses successeurs, une véritable obéissance, assujettissant avec humilité à sa suprême autorité notre personne et notre empire. Ainsi nous aident Dieu et ses saints Évangiles. »

Zela-Christos, son frère, répéta le serment de toute la force de son âme.

Cette profession de foi, envoyée à Rome comme témoignage de fidélité et espoir des conquêtes à venir, ne fut pas jugée suffisante. La Sacrée Congrégation donna l'ordre, le 21 mai 1628, d'expédier au patriarche une formule plus explicite, avec prière de la faire signer par l'empereur (1).

Cette réception si magnifique ne fut pas sans

1. *Summ.*, p. 28.

ombre. L'empereur voulut, dans la même assemblée, assurer à son fils Basilidès la succession du trône. La consultation des grands provoqua des hésitations au moment de formuler le serment de fidélité. Zela-Christos dit à son tour : « Je jure de reconnaître le prince pour héritier de son père en qualité de souverain et de lui obéir comme son fidèle vassal, à condition que lui-même soutiendra, défendra et favorisera la sainte foi catholique; sans quoi, je serai son premier et plus grand ennemi (1). »

Zela-Christos ne faisait pas grand fonds sur les sentiments catholiques de Basilidès, et les événements ne justifièrent que trop ses tristes prévisions. Seltan-Seghed, dans son ardeur de nouveau converti, voulut imposer la religion catholique comme culte national; de sourdes irritations se firent bientôt entendre; deux partis se formèrent; d'un côté, l'empereur soutenu par les convertis et les Portugais; de l'autre, les schismatiques mécontents, l'impératrice, l'abuna, les moines et Basilidès convoitant le pouvoir. Les mesures de pression du négus pour obtenir des conversions en masse eurent un effet désastreux. Ces transformations opérées par la crainte et la menace ne pouvaient être ni solides ni sincères. Le patriarche Mendez ne sut pas retenir l'empereur dans les excès de son zèle, il lui donna plutôt son approbation.

Dans son rapport à Rome il annonçait comme

1. *L'Abyssinie*, par l'abbé Pougeois, p. 343.

un grand succès 130.000 conversions en une seule année (1631). Il attestait la persévérance de Seltan-Seghed qui défendait sa foi en l'appuyant de la force des armes. C'était vrai sans doute, car la guerre civile avait éclaté, et Seltan-Seghed, plus heureux que son père, avait triomphé des révoltés, mais au prix de quel carnage. Si nous en croyons les contemporains, il y eut plus de 100.000 victimes, et en un seul jour il fit périr 4.000 de ses sujets (1).

L'empereur lui-même devint inquiet sur l'issue de cette lutte intestine qu'il avait provoquée. Un jour, après une nouvelle victoire, ses officiers l'abordent et lui disent : « Prince, ceux que vous voyez étendus morts à vos pieds, quoique rebelles, quoique bien dignes de perdre la vie, sont néanmoins vos sujets. Dans ces monceaux de cadavres, vous pouvez apercevoir de nombreux, de dévoués serviteurs, des amis, des parents. Ce n'est que le commencement de la guerre, elle produira de plus affreux désastres. Le peuple frémit, son audace ne respecte rien, pas même les rois, lorsqu'il s'agit de religion. Plusieurs de vos généraux ont déserté votre étendard, les autres suivront bientôt si vous continuez à écouter les docteurs étrangers. Que la foi romaine soit plus sainte, nous l'accordons ; qu'une réforme soit nécessaire dans les mœurs, nous l'avouons; néanmoins il faut y procéder avec modération ; sinon, c'est courir à une ruine

1. *Summ. add.*, p. 4. — Lettre du 6 avril 1639.

certaine, c'est vous perdre et perdre l'empire(1). »

Le négus découragé entre alors dans la voie des concessions; il publie un édit de tolérance et de liberté de conscience le 24 juin 1632; trois mois après il mourait (26 septembre 1632).

Cet édit obtenu par la politique et le découragement était la brusque contre-partie des décrets antérieurs. Les premiers étaient imprudents, le dernier trop tardif. Il produisit aussitôt ses fruits. Une violente réaction éclata même du vivant de l'empereur. Les schismatiques, relevant la tête, commencèrent à expulser les Jésuites de leurs églises. Ils s'emparèrent de celle de Gongorra, construite à l'européenne.

Toutes les circonstances les plus défavorables se conjuraient contre le catholicisme.

Le peuple, comprimé par la main de fer toujours victorieuse de Susnès, pleurait la disparition de ses enfants. Plusieurs rendaient les Pères Jésuites responsables des implacables sévérités du négus. Comme la loi du talion est dans les mœurs de l'Éthiopie, le peuple demandait de venger dans le sang des étrangers celui qui avait été répandu dans les batailles.

L'épouse de Seltan-Seghed, malgré les édits de l'empereur, était restée attachée au schisme. Elle exercera une influence néfaste sur son fils Basilidès qui devenait empereur d'Éthiopie.

Une sœur du défunt négus, Onguelavi, dame d'une soixantaine d'années, non contente d'une

1. *Lettres édif.*, t. V, p. 254.

vingtaine de maris, morts ou vivants, voulait en avoir un autre. Sa demande rejetée par les schismatiques, elle sollicita une dispense des Pères Jésuites qui naturellement firent leur devoir. Blessée du refus, cette matrone s'agita comme une furie infernale contre les religieux européens (1).

Le nouvel empereur avait reçu de son père mourant, le conseil de bien traiter les Francs; il inclinait lui-même vers le catholicisme. Mais les pressions de son entourage et des princes schismatiques revenus de l'exil, la fureur du peuple, la crainte de perdre sa couronne le poussèrent dans une autre voie.

Des tentatives pour ramener dans le schisme le raz Zela-Christos, le puissant protecteur de la religion romaine, furent sans résultat. Les schismatiques le conduisirent chargé de chaînes au nouvel empereur et demandèrent sa mort. Cédant à la pression populaire, Basilidès condamna son oncle à l'exil avec sa cousine, le secrétaire royal et plusieurs personnages de haute situation. Mais il aurait fait massacrer vingt de ses frères pour ne conserver que son frère utérin, Claudios (2).

Cette première concession faite au schisme ouvrait la voie à toutes les autres. Les passions populaires demandaient d'autres victimes. Le patriarche Mendez fut relégué à Fremona.

1. *Summ. addit.*, p. 3, *ibid.*
2. *Ibid.*

Comme il se plaignait à l'empereur de ce traitement, celui-ci s'excusa, prétextant que le nouvel abuna venant d'Alexandrie avait déclaré ne pouvoir vivre à côté de l'évêque romain et de ses compagnons.

La relégation loin de la capitale fut suivie bientôt d'un décret de bannissement. Le patriarche et ses compagnons franchirent la frontière éthiopienne en mai 1634, sous la garde de musulmans qui les conduisirent comme prisonniers au gouverneur de Souakim (1).

L'Église catholique était dans le deuil, elle perdait ses pasteurs et se trouvait à la merci des mercenaires. Toutes ces nouvelles attristantes arrivaient, comme des présages de mort, aux Capucins français du Caire. Leur cœur souffrait de cette apostasie de l'Éthiopie et compatissait aux souffrances de ses apôtres. Ils auraient voulu consoler ceux-ci et arrêter celle-là. Dieu allait leur donner l'espoir d'un apaisement.

Quel était cet abuna qui imposait au négus

1. Les Pères Jésuites expulsés d'un seul coup étaient au nombre de vingt. Atié Fazil leur dit : « Mon père m'a recommandé de vous honorer, partez avec toutes les richesses qu'il vous a données, je vous fais encore présent de quarante esclaves, etc. » Il donna l'ordre de les laisser passer librement. Un vice-roi les dépouilla d'une partie de leur argent. Arrivés à Souakim, on les dépouilla des 8.000 à 9.000 piastres qui leur restaient. N'ayant plus rien, on exigea encore 3.000 piastres pour leur cafare. On prit cette somme à des marchands indiens qui étaient là, avec obligation aux Pères de la faire restituer. Dix-sept partirent pour les Indes. Le patriarche Mendez et deux autres furent retenus comme otages à Souakim jusqu'au 24 août 1635.

l'éloignement des missionnaires catholiques? Le P. Agathange va nous l'apprendre.

En effet, pendant la période des succès des Pères Jésuites, les Abyssins n'avaient pas interrompu la série des abuna ou archevêques schismatiques. Certainement la comparaison faite par le peuple et les grands n'était pas en faveur de ces derniers. On leur demandait au moins de savoir lire, écrire et de comprendre tant soit peu l'Écriture; il arriva parfois que l'abuna ne savait pas lire la langue liturgique. Rien d'étonnant que la dignité épiscopale tombât dans le mépris public. L'un d'eux fut même contraint pour gagner sa vie d'exercer le métier de meunier. L'arrivée de son successeur, tout aussi ignorant, faisait dire aux habitués de la cour : « Nous aurons encore un meunier. » La réalité fut encore plus lamentable que la plaisanterie. Pour abuna, ils eurent un imposteur. Laissons parler le P. Agathange.

« Au moment de la révolution religieuse provoquée par Basilidès, vint en Éthiopie, Riscalla, copte laïque de Gierza (1), à dix journées du Caire. Sans être clerc, il se fit passer pour l'abuna, que le patriarche d'Alexandrie envoyait gouverner l'Église copte. Il n'avait pas de lettres testimoniales et disait en avoir été dépouillé par les Arabes le long du chemin.

« Les schismatiques le reçurent avec allégresse. Sans tarder, il chassa des églises les

1. Aujourd'hui Girgeh.

prêtres ordonnés par les catholiques, et commença à en consacrer d'autres en grande quantité. D'aucuns disent vingt mille en différentes provinces.

« Il n'avait cependant aucune connaissance des cérémonies de la messe et des ordinations; des Coptes éthiopiens découvrirent la supercherie, et le jugèrent imposteur, ne sachant même pas lire le copte; il feignait en effet de lire, mais le murmure de sa voix n'était qu'une feinte pour cacher son ignorance. L'accusation parvint au négus, mais le faux abuna alla trouver l'empereur pour se plaindre de la calomnie. Un nommé Cehata, qui le premier avait découvert l'imposture, en souffrit grand dommage dans ses biens.

« Riscalla n'était pas à bout de ressources. Il corrompit, à prix d'argent, un musulman secrétaire du négus pour la langue arabe, et lui fit écrire, au nom de son maître, une lettre au patriarche d'Alexandrie. Le peuple abyssin se déclarait ainsi satisfait de l'abuna et demandait de le confirmer dans sa dignité épiscopale.

« L'abuna de son côté faisait la même demande et les lettres furent portées par un Abyssin musulman. Le patriarche répondit à l'envoyé : « Riscalla est un blasphémateur aux péchés « duquel je ne veux pas participer. Je vais « dévoiler son imposture au négus. »

« Le messager musulman n'était pas encore parti, lorsqu'arrivèrent des ambassadeurs du négus pour connaître la vérité et demander un abuna, si le premier n'était pas légitime. L'empereur les avait envoyé d'abord au premier pacha turc, gouverneur de la contrée limitrophe de l'Éthiopie. Celui-ci les dirigea vers le sangiac de Gierza, avec ordre de leur faire donner un abuna par le patriarche qui se trouvait alors dans son district (1). »

Le patriarche se trouvant à Manfalout dans la Haute-Égypte ne pouvait songer à prendre un moine de Saint-Macaire ou de Saint-Antoine; il n'avait pas sous la main de prêtre capable, et la demande des Abyssins, les ordres formels et pressants du sangiac, le mettaient dans un grand embarras. Il craignait par-dessus tout la colère du dernier. Dans sa détresse, son choix s'arrêta sur un vieux prêtre ignorant, qu'il sacra archevêque des Abyssins.

Ces événements précipités ne pouvaient passer inaperçus. Les Coptes du Caire en eurent connaissance, mais ils en faisaient mystère. Le P. Agathange pénétra le secret et réussit à s'aboucher avec un membre de l'ambassade venu au Caire qui le mit au courant de toute la négociation.

Sans tarder, il prépara quelques cadeaux, sollicita, des Coptes ses amis, des lettres de recommandation et partit à la recherche du patriarche pour tenter de faire quelque bien et ramener un peu d'ordre dans les affaires d'Éthiopie.

1. Lettre du 6 novembre 1634.

L'ambassade éthiopienne n'était pas encore partie quand le Capucin vendômois arriva à Manfalout près de Mattaios; elle était fort mécontente du nouvel abuna. Ses griefs étaient plausibles: c'était un vieillard, comment pourrait-il accomplir sans inconvénient et sans danger le long et pénible voyage d'Abyssinie. De plus, il avait été marié, et l'un de ses fils voulait le suivre en Éthiopie. Cette situation froissait les ambassadeurs du négus, parce que la loi ecclésiastique interdisant l'épiscopat à tout homme marié avait été méprisée; ils craignaient aussi de subir les conséquences du courroux de l'empereur que cette élection anormale pouvait provoquer.

Ces plaintes légitimes mettaient le patriarche Mattaios dans une impasse. Son obéissance précipitée aux ordres du sangiac n'avait eu pour résultat que de mécontenter les Abyssins, premiers intéressés dans la question. Comment sortirait-il de cette difficulté?

C'est alors qu'arriva à Manfalout, notre P. Agathange. Le nouvel archevêque faisant ses adieux à ses proches était absent. Mais les lettres de recommandation et les petits cadeaux le firent bien accueillir de Mattaios avec lequel il entrait en relation pour la première fois.

Après quelques paroles échangées sur les bienfaits de l'union avec Rome, le missionnaire exhorta le patriarche à rétablir la concorde et la paix, à mettre fin aux troubles d'Éthiopie : « C'est là mon désir, répond le patriarche, et je ne veux envoyer un archevêque que pour chasser l'imposteur, et encore j'y ai été contraint. Cependant, si vous le trouvez bon, je serai heureux de ne pas l'envoyer, et d'écrire à l'empereur de chasser seulement l'imposteur et de rester comme auparavant en union avec les Francs (1). »

Ces paroles conciliantes ne détruisaient pas cependant dans son esprit la crainte du sangiac ou gouverneur turc. Avec la solution proposée, ce dernier restait à satisfaire; le patriarche sollicita le missionnaire de recourir à l'intermédiaire du consul pour atteindre ce but.

Si Santo Seghezzi, consul de France, avait compris son devoir et les intérêts de la noble nation française, il aurait eu assez de crédit pour adoucir le sangiac et mener à bonne fin la négociation. Son intervention aurait peut-être rétabli la paix en Abyssinie, mais son âme mercantile faisait bon marché des intérêts religieux. Nous sentons la détresse du Capucin dans ces paroles : « Le consul m'avait protesté à maintes reprises qu'il ne voulait pas s'occuper de la mission ; je fus donc contraint de chercher un autre remède (2). »

Que faire? le patriarche Mattaios voulut recommander à l'archevêque consacré, l'union et la concorde avec les prêtres romains. Mais celui-ci, à son retour, se montra ignorant,

1. Lett. du 6 novembre 1634. — Le nom de Franc et de catholique romain sont synonymes dans tout l'Orient.
2. Lettre du 6 novembre 1634.

entêté, incapable même de saisir les raisons de cette conciliation. Cette disposition d'esprit faisait prévoir la continuation des troubles et de la persécution en Éthiopie.

Le P. Agathange jugea à propos de réveiller les justes réclamations des Abyssins et des Coptes présents, pour obtenir l'élection et la consécration d'un autre abuna. Le patriarche se rallia sans difficulté à cette nouvelle solution.

Or « il y avait là un moine honnête, intelligent, qui venait de renoncer à la charge de supérieur du couvent de Saint-Antoine du Désert. Nos entretiens avaient roulé sur les sujets controversés ; après de multiples explications, il s'était déclaré satisfait, et protestait publiquement que notre foi était la sienne. Nous avions même formé le projet d'aller ensemble à son monastère où je resterais quelques mois, et là, avec tous les moines, nous scellerions une union bonne et complète (1). »

Le P. Agathange, heureux de cet état d'esprit, entrevoyant une ère d'apaisement pour l'Abyssinie, proposa au patriarche de faire de ce moine l'abuna qu'attendaient les Éthiopiens. Le conseil fut adopté et, le dimanche suivant, le patriarche Mattaios consacrait comme abuna l'abba Ariminios, et lui donnait l'ordre de s'embarquer dès le lendemain avec les ambassadeurs abyssins. La caravane ordinaire

1. Lettre du 6 novembre 1634.

était déjà partie et on craignait de les voir rester en arrière.

Ce départ précipité enlevait au P. Agathange le moyen de raffermir abba Ariminios dans ses bonnes dispositions, de l'amener à une abjuration officielle du schisme copte et à la profession de la foi catholique romaine.

Le nouvel archevêque prit le nom de Marcos. C'était au P. Agathange qu'il devait son élévation, aussi avant de le quitter, lui fit-il les plus belles promesses : il traiterait les prêtres francs comme les siens, il rétablirait dans l'exercice de leurs fonctions ceux qui avaient été chassés par l'imposteur et il travaillerait avec prudence à établir une bonne union avec les Romains.

Le départ de Manfalout eut lieu le 16 octobre 1634.

La veille, le missionnaire avait confié au nouvel abuna une lettre adressée aux Jésuites portugais, tant pour le recommander à ces religieux que pour informer ceux-ci des bonnes dispositions du porteur. Elle est datée de Manfalout, 15 octobre.

« Aux Révérends Pères qui se trouvent sur les navires portugais,

« Le Fr. Agathange, capucin, cordial salut.

« ... Le Patriarche a écrit à l'empereur d'Abyssinie de ne plus répandre le sang des catholiques romains et de ne plus les traiter avec dureté. De plus, l'abba Marcos, porteur des présentes, a été élu et sacré archevêque d'Éthiopie. Souvent, je me suis entretenu avec lui des points de foi, et par la grâce de Dieu, il est arrivé à comprendre la vérité de tous nos dogmes. Je ne puis pas cependant porter sur sa personne un témoignage formel de catholicisme, ce que je désirerais fort, je puis dire toutefois qu'il est bien disposé à l'égard de l'Église romaine. Il m'a protesté croire tout ce que nous croyons sur Jésus-Christ, le Saint-Esprit et la primauté du Souverain Pontife, et qu'il traitera les nôtres comme les orthodoxes. Ah! si je pouvais l'entretenir plus longtemps, j'aurais bon espoir de le ramener, avec le secours de Dieu, à la sainte Église. Mais il est contraint de partir, et moi je ne puis le suivre : les soucis de la mission d'Égypte m'ont été confiés, et des affaires importantes me rappellent au Caire. J'ai jugé utile et bon de donner connaissance de ces événements à votre charité, et si je puis vous être utile en quoi que ce soit, de tout cœur je vous offre mes services. De plus, moi qui vous suis inconnu, excepté dans le Seigneur, je conjure votre charité, et je vous demande en grâce, au nom de Jésus-Christ, d'accorder au présent archevêque, non seulement cette bienveillance que saint Paul réclame pour tous, mais de lui rendre encore tous les services de charité, et de le recommander au capitaine de vos vaisseaux. »

Laissons le nouvel archevêque d'Éthiopie continuer sa route, muni de ses patentes archiépiscopales et de cette lettre de recommandation. Nous le retrouverons plus tard.

Le P. Agathange n'avait rien épargné, ni ses fatigues ni ses talents, pour soulager l'Église si malheureuse d'Éthiopie. Il avait mis tout en œuvre pour remédier à ses divisions religieuses. Ce fut le travail important de l'année 1634. Mais l'Abyssinie n'était pas le champ confié à son zèle. Les Coptes l'attendaient au Caire, il vint les rejoindre, porteur des lettres de recommandation du patriarche qui lui ouvrirent, comme nous l'avons vu, toutes les églises coptes du Caire.

CHAPITRE XIII

UN PROTESTANT. — PIERRE HEYLING. A MANFALOUT. — EN ÉTHIOPIE.

Les belles espérances, fondées sur les bonnes dispositions de l'abba Marcos n'avaient pas illusionné le P. Agathange. Il entrevoyait un point noir à l'horizon religieux de l'Éthiopie. En recommandant l'archevêque à la charité des Jésuites portugais, il ajoutait : « Un allemand de religion luthérienne part avec l'évêque et les Abyssins, je crains tout de cet homme. Je connais ses desseins pervers, et ici, il nous a causé beaucoup d'embarras dans la propagation de la foi. Que Dieu dissipe ses projets, et qu'il fasse tourner à bien toutes ces épreuves suscitées par le démon. »

Comment ce luthérien se trouvait-il à Manfalout et quel était ce singulier personnage, entravant l'apostolat catholique? C'était l'ami, le protégé de Laurent de la Croix dont nous avons déjà parlé, et l'un de ces Européens que le consul Santo Seghezzi admettait volontiers dans sa société. C'était l'un de ces missionnaires protestants qui, au nombre de douze, s'étaient partagé le monde, pour combattre partout la religion catholique et propager les doctrines de la Réforme. Celui-ci avait pris en partage l'Égypte et l'Éthiopie. Le faire connaître, ce n'est pas nous éloigner de nos Bienheureux, car il fut la cause première du drame religieux qui, commencé en Égypte, s'achèvera à Gondar, capitale de l'Abyssinie.

Arrivé au Caire en 1633, presqu'en même temps que le P. Agathange, il cachait sa personnalité sous des noms d'emprunt. Sa présence au Caire fut, croyons-nous, signalée à Rome sous le nom de Jérôme Adorno ; il se faisait appeler Pierre Noling ; d'autres fois, Pierre-Léon de Hollande, c'est ainsi que le signalent plusieurs historiens. Il dissimulait même sa patrie. Son vrai nom était Pierre Heyling, natif de Lubeck, ville anséatique, l'un des plus fermes boulevards de la Réforme.

Au Caire, il exerçait la profession de médecin. Là sa vie paraissait sobre et modeste, il se montrait charitable envers les pauvres et affectait surtout de paraître catholique. Comme il parlait le grec, l'hébreu, l'arabe et l'éthiopien (1), il conquit par ses consultations gratuites les sympathies de tous : catholiques et coptes, juifs et musulmans ne voyaient en lui qu'un homme de bien. Ludolf, son coreligionnaire et son ami, le dépeint en deux mots :

1. P. Esprit de Blois, citant le P. Michel de Saxe, dominicain (*Summ. addit.*, p. 72). Cependant le patriarche Mendez disait de lui qu'il savait « fort bien le latin et l'arabe, fort peu l'hébreu et le grec ». Legrand, *Relation historique d'Abyssinie du P. Lobo*, p. 141. — Le P. Agathange dit : « il sait un peu d'arabe : Sa qualche cosa della lingua Moresca. » Lettre du 6 novembre 1634.

« Jeune homme de grande probité et de grande érudition, attaché à la confession d'Augsbourg (1). » Il est certain qu'il eût mérité cet éloge, s'il avait continué une existence modeste et bienfaisante. C'était assurément un homme de talent, mais son histoire nous montrera que sa probité n'était que de la dissimulation.

La première fois que le missionnaire et le protestant se rencontrèrent en face, ils mesurèrent leurs forces. C'était dans un monastère de Nitrie au commencement de l'année 1634. Pierre Heyling s'était glissé là par des lettres de recommandation obtenues au Caire, et peut-être sous un déguisement religieux (2). Il prétendait enseigner à ces moines, et aux populations de la banlieue du Caire, la vraie religion catholique. A la faveur de cette étiquette, qui n'éveillait pas d'opposition comme celle de la religion réformée, il glissa dans l'esprit de ces moines simples mais ignorants, les idées subversives des protestants. Le jeûne et la confession, l'idolâtrie des saints et des reliques furent tournés en dérision. Mais, pour ne pas perdre son étiquette catholique, il ajoutait, toutes ces pratiques sont « invention des Francs de l'Église romaine, surnommés papistes (3) ».

1. Ludolf, *Hist. Æthiop.*, lib. 3, cap. 14, n° 4.

2. Le P. Joseph du Tremblay l'appelle « *pseudomonachum*, faux moine ». Cf. *Mission de Grèce*, par le Père Furcy de Péronne. Mss. 112. Bibl. franc. Rapport du 18 mai 1634. Il ne fait que résumer les lettres du P. Agathange aujourd'hui perdues.

3. Mss. Miss. de Tour., p. 113.

Le virus protestant s'inoculait goutte à goutte.

Les moines qui possédaient dans leur monastère quantité de corps saints et n'avaient jamais songé à les adorer, en étaient venus à tenir tous les Francs pour hérétiques.

Le P. Agathange visitait alors les villages de la banlieue du Caire en compagnie de l'évêque syrien son ami. Il poussa une pointe jusqu'au monastère de Saint-Macaire, et l'évêque lui servit d'introducteur. Naturellement la conversation fut amenée sur les propos qui avaient scandalisé les moines. Le Capucin ne tarda pas à découvrir la supercherie de l'intrus. Une discussion en règle devenait inévitable; le P. Agathange dévoila le loup caché sous la peau de brebis, obligea le faux moine à rétracter ses mensonges et ses hérésies, et les cénobites convaincus chassèrent Pierre Heyling de leur monastère (1).

La vérité sortait triomphante de la lutte, et l'erreur grinçait des dents. Le duel est désormais engagé, il ne se terminera que par la mort des deux adversaires. Il semble que le P. Agathange suivait partout Pierre Heyling, le combattait avec l'intrépidité de l'apôtre et cherchait tous les moyens d'arrêter son prosélytisme (2).

Il dut s'adresser tout d'abord à Paris, car l'Allemand, par un comble d'audace, se prévalait de l'autorité du Roi Très-Chrétien.

1. Rapport du P. Joseph, 18 mars 1634.
2. Mss., Miss. de Touraine, p. 118, Ludolf, passim.

Le P. Joseph dicta une lettre pour Bouthillier, le 25 août 1634 : « ... Sa Majesté ayant été informée qu'un Allemand luthérien, étant allé en Égypte pour semer sa doctrine, se voulait appuyer de l'autorité de Sa Majesté, Elle enjoint expressément audit consul de ne lui rendre aucune assistance ni à autres telles personnes, mais, au contraire, faire ce qui se pourra pour les éloigner... (1). »

Le consul à cette époque était Bremon ou Bermond; peut-être, par suite du changement consulaire, ou en raison des liens d'amitié de Santo Seghezzi avec les personnages en cause, l'ordre du roi devint lettre morte.

Cependant Pierre Heyling après l'échec subi à Saint-Macaire ne pouvait rester longtemps au Caire, son influence avait pâli. Gagner l'Éthiopie le ferait peut-être échapper à de nouvelles humiliations. Nous ne sommes pas surpris de le voir écrire à Hugo Grotius, le 28 août 1634 : « C'est une antique coutume que l'archevêque d'Abyssinie soit élu par le patriarche copte d'Alexandrie; à la première occasion, je m'en irai avec lui en Éthiopie (2). » Son correspondant protestant lui répondra : « Je ne puis assez admirer votre grandeur d'âme,

1. Arch. des Aff. Etrang. Constantinople IV, cité par Fagniez, p. 366.

2. Ludolf, *Hist. Æthiop.* Francofurti 1691. Comment., Lib. 3, XIV. Cette lettre avait mis 338 jours à parvenir à destination, car Hugo Grotius répond le jour même de sa réception, le 1er août 1635. Pierre Heyling n'était plus au Caire.

ni l'ardente passion qui vous fait supporter tant d'ennuis, pour arriver à connaître les mœurs des nations lointaines, surtout des chrétiens. Vous constatez là-bas, ce qui est évident dans nos contrées, combien il est difficile de remédier aux divorces prolongés des Églises (1). »

L'occasion attendue par Pierre Heyling ne tarda pas à se présenter. Dès qu'il apprit qu'une ambassade d'Éthiopie venait à la recherche d'un abuna, il partit pour Siout et de là pour Manfalout. Tout favorisait son projet. Santo Seghezzi, qui refusait tout appui aux Capucins français, n'avait pas « craint de donner à ce missionnaire du diable, à ce luthérien allemand, des lettres de recommandation adressées aux autorités turques, tant pour lui obtenir de demeurer dans les monastères coptes que pour le faire passer en Éthiopie (2). »

L'autorité du consul lui ouvrit sans difficulté les portes du patriarcat. Dans la maison de son hôte, sans doute pour mieux se faire agréer, il débita la série venimeuse des calomnies protestantes contre l'Église romaine, le Souverain Pontife, les prêtres et les religieux (3).

Pierre Heyling ne s'attendait pas à l'arrivée du Capucin. Grande surprise de le rencontrer quelques jours après chez le patriarche!

Découvrir l'imposteur, dissiper ses mensonges et le montrer tel qu'il était, « calomnia-

1. Hugonis Grotii, Epist. Lettre du 1er août 1635.
2. Lettre du P. Agath., 6 novembre 1634.
3. *Ibid.*

teur, hérétique et impie (1) », fut l'affaire de quelques heures pour le P. Agathange. Le luthérien saxon pouvait encore regretter d'avoir parlé trop vite, mais son ressentiment contre le P. Agathange ne fit que s'accroître.

Cependant ces calomnies contre Rome ne devaient pas tirer à conséquence chez des schismatiques trop disposés à les accueillir. Elles n'empêchèrent pas le faible et intéressé patriarche d'autoriser Pierre Heyling à partir pour l'Éthiopie et de lui donner des lettres élogieuses de son savoir pour le faire recommander au négus.

Son départ était encore décidé le 15 octobre, comme le Capucin l'écrivait aux Pères Jésuites, et sa présence dans la caravane donnait un mortel souci au missionnaire. Il va aller en Abyssinie, se disait-il, semer ses erreurs et ses calomnies, et pendant ce voyage de trois mois, il peut déteindre sur l'esprit de l'archevêque encore mal affermi et ruiner mes espérances et le fruit de mes labeurs (2).

Encore quelques heures et le missionnaire sera contraint de s'avouer vaincu, mais pas avant d'avoir lutté jusqu'au dernier instant. Il tenta une dernière démarche auprès de l'archevêque et des Abyssins pour éloigner Pierre Heyling. Celui-ci, au moment du départ, s'approcha triomphant de la barque qui devait porter avec sa personne la fortune de la Réforme, mais les

1. Lettre du P. Agathange, 6 novembre 1634.
2. *Ibid.*

Abyssins ne voulurent pas de l'hérétique et le chassèrent de leur compagnie. Le dernier effort du missionnaire lui donnait la victoire.

Ce premier succès ne le rassurait pourtant qu'à demi.

L'occasion favorable était perdue pour Pierre Heyling. Il devait se résigner à l'attente, mais il n'était pas à bout de ressources. Rentré chez le patriarche, il ne tarda pas à manifester l'intention d'aller visiter un couvent situé plus au sud, en réalité ce n'était là qu'un prétexte pour chercher un nouveau moyen de pénétrer en Abyssinie.

Le P. Agathange, obligé de rentrer au Caire, ne pouvait plus surveiller les agissements de Pierre Heyling; mais il laissait près du patriarche, le P. Archange de Pistoie, Frère-Mineur réformé, qui lui promit de rester sur place jusqu'au départ du luthérien et de lui faire connaître ses faits et gestes. A partir de ce moment les missionnaires capucins perdent ses traces et, malgré des enquêtes, ne parvinrent pas à savoir ce qu'il devint.

Que fit Pierre Heyling?

En quittant le patriarche quelques jours après, il pénétra dans un monastère des environs, peut-être à Meharrak, monastère d'Abyssins que les traditions locales donnent comme le séjour de la sainte Famille; il est situé à quelques lieues de Manfalout. Là, pour mieux échapper à la surveillance du P. Agathange et pour mieux capter la faveur des évêques, il fit profession publique de la religion copte. Plus encore, afin d'écarter tout soupçon sur la sincérité de ses sentiments, il se soumit à l'humiliante et sanglante pratique de la circoncision, sans laquelle il ne pouvait être estimé copte parfait (1). C'est peut-être à cette occasion qu'il prit le nom de Pierre-Léon, sous lequel il est plus connu des missionnaires et des historiens.

Pendant ce temps-là, l'archevêque continuait sa route vers l'Éthiopie. Au Caire on était inquiet sur l'issue de son voyage. Les bruits les plus étranges circulaient dans la ville ; les uns le disaient noyé dans la Mer Rouge, avec toute son escorte ; les autres qu'il avait été massacré à Souakim, ou bien, qu'il avait pris une autre route. Le patriarche, n'ayant aucune nouvelle, les croyait morts (2).

Que se passait-il ? Le pacha de Souakim avait à ce moment des démêlés avec le vice-roi des Fungi du Sennaar, pays faisant alors partie de l'empire Éthiopien ; il garda comme otages et

1. Cf. Ludolf, *Hist. Æthiop.* Comment., lib. 3, XIV, p. 551, Francofurti, 1691. Ludolf donne lui-même ces raisons : « *Ni igitur tales insultus pati cogeretur*... etc. » Mais lui et les autres historiens font entrer Pierre Heyling dans un monastère de « Saint-Macaire ». C'est là, à notre avis, une expression générale : fréquemment les auteurs de cette époque désignent sous ce nom tous les monastères d'Egypte, à l'exception de celui de Saint-Antoine. De plus, si Pierre Heyling était entré à Saint-Macaire, en quittant Manfalout, le P. Agathange l'y aurait retrouvé dans l'une ou l'autre de ses visites.

2. Lettre du P. Agathange du 3 février 1636.

prisonniers l'archevêque Marcos et sa suite. Quelque temps après, le frère du pacha ayant eu des affaires à traiter en Abyssinie, fut à son tour retenu comme otage par le négus, tant que le pacha ne laisserait pas partir l'abuna.

C'est cet arrêt forcé à Souakim, ignoré au Caire, qui causait l'inquiétude. Il se prolongea de longs mois ; enfin les missionnaires apprennent que l'évêque est arrivé sain et sauf. La présence de Pierre-Léon dans l'escorte restait un problème, car le P. Cassien ajoutait : « Je me suis informé de l'allemand luthérien qui était parti avec eux, mais on n'en dit mot et je ne sais s'il est arrivé (1). »

Cette détention de l'archevêque nous explique que Pierre-Léon, après un noviciat sommaire, avait eu le temps de rejoindre l'abba Marcos à Souakim, mais les Capucins du Caire ignoraient son nouveau travestissement de moine copte circoncis et leurs questions à son sujet ne pouvaient que dérouter leurs interlocuteurs (2).

1. Lettre du 22 septembre 1636. — Plusieurs historiens disent que la caravane de l'archevêque et de Pierre-Léon serait partie du Caire en 1636. C'est là une erreur évidente d'après les lettres des missionnaires. Ces auteurs ont singulièrement embrouillé toute cette histoire ; avec cette date, ils reculent l'arrivée de la caravane en 1637 et sont obligés de précipiter tous les événements qui suivent jusqu'à la mort de nos martyrs.

2. L'historien allemand Ludolf affirme que Pierre-Léon eut à Souakim des discussions religieuses violentes avec le patriarche Mendez encore prisonnier. Naturellement, il donne le beau rôle au premier. Le patriarche Mendez a parlé aussi de ces discussions où les rôles sont inter-

Il est certain cependant qu'il passa en Abyssinie avec l'archevêque. Partis ensemble de Souakim, ils atteignirent Dambya après un mois ou deux de voyage. Trois mille hommes de troupes les avaient accueillis à la frontière et leur avaient servi d'escorte d'honneur jusqu'à la capitale. Le négus, les raz, la reine-mère leur firent une réception enthousiaste, et vinrent tour à tour présenter leurs hommages et leur vénération (1).

La route commune, les entretiens de chaque jour avec l'évêque avaient donné au luthérien saxon toutes les facilités de jeter l'ivraie parmi les semences apostoliques du P. Agathange. Les manières douces et insinuantes du premier étaient d'autant plus perfides qu'il avait pour

vertis. Celui-ci, à la suite de ces débats, aurait exprimé sur l'archevêque et Pierre-Léon un jugement tout différent de celui des missionnaires; à ses yeux, Pierre-Léon était « un esprit doux et conciliant », qui avait accepté presque toute la doctrine catholique. Le patriarche Mendez avait conçu l'espoir de le convertir. L'abbé Marcos était, au contraire, un parfait jacobite qui avait trompé le P. Agathange et serait un cruel persécuteur des chrétiens. Plus tard, le patriarche Mendez sera surpris d'apprendre que Pierre Heyling ou Pierre Noling « était passé au protestantisme ». (Cf. *Proc. Summ. additionale*, p. 12.) Il le croira même élevé au siège patriarcal d'Éthiopie. En réalité, il n'avait pas su pénétrer l'âme perverse de Pierre-Léon. Celui-ci ne passa pas au protestantisme, il en fut toujours le partisan, mais il semblait entrer dans les idées du patriarche pour éviter peut-être un nouvel obstacle à son départ. Le jugement porté sur l'abuna Marcos prouverait au plus que Pierre-Léon avait déjà exercé sa funeste influence.

1. Lettre du 22 septembre 1636.

lui la science et la ruse. L'abuna, au contraire, n'avait pour lui résister que l'ignorance, la faiblesse de caractère et le souvenir du missionnaire Capucin. Chaque jour il subissait les objections et les calomnies de Pierre-Léon contre l'Église romaine, et toujours désemparé devant cette intelligence déliée, il remettait à plus tard son dernier mot. Il comptait sur l'arrivée du P. Agathange, c'était sa sauvegarde; mais le Capucin vendômois n'arrivait pas et l'astucieux Saxon ne pouvait que gagner peu à peu du terrain sur l'esprit inculte de l'abuna.

Celui-ci, en arrivant à Gondar, put constater les dispositions hostiles à toute union avec Rome. Le peuple était toujours monté contre les missionnaires portugais; la cour du négus était remplie de tous les princes mécontents qui, sous le règne précédent, avaient préféré l'exil à la religion catholique. Comment avec de pareils éléments travailler à l'union et à la paix? Par ailleurs, Pierre-Léon était à ses côtés, il avait tout à craindre de son habileté et de sa science, et dévoiler son luthéranisme, c'était entrer en lutte ouverte avec lui et s'avouer par avance vaincu. Son intérêt lui conseillait déjà le silence.

De son côté, Pierre-Léon n'ignorait pas l'état d'esprit de l'abuna. Il valait mieux, à son avis, s'en faire un ami et un protecteur, même un complice, qu'un adversaire et un ennemi. Si ses arguments doctrinaux s'émoussaient, où était donc le défaut de la cuirasse?

L'abuna était homme, fort heureux d'être évêque et jaloux de son autorité. Là était le point faible. Il ne s'agissait plus de doctrine ni de Rome, il était question d'un intérêt personnel. Exciter la défiance et la jalousie fut la suprême ressource de Pierre-Léon.

« Qui sait, disait-il, si le P. Agathange ne vous a pas fait évêque pour se servir de vous comme d'un instrument pour gagner la faveur royale? S'il vient ici, bien accueilli par le négus, resterez-vous encore l'abuna d'Éthiopie? Qui sait s'il n'a pas été sacré évêque pour succéder à Alphonse Mendez exilé par l'empereur? » Il n'en fallait pas davantage pour révolutionner toutes les dispositions conciliantes de l'abba Marcos. De ce jour-là, la foi catholique était morte dans son cœur, son affection pour le P. Agathange se changeait en haine, et il retournait au schisme pour conserver son autorité épiscopale avec l'âpreté d'un homme qui défend son trésor et sa vie (1).

Pierre-Léon triomphait, et de Marcos, ami du P. Agathange, il fera son complice pour fermer les portes de l'Abyssinie à celui-ci et à tous les missionnaires catholiques.

Pierre-Léon, protestant circoncis, habile, intrigant, ne pouvait se contenter de cette défec-

1. Cf. pour tous ces détails, le P. Emmanuel de Rennes, p. 111, 115. — Si ces récits portent le cachet de l'amplification, ils n'en sont pas moins conformes aux rapports succincts arrivés à Rome après le martyre (*Summ.*, p. 47, 54, etc.). Ils sont de plus confirmés par la relation du P. Esprit de Blois. (*Summ. additionale*, p. 77, 78.)

tion de l'abuna, il travaillait encore pour ses intérêts personnels et ceux de la Réforme. Sa culture intellectuelle, vantée par les lettres du patriarche, ne pouvait que le bien faire accueillir du négus, des grands de l'empire et du peuple. Les Abyssins, en effet, tout ignorants qu'ils puissent être, s'inclinent avec respect devant la science. Le négus l'avait personnellement reçu comme un prophète. Il avait mis à sa disposition une église d'où les catholiques avaient été expulsés. Pierre-Léon y fixa sa résidence et ouvrit une école où les fils des *raz* accoururent entendre ses leçons. De plus, comme au Caire, il se fit le médecin des pauvres, le visiteur des malades et distribua gratuitement ses remèdes. Dans ses conversations, il cachait encore les doctrines de Luther, mais en Copte parfait et circoncis, il donnait libre cours à sa haine de l'Église romaine. Cette conduite le mettait en communion d'idées avec ses auditeurs, dont il flattait aussi l'orgueil en louant les coutumes et pratiques religieuses du pays. Il travaillait, en un mot, de toutes ses forces à accentuer la rupture avec Rome.

Ses talents, sa conduite émerveillèrent le négus Basilidès qui le combla d'honneurs et de présents. Ceux-ci ne se comptèrent pas : tout d'abord une villa royale près de la ville, du nom de *Gheneste Christos*, « jardin du Christ » ; plus tard, des serviteurs, des esclaves, de vastes domaines ; puis, grande marque de faveur en Abyssinie, deux bœufs chaque jour pour son entretien; chaque jour encore, le négus lui offrait ses hommages et lui baisait les pieds; enfin pour couronner le tout, l'empereur en fit comme un premier ministre d'État.

Cependant Pierre-Léon était logique avec lui-même. Il exécutait son plan avec une malice infernale. Ayant accusé les Jésuites et les religieux de ne venir en Éthiopie que pour s'emparer de ses richesses, il ne pouvait les accumuler lui-même sans donner prise au même reproche. Aussi, les cadeaux et les présents du négus ne faisaient que passer entre ses mains, il les distribuait aux pauvres, veillait à faire plaisir à tous et à ne pas se créer d'ennemis.

Ce nouvel Aman à la cour du roi des rois avait cependant son Mardochée pour troubler le repos de ses nuits et la tranquille jouissance de ses honneurs. Il craignait, par-dessus tout, l'arrivée en Éthiopie de ce pauvre Capucin qui avait dévoilé ses fourberies à Saint-Macaire et Manfalout. Il fallait à tout prix fermer les portes devant ce redoutable Capucin, dont la sagesse, la science et la franchise auraient pu encore ruiner ses espérances et anéantir ses richesses.

Pierre-Léon prit donc les devants. Il entraîna dans ses vues l'abuna Marcos, toujours hypnotisé par la crainte de perdre sa dignité épiscopale. Tous deux sollicitèrent et obtinrent du négus une loi de proscription contre tout catholique qui tenterait de pénétrer en Abyssinie, surtout s'il venait d'Égypte, plus encore, ajoute un document abyssin, s'il était évêque ou prêtre (1). Cette loi devenait une constitution de l'État, en imposant au négus, avant son accession au trône, le serment d'en assurer l'exécution (2). Une copie en fut adressée à tous les raz, gouverneurs des provinces, et les hérauts de l'empereur publièrent partout à son de trompe : « Tout prêtre catholique venant d'Égypte et trouvé dans le royaume sera arrêté, jugé par procédure sommaire, et condamné à la pendaison ou à la lapidation. Quiconque lui donnera l'hospitalité subira le même supplice (3). »

Pierre-Léon, cet Aman éthiopien, pouvait désormais dormir tranquille. Si le P. Agathange tentait de passer, il serait bien reçu ! Pendant que ces événements se déroulaient en Égypte, que faisaient nos missionnaires au Caire et pourquoi tardaient-ils à venir ?

1. Cf. *Storia delle Missioni*, t. III, p. 398, et *Summ. process.*, p. 55.

2. Pendant plus de deux cents ans, cette loi et ce serment royal sont restés en vigueur. Le premier missionnaire catholique qui pénétra en Abyssinie fut le vénérable Mgr de Jacobis, lazariste. Après lui vint un autre apôtre le cardinal Massaïa, capucin, qui passa trente-cinq année dans cette difficile mission. Cf. *Une Mission en Ethiopie*, par le P. Alfred de Carouge, capucin. *Nouv. Bibl. Franc.*, 1re série.

3. Ludolf, *Appendix ad Hist.*, p. 27, Francofurti, 1693.

CHAPITRE XIV

ROME VIENT AU SECOURS DES ABYSSINS. — CRÉATION DE LA MISSION DES FRANCISCAINS RÉFORMÉS ET DES CAPUCINS. — PRÉPARATIFS DU DÉPART.

Le P. Joseph du Tremblay aurait voulu fonder la mission d'Éthiopie, bien avant les faits que nous venons de raconter. Le 1er juillet 1627, il exposait à la Propagande les considérations qui militaient en faveur de cette création et lui demandait ses ordres. Il assurait en même temps Mgr Ingoli, secrétaire de la Congrégation, du concours du roi, celui-ci ferait les dépenses nécessaires. Les missionnaires ne manquaient pas; il en avait en Palestine qui sollicitaient avec ardeur d'y être envoyés. Les Abyssins, faisant le pèlerinage des Lieux-Saints, les pressaient chaque année de partir avec eux, leur promettant des merveilles de conversion et les assurant que la simplicité et la pauvreté qu'ils professaient les feraient bien accueillir (1).

Le P. Joseph avait fait des démarches réitérées, et il ne dépendait pas de lui que la mission d'Éthiopie ne fût créée à cette époque. Rome ne se pressa pas; elle attendit trois ans avant de

1. Cf. Mss. Bibl. franc., n° 373, p. 10.

créer la mission du Caire qui était la première étape vers l'Éthiopie.

Ces retards, on le sent, causaient une certaine irritation chez les missionnaires qui avaient tourné les yeux vers cette contrée. Le P. Gilles de Loches, le premier sollicitant, dit en effet : « Le P. Joseph ne veut entendre à toutes les lettres que je lui ai écrites à ce sujet... Nous vous attendons de jour en jour pour nous conduire en Éthiopie (1). » Il se proposa même pour y aller en explorateur. S'il pensait à convertir les âmes, ce Père avait aussi d'autres vues patriotiques. Il se proposait, à la suite de son exploration, d'indiquer un port d'abordage et les ressources du pays, afin qu'en France, on constituât une « Compagnie de marchands » pour y faire le négoce (2).

Par ailleurs, les religieux du Caire communiquaient fréquemment avec les Abyssins (3), afin de se créer des relations utiles pour la mission projetée. Cependant ni le P. Gilles de Loches, ni le P. Césarée de Roscoff n'étaient les élus de Dieu. Disons à leur honneur que leurs demandes, faites au temps de la prospé-

1. Lettre du P. Gilles de Loches au T. R. P. Raphaël de Nantes, provincial de Bretagne, 1er mars 1629. Mss. 10.220, p. 92. — Celui-ci était le frère du P. Albert de Nantes dont nous avons plusieurs fois parlé, il sera plus tard missionnaire dans la Guinée.

2. Lettre du même au même, 15 décembre 1630, *ibid.*, p. 105.

3. Lettre du P. Césarée de Roscoff, 24 janvier 1632, *ibid.*, p. 111.

rité de la mission d'Éthiopie, se renouvelèrent alors que celle-ci était ravagée par le feu de la persécution.

Une bonne partie de la correspondance du P. Gilles avec Peiresc a pour objet son désir d'aller en Éthiopie. Il intéresse son savant ami à sa cause, mais l'un et l'autre ne recevaient de Rome que de bonnes paroles. On sent que le P. Gilles n'était pas *persona grata* près de Mgr Ingoli. Il est certain que sa conduite précédente au Caire ne disposait pas la Propagande à lui donner une nouvelle obédience. Le Père Général de l'Ordre entrait dans les mêmes vues. Aussi ne faut-il pas accepter, les yeux fermés, la raison que le P. Gilles donne du refus qui lui est opposé : « Quant à la mission d'Éthiopie, c'est la vérité que ces Messieurs de Rome l'ont fort goûtée; mais comme les guerres présentes ont diminué leurs revenus de la bonne moitié..., ils... appréhendent si fort que leur bourse ne soit atteinte, qu'ils sont capables d'abandonner toutes les choses les plus honorables et avantageuses pour eux (1)... »

Il entraînait son ami Peiresc dans la même voie : « J'écrirai à Rome, dit celui-ci, ce que vous me dites que vous pouvez vous passer de leurs fournitures; car je crois fermement que ce n'est que cela seul qui leur avait fait peur (2). »

L'opposition qui était faite touchait surtout

1. Corresp., Lett. du 14 avril 1637, p. 316.
2. *Ibid.*, Lett. du 26 mai 1637, p. 319.

sa personne et non la mission en elle-même, et ses soupçons à l'égard de Rome sont fort injustes, car, à cette époque, Rome mettait sur pied la mission des Récollets et en faisait tous les frais, comme nous le verrons bientôt.

Si le P. Joseph avait pu se faire ouvrir les portes de l'Éthiopie dès la première heure, bien des ruines auraient peut-être été évitées. Mais Rome n'en recevait à ce moment que de bonnes nouvelles; elle demandait au temps d'achever l'œuvre si bien commencée par le P. Paez.

Quand le glas de la mort sonna sur les travaux des Pères Jésuites, Rome s'ingénia, de toutes façons, à venir au secours de cette chrétienté encore au berceau, mais il était trop tard. L'Éthiopie était bien loin, les communications épistolaires étaient souvent retardées par mille et une difficultés. Une lettre mettait six à sept mois pour arriver à Rome, et pendant qu'ici on négociait, là-bas la persécution battait son plein; les missionnaires Jésuites fuyaient dans les bois et les montagnes pour échapper à ses fureurs.

Rome pourtant ne désespéra pas, mais après trente années d'efforts et de sacrifices pour secourir ses enfants d'Abyssinie, elle sera contrainte de se déclarer vaincue et d'attendre de Dieu une heure plus propice. Cette terre inhospitalière dévorait ses apôtres.

Chaque courrier portait l'écho d'une défaite.

Cependant quelle mission pleine d'avenir à la mort du P. Paez. Celui-ci, longtemps avant le voyageur Bruce, avait poussé ses courses apostoliques jusqu'aux sources du Nil bleu. D'autres Pères Jésuites, disséminés dans les provinces, évangélisaient toute la contrée. Ils avaient une résidence appelée *Gante-Jesu* (1), qui était le centre de la vie intellectuelle d'Abyssinie. L'empereur les avait sollicités de reviser le Nouveau-Testament copte sur la version adoptée par l'Église; des caractères d'imprimerie, payés mille écus d'or par l'empereur et demandés à Rome, devaient leur être d'une grande utilité. Ce travail était particulièrement bien vu des seigneurs éthiopiens qui ont toujours aimé par-dessus tout les saintes Écritures. Ils allaient à la guerre comme à l'église, munis du livre des Évangiles et du pupitre où ils devaient le déposer (2). La chrétienté naissante était pleine de ferveur, et beaucoup de catholiques, tant qu'ils eurent des prêtres pour les soutenir, restèrent fidèles jusqu'à la mort.

Le zèle intempestif et inconsidéré du négus Seltan-Seghed compromit les plus belles espérances; sa défection des derniers jours commença la ruine.

Un courrier du patriarche Mendez annonçait, en 1631, les combats heureux du négus pour implanter la foi, et les 130.000 conversions de l'année. Le courrier suivant jetait le cri d'alarme.

1. C'est probablement la même que d'autres appellent *Gheneste-Christo*, car on donne à ces deux noms la même traduction : jardin du Christ ou paradis de Jésus.

2. Cf. *Etudes religieuses*, année 1868, p. 85-86.

Le négus se trouvait en grand danger pour avoir accordé la liberté de conscience, les catholiques fuyaient dans les montagnes pour éviter les représailles des schismatiques. Hélas ! quand cette nouvelle parvint à Rome (16 septembre 1633), la ruine était plus avancée (1).

La Congrégation de la Propagande décida aussitôt, 30 septembre, de créer en Éthiopie une mission de Franciscains Réformés, composée des PP. Simon de Sezza, Antoine de Virgoletta et Paul de Rome. Le 10 janvier 1634, elle nomma Préfet le P. Antoine en lui donnant toutes les facultés nécessaires. Ce n'était encore qu'une décision de principe, la Propagande prévoyait pourtant des obstacles de la part des Jésuites. Ceux-ci s'étaient en effet réservé l'Éthiopie tout entière. Comme au Japon, défense était faite à tout autre religieux ou missionnaire d'y pénétrer sous peine d'excommunication. La Propagande passa outre, disant qu'à plusieurs reprises, il avait été décrété que l'envoi de religieux d'Ordres différents, dans les contrées éloignées, était utile et profitable au Saint-Siège. Celui-ci serait mieux informé de la conduite et des travaux des uns et des autres.

Les réclamations prévues se réalisèrent. Le patriarche Mendez exilé à Goa, alors que sa mission tombait par lambeaux sous les coups de la persécution, tenta de faire revenir la Propagande sur sa décision. Tout fut vain. Un

1. *Summ. addit.*, p. 26.

propriétaire qui voit sa maison en flammes refuse-t-il des secours? Il avouait lui-même, au moment de sa réclamation, qu'il ne restait plus en Éthiopie que six missionnaires et son coadjuteur. Lorsque ces réclamations parvinrent à Rome, l'Éthiopie était encore dans un état plus lamentable (1).

La mission des Réformés ne s'organisa qu'avec lenteur. Les premiers nommés n'étaient pas encore partis que la Congrégation décidait de leur adjoindre des compagnons (1636). Les PP. Gérard de Milan, Rufin de Caltagerone, Antoine de Pascopagano et d'autres furent désignés (2). Ne laissons pas passer les noms des PP. Antoine de Virgoletta et de Pascopagano, sans leur adresser un souvenir de profonde reconnaissance. Ils eurent l'un et l'autre la ténacité des apôtres, et leur constance aux portes de l'Éthiopie nous a valu les plus précieuses relations sur la mort et le martyre des deux bienheureux Capucins.

Leur mission, créée avant toutes les autres, ne fut pas cependant la première à tenter de pénétrer en Éthiopie. Ils quittaient le Caire en 1638 avec l'espérance de franchir la frontière alors interdite. Massaouah resta leur station d'attente et leur poste d'observation. Là, ils reçurent et consolèrent les Abyssins

1. Cf. *Summ. addit.*, p. 26 et 27.
2. La *Storia dei Missioni* donne le nom de ce religieux d'après ses lettres originales. Plusieurs auteurs disent de Petrapagana.

catholiques qui venaient les visiter au temps de la persécution. Là comme d'humbles artisans, ils gagnèrent au prix de leurs sueurs leur pain de chaque jour ; ils se privèrent de leurs maigres ressources pour soulager les victimes de Basilidès. Là, pendant près de dix ans, ils recueillirent toutes les circonstances du martyre des deux Capucins. Ils exerçaient la profession de gaufreurs sur cuir, et espéraient ainsi pénétrer en Abyssinie (1). Mais le P. Antoine de Virgoletta succomba aux privations et aux fatigues. De Massaouah, il contempla la terre promise à son apostolat, mais ne put y entrer pour cueillir la palme ensanglantée des triomphateurs évangéliques.

L'épreuve du P. Antoine de Pascopagano fut plus longue : dix années durant, il resta avec deux confrères, à Massaouah, attendant sous un ciel torride l'heure propice aux semeurs de la bonne parole. Leurs bons exemples, leur sainte vie eurent de lointains échos dans le bercail abyssin. Une lettre d'encouragement, adressée aux catholiques abyssins, fut cause de leur mort. Elle fut surprise par Basilidès qui écrivit sur-le-champ au pacha de Souakim : « C'est en vain que je chasse de mon royaume les prêtres romains, si vous leur donnez asile dans vos ports de Souakim et de Massaouah. Je vous en prie, débarrassez-moi de leur présence et je reconnaîtrai ce service par deux mille écus es-

1. Cf. *Summ. addit.*, p. 16.

pagnols. » Les serviteurs, comme leur Maître, étaient marchandés.

Le prix de la trahison ne pouvait être de mauvaise odeur pour un pacha turc. Ses sicaires envahirent la maisonnette du P. Antoine et lui donnèrent à choisir entre l'Évangile et le Coran. La réponse donnée, ils lui tranchent la tête sur le seuil de sa porte; ses deux compagnons eurent le même sort (1).

Le pacha ordonna, comme réclame de son salaire et témoignage de fidèle exécution, d'envoyer les crânes des martyrs, remplis de foin, au négus.

Celui-ci devait, selon la coutume du pays, les suspendre comme des trophées à l'entrée de son palais. Le foin seul arriva à destination, digne nourriture de cet homme aux passions bestiales. Les habitants de Massaouah les pleurèrent l'un et l'autre comme des pères (2).

La lettre du P. Agathange du 6 novembre 1634 annonçait à Rome le bannissement des Jésuites portugais. C'était le message avant-coureur de l'agonie, il fut le point de départ de la mission des Capucins.

L'abuna Marcos, en quittant le Supérieur du Caire, l'avait invité à l'accompagner en Abyssinie; mais le religieux ne peut sans obédience quitter un poste qui lui est confié, même alors

1. Ceux-ci s'appelaient les PP. Joseph de Atino et Félix de Santo-Severino. Plusieurs historiens les donnent comme Capucins, ils étaient Réformés ou Récollets.

2. Cf. Lett. du Patriarche Mendez, *Summ.*, p. 19-21.

qu'il entrevoit ailleurs un bien immense et presque certain. Le P. Agathange n'avait pu répondre à l'archevêque que par une promesse.

De retour au Caire, il instruisit la Propagande et le P. Joseph des événements accomplis. Il sollicitait en même temps l'envoi de nouveaux missionnaires et la création de la mission d'Abyssinie (1). Les échanges de communications avec Rome furent cause du retard. La Propagande ne donna une réponse affirmative que le 18 novembre 1636. Ce n'était encore qu'une solution de principe, qui ne pouvait avoir d'effet qu'après de nouvelles négociations avec Paris. Mais le P. Joseph ne laissait rien traîner en longueur. Comme la mission du Caire lui était ouverte, il avait pris les devants en y envoyant de nouveaux missionnaires avec ordre d'attendre les décrets de la Propagande (2).

Le Capucin de Vendôme connaissait les religieux qui allaient s'embarquer. Il leur adressa ses recommandations : « Aux vénérables PP. Pierre de Guingamp et Agathange de Morlaix, prédicateurs Capucins. A Marseille,

1. « Nous manquons d'ouvriers, nous en demandons au P. Joseph avec instance, car il ne manque pas d'emploi. » Lettre du P. Cassien, 3 novembre 1634. — Cf. *Etudes franc.*, 1904, numéro de juin, p. 627.

2. Depuis l'année 1633, les formalités s'étaient simplifiées. L'obédience de la Propagande n'était plus immédiatement nécessaire. Il suffisait que les missionnaires fussent désignés par le roi et approuvés par le nonce. Cette concession avait été obtenue par le P. Hyacinthe de Paris, secrétaire du P. Joseph. — Cf. Fagniez, t. Ier, p. 357.

ou ailleurs, la part où ils seront. » Cette suscription postale serait taxée de nos jours d'étrange et d'insuffisante, elle arriva cependant sans difficulté aux destinataires. « ... J'envoie cette lettre au rencontre pour vous saluer et vous donner avis de quelques choses nécessaires. Quasi tous les Pères qui viennent ici apportent avec soi des choses inutiles et ne pensent pas à ce qui ferait plus de besoin. Ils se sont chargés de sermonnaires, de marteaux, tenailles, ciseaux, couteaux, alènes, images, *Agnus Dei*, aiguilles et autres fatras dont nous pourrions lever boutique... (1). » Il leur demandait de trouver plutôt de bons livres arabes et latins, des commentaires de la sainte Écriture, des livres de spiritualité, des œuvres des saints Pères et surtout deux volumes des Annales ecclésiastiques de Baronius pour réfuter les hérésies de Dioscore et d'Eutychès toujours vivantes en Égypte. Il les exhortait à s'adresser à un mathématicien ou astrologue pour apprendre tout ce qui regarde la réformation du calendrier, de retarder au besoin leur départ pour se mettre au courant de cette question.

Les deux nouveaux missionnaires se trouvaient à Marseille au mois de juillet 1636. Ils ne se firent pas faute d'aller voir le bon M. de Peiresc, la providence des Capucins en partance pour le Levant, le Canada, la Guinée et autres pays étrangers. Leur séjour se prolongea

1. Cf. Corresp. — Lettre du 22 avril 1636, p. 225.

jusqu'à la fin du mois d'août; fidèles aux conseils du Père Supérieur du Caire, ils se mirent à l'école du célèbre astronome Pierre Gassendi, et passèrent des nuits à observer et étudier les astres.

Leurs emplettes furent bientôt achevées, grâce au dévouement et à la générosité de Peiresc; à la fin du mois d'août, le navire les emportait des rivages de la douce France jusqu'au Caire, la Babylone d'Égypte.

Le P. Agathange de Morlaix était chargé de transmettre les projets et décisions orales du P. Joseph du Tremblay : « Je viens en Égypte, dit-il, pour gagner l'Abyssinie avec le R. P. Cassien. Nous devons attendre au Caire le décret de la Propagande et les ressources pour le voyage. Tous les missionnaires jugèrent mon départ plein de périls. Le P. Agathange se décida à écrire immédiatement au P. Joseph, notre Supérieur, lui exposant les dangers et les catastrophes auxquels je m'exposais en poursuivant ce voyage, car je ne savais pas encore la langue arabe absolument nécessaire. Le P. Agathange s'offrait en même temps à faire partie de l'expédition. Nous nous concertâmes alors pour partir tous les trois. Le P. Joseph laissa à la discrétion et à la prudence du P. Agathange de prendre les décisions opportunes. Licence lui était donnée de partir ou d'envoyer les religieux désignés. Cependant le Père Supérieur envoyait les trois obédiences en même temps. Comme une bonne occasion se présenta aussitôt, ils la saisirent tous deux, me laissant ici attendre les ressources et autres choses utiles qui n'étaient pas encore arrivées de Paris (1). »

Ces paroles résument toutes les négociations. Ces allées et venues de la poste entre le Caire, Paris et Rome demandaient un laps de temps considérable avant d'aboutir à une solution définitive (2). La mission d'Éthiopie ne fut érigée que le 22 septembre 1637 sous la préfecture des PP. Léonard de Paris et Joseph du Tremblay, avec obligation à ceux-ci de communiquer à la Propagande les noms des partants, après accord préalable avec le Révérendissime Père Général (3). Les obédiences n'arrivèrent au Caire que dans le courant du mois de décembre 1637.

Dans l'intervalle des négociations, les Pères Agathange et Cassien ne restèrent pas inactifs.

1. Cf. *Storia*, etc., t. III, p. 747. — Lett. du P. Agathange de Morlaix, 24 juin 1641. Le *Summ.* imprime à tort 1651.

2. Le P. Joseph suppliait la Propagande de permettre le départ de quatre missionnaires pour l'Ethiopie, 22 juillet 1637. (Cf. Mss., 373, Bibl. franc., fol. 55). Le 12 décembre il remerciait le secrétaire de la Propagande du décret l'autorisant à fonder la mission d'Ethiopie, et du décret lui permettant d'envoyer cinquante nouveaux religieux dans les Missions. Il ne pouvait encore donner les noms de ceux qui partaient pour l'Ethiopie, *ibid.*, fol. 57.

3. Cf. *Summ. add.*, p. 27. — Miss. de Touraine, mss., p. 142. Le P. Joseph recevait l'ordre d'envoyer quatre missionnaires. — Le 14 novembre suivant, la Propagande excommuniait tous ceux qui voudraient empêcher les Capucins d'entrer en Ethiopie, dérogeant en même temps à tout privilège obtenu antérieurement. *Ibid.*, p. 392, n° 28.

Ils prirent toutes les mesures de prudence pour se préparer un accueil favorable des Abyssins.

Ceux-ci vont en pèlerinage à Jérusalem comme les musulmans vont à la Mecque. C'est un grand honneur d'avoir visité les saints Lieux ; mais celui-là est méprisé, presque excommunié qui, allant au Caire, s'en retourne sans avoir visité les sanctuaires de la cité de David. Les PP. Agathange et Cassien, par dévotion personnelle, sans doute, mais aussi pour ne pas froisser le sentiment des Abyssins, firent ce pèlerinage traditionnel (avril-mai-juin 1637). Le Calvaire sanctifié par la mort du divin Sauveur recueillit leurs soupirs, leurs prières et leurs larmes. Là ils s'offrirent comme des victimes, prêts à reconnaître l'amour infini du Rédempteur par le témoignage du plus grand amour, l'effusion de leur sang (1).

Le long du chemin, à l'aller et au retour, ils évangélisèrent quelques villages coptes de la Basse-Égypte.

Nous les retrouvons au Caire dès les premiers jours de juillet. Il leur restait à prendre les dernières précautions exigées par la prudence, et à faire leurs préparatifs de départ.

Le P. Cassien avait écrit à Rome : « Je crois que les missionnaires destinés à l'Éthiopie seront bien accueillis par l'archevêque, surtout

1. Le P. Emmanuel dit : « On a des lettres de leur part écrites à leurs parents, de Jérusalem même, remplies de l'esprit qu'ils y avaient puisé », p. 108. Malheureusement ces lettres sont perdues.

s'ils passent ici et obtiennent des lettres du patriarche; ceci ne souffrira pas de difficulté, car il a promis au R. P. Agathange d'accueillir comme un frère quiconque irait le trouver de sa part (1). »

Le P. Joseph disait de son côté : « Le patriarche des Coptes, résidant en Égypte, affectionne beaucoup nos Pères, et les a souvent prié d'aller en Éthiopie, leur offrant des lettres de recommandation au négus (2). »

Il s'agissait maintenant de mettre à profit ces bonnes dispositions. Si le patriarche ne demandait que l'union et la paix, son conseil, composé de dignitaires ecclésiastiques et de laïques riches et puissants, entrerait-il dans ses vues? Ce conseil de la Nation, comme on l'appelle en Orient, allait-il travailler pour l'Église romaine, lui qui reste le perpétuel obstacle à tout rapprochement? Le P. Agathange réussirait-il seul? « Pour ne pas perdre de temps, dit-il, nous avons fait diligence pour tirer du patriarche des Coptes des lettres de recommandation (3). »

Mais il n'y réussit pas seul. Heureusement Santo Seghezzi n'était plus consul. Son successeur suivait une autre ligne de conduite. C'était un gentilhomme de grande piété, appelé Christophe de Beaumont. Il alla lui-même trouver le patriarche, et mit au service des missionnaires son crédit, et aussi son argent. Cet argument

1. *Summ.*, Lett. du 22 septembre 1636.
2. 22 juillet 1637. Cf. Bibl. franc., Mss. 373, fol. 55.
3. *Summ.*, Lett. du 7 décembre 1637.

est toujours souverain devant la vénalité orientale. Par là, il réussit à calmer les membres du conseil les plus opposés à la concession de ces lettres. Ce parlement en miniature décida enfin qu'on écrirait deux lettres, l'une au négus, l'autre au vicaire patriarcal d'Éthiopie, portant : 1° exhortation à vivre en paix avec les nôtres ; 2° excommunication contre quiconque oserait molester les catholiques sous prétexte de religion ; 3° libération immédiate de tous les incarcérés ; 4° rétablissement dans leurs églises des prêtres expulsés (1).

Ces ordonnances rigoureuses étaient la juste réparation des torts faits à l'Église catholique. Nous verrons plus tard comment elles furent respectées et suivies.

Citons en terminant la lettre du patriarche Mattaios au P. Joseph du Tremblay lui annonçant la concession des lettres de recommandation. C'est un monument de littérature orientale où le lecteur remarquera la platitude du secrétaire pour obtenir en retour de ses services quelque bachich, cette plaie de l'Orient.

« Au nom du Père, et du Fils, et du Saint-Esprit, un seul Dieu.

1. *Cf.* Lett. du 7 décembre 1637. — Quelques lettres postérieures des missionnaires du Caire affirment que le patriarche dans ses lettres aurait prescrit au négus et à l'abuna d'Ethiopie de chasser Pierre-Léon. Cette lettre du P. Agathange n'en fait pas mention. Nous croyons que c'est là une déduction tirée des prescriptions patriarcales. Les missionnaires ignoraient la situation prépondérante de Pierre-Léon à la cour du négus.

« Gloire à Dieu sempiternelle. Salut au Seigneur.

« O Dieu du salut.

« L'an 1637.

« La paix du Dieu très saint, lequel couronne les choses de sa grâce et console les pusillanimes avec sa miséricorde. La paix guérit les ruptures et change les tristesses en joie et les inquiétudes en tranquillité et repos. La paix qui descendit premièrement sur les saints disciples assemblés au cénacle de Sion. Que cette paix divine se repose, se redouble, s'accroisse, se multiplie et couvre la personne du fils béni et frère très cher, l'excellent, l'éloquent, l'homme illuminé, le saint heureux couronné de la grâce divine et de l'esprit de sainteté, le frère, religieux timoré et vaillant et le prêtre fidèle, notre Père Joseph, le Supérieur général des religieux Capucins des pays et royaume de France. Dieu Très-Haut prolonge sa vie et nous fasse miséricorde par ses agréables et acceptables oraisons. Amen !

« Je lis ma paix sur lui avec le baiser spirituel, moi, le Patriarche Matthieu, par la grâce de Dieu Très-Haut, ministre de l'église de Saint-Marc, en Alexandrie, Égypte et Éthiopie et des Lieux contigus, dont nous remercions Dieu Très-Haut, et le magnifions et sanctifions de la bonne volonté que vous avez en notre endroit.

« Nous le remercions d'abondance et lui rendons grâce de ce que nous a gratifié de son amitié, le frère bien-aimé excellent et illustre : le seigneur consul, chef des chrétiens Christophe de Beaumont et de sa grande bienveillance et dilection à notre endroit, parce que par sa grande affection, humilité et bonté de vie, se sont unis les cœurs d'une union spirituelle et s'est accrue la vraie charité. Et lorsque nous avons appris que nos frères les Francs avaient été travailler au pays d'Éthiopie, nous ayant requis que j'écrivisse au roi d'Éthiopie, nous l'avons promptement exécuté pour l'affection et bonne volonté que nous vous portons et avons eu le soin d'écrire au roi d'Éthiopie et au métropolitain semblablement, afin de faire cesser tous les troubles et schismes, les admonestant par les paroles de la sainte Écriture et leur donnant avis de la bonne amitié qui est entre vous et nous.

« L'écrivain de ces caractères de dilection et épître de charité, le pauvre Jean, secrétaire du Patriarche le père Matthieu, baise la plante de vos pieds et prie votre charité de ne le point oublier et de lui faire quelque courtoisie, parce qu'il y a bien longtemps qu'il est employé à votre service, dans le Christ. De ce que vous ferez en notre endroit, le Seigneur Dieu, qui soit loué, redoublera votre récompense au royaume des cieux et vous donnera de vivre longtemps. Amen.

« Écrite le 29e du bienheureux mois de Chouet, 5 de mai, l'an 1354 des martyrs et Dieu soit toujours loué à jamais. »

Nos deux religieux Capucins étaient munis de leurs passe-ports ecclésiastiques; Ludolf ajoute : et d'un firman du Grand-Turc sollicité et obtenu par l'ambassadeur français à Constantinople.

Toutes les précautions étaient prises; leur cœur se livrait a l'espérance de cueillir des fruits de paix et de bénédiction sur la terre d'Éthiopie. Ils n'attendaient plus que leurs obédiences de Paris.

CHAPITRE XV

LE DÉPART. — SOUAKIM. — ARKIKO.

Les voyages à travers l'Égypte, il y a deux siècles, n'avaient pas la sécurité, ni les commodités de notre époque. Suivre ses inspirations personnelles, et déterminer soi-même le moment de se mettre en route, c'était s'exposer à de multiples dangers. Des bandits arrêtaient facilement les voyageurs et les dépouillaient sans merci de leurs trésors, ou même les massacraient sans pitié. Le P. Antoine de Virgoletta, dont nous avons déjà parlé, faillit en être victime. Se trouvant dans les environs de Girgeh, il voulut se reposer sur la berge du Nil et saisir quelques fleurs qui avaient attiré son attention. Deux bédouins pillards, jusque-là inaperçus, se levèrent à ses côtés, voulurent lui faire un mauvais parti, et le dépouiller de ce qu'il portait. Le P. Antoine se redressa surpris, et s'armant de son bâton de voyage, il roua de coups ses deux agresseurs, et les laissant pour morts sur le chemin, il s'en revint au Caire; son voyage était à recommencer (1).

1. Cf. Lettre du P. Gabriel d'Alençon, 8 juin 1639. Mss. 10.220, p. 368. — Ce premier voyage lui avait servi à recueillir des nouvelles du martyre des PP. Agathange et Cassien. Il les adressait de Girgeh, 1er avril 1639, aux

Pour voyager avec quelque sécurité, il fallait profiter des caravanes officielles ou commerciales qui marchaient sous bonne escorte. Ces occasions étaient rares. Au commencement de décembre 1637, une circonstance favorable se présentait, mais les obédiences de nos missionnaires destinés à l'Éthiopie n'étaient pas encore arrivées.

Tous les trois ans, le Grand-Turc suzerain de l'Égypte, envoyait à Souakim un nouveau pacha avec le titre de beylierbey d'Abassie. Celui-ci avait mission de surveiller les frontières de l'empire, de maintenir les bonnes relations avec l'Abyssinie, et de lever les tributs dans son pachalik.

Or le moment de son passage au Caire et de son départ approchait. Le P. Agathange avait escompté cette occasion exceptionnelle et l'avait annoncée à Mgr Ingoli à Rome, afin de hâter les décisions (1). Le temps s'écoulait et les nouvelles de Rome n'arrivaient pas. Cette occasion favorable allait-elle s'échapper? « Nous ne recevons aucune réponse, écrit-il, et nous ne voyons pas apparaître les missionnaires, cependant le départ du pacha de Souakim approche, il ne tardera que de huit ou dix jours, pendant lesquels il peut arriver quelque chose de Rome (2). »

Capucins du Caire qui l'avaient accueilli et protégé, avec lesquels il conserva toujours des relations épistolaires cordiales. *Ibid.*, p. 399 et suiv.

1. Lettres du 6 juillet et du 7 décembre 1637.
2. Lettre du 7 décembre 1637.

Les obédiences arrivèrent-elles trop tard? ou bien les PP. Agathange et Cassien furent-ils touchés par les sollicitations de leurs amis et des Coptes du Caire, attristés de leur départ? Ceux-ci leur exposaient les dangers du voyage, et les pressaient de rester au Caire pour achever les œuvres entreprises (1).

Nous croyons plutôt à la première raison; toujours est-il que le pacha se mit en route.

Deux voies étaient fréquentées par les caravanes : la voie marine et la voie de terre. Par la première, on gagnait Suez, port d'embarquement, pour toucher à Souakim située sur la côte d'Égypte au milieu de la mer Rouge. Là, après avoir fait viser les passe-ports, on descendait jusqu'à Massaouah ou Arkiko qui était la porte de l'Éthiopie. La voie terrestre, appelée la voie franque, se faisait en remontant les bords du Nil, et en traversant le désert de Kasséo. Le beylierbey d'Abassie longeait le fleuve. C'était un voyage de près de trois mois. La caravane encombrée de bagages ne pouvait qu'avancer à petites journées, les réceptions et les honneurs rendus au pacha par les cady et sangiac des villes devaient encore retarder sa marche; il était donc possible, en gagnant de vitesse, de la rejoindre. Le pacha ne pouvait s'éloigner de son

1. Le P. Emmanuel de Rennes (p. 118-119) dit qu'ils hésitèrent quelques jours et firent un pas en arrière, mais les circonstances précédentes et le caractère de nos martyrs ne nous permettent pas de croire à ce moment d'hésitation.

escorte sans s'exposer lui-même à être la victime des pillards.

Le P. Agathange de Morlaix dit : « Ayant trouvé une bonne occasion, ils partirent aussitôt. » Cette occasion fut fournie par Santo Seghezzi, qui mit à leur disposition l'un de ses bateaux avec les provisions nécessaires pour rejoindre le beylierbey (1). Il leur confia même une lettre de présentation au gouverneur de Girgeh pour les faire admettre dans l'escorte du pacha. Embarqués le 23 décembre 1637, les deux missionnaires arrivaient à Girgeh (2) après quinze jours de navigation heureuse.

Le gouverneur ou caïmacan de la ville, en raison des services que lui rendait au Caire le Sr Santo, se conforma avec empressement à ses recommandations et obtint l'autorisation sollicitée. Ces heureux débuts présageaient aux PP. Agathange et Cassien un voyage favorable à leurs projets. Deux jours après, ils prenaient la voie de terre et pénétraient dans

1. Cf. P. Emmanuel, p. 120. — C'était une bonne action de la part du Sr Santo. S'il n'avait pas voulu s'occuper de la mission, il lui rendait parfois des services matériels. Il fut plusieurs fois l'intermédiaire entre Peiresc et les missionnaires. Nous ne pouvons souscrire aux éloges que lui adresse le P. Emmanuel, ils conviendraient mieux à son successeur, Christophe de Beaumont. Nous croyons que celui-ci ne fut pas étranger à la bienveillance présente du Sr Santo !

2. Le P. Emmanuel dit : Gorges, nous avons pensé qu'il s'agit de Girgeh. Les lettres des missionnaires donnent des noms différents selon qu'ils appartiennent eux-mêmes à des langues différentes. Girgeh est appelée tantôt Girgoli, Gierza, Girge, etc.

le désert de Kasséo. Il fallait plus d'un mois à la caravane pour le traverser. Nos religieux n'eurent pas trop à souffrir, car le gouverneur qu'ils venaient de quitter avait pratiqué à leur égard la légendaire hospitalité orientale. Il leur avait donné deux chameaux pour porter leurs bagages et surtout la provision d'eau nécessaire pendant la traversée de ces sables brûlés par le soleil. La caravane touchait à Souakim dans les premiers jours de mars. La première partie du voyage était faite. Les missionnaires firent connaître cet heureux succès à leurs confrères restés au Caire. Dans leur lettre du 22 mars 1638 (1), ils passaient sous silence leurs souffrances dans le désert, mais ils invitaient leurs compagnons à bénir avec eux la divine Providence qui aplanissait les obstacles et les conduisait, comme par la main, au terme de leurs désirs.

A Souakim se trouvait un Grec catholique du nom de Constantin. Sa qualité d'orfèvre ordinaire des pacha de Souakim en faisait un personnage important. Son crédit et sa fortune lui permettaient d'être le soutien et le protecteur des missionnaires. Trois ans auparavant, il s'était employé à la délivrance du patriarche Mendez et de deux Pères Jésuites retenus prisonniers à Souakim. Sa charité les avait soutenus dans leur prison et les avait empêchés de mourir de faim. Il paya encore dix mille réaulx pour leur rançon et leur facilita le moyen de gagner

1. Cette lettre est perdue, mais le P. Emmanuel en donne le résumé.

Goa en sûreté. Ce n'était pas un inconnu pour nos deux Capucins français qui l'avaient vu et estimé au Caire, où l'avaient appelé ses affaires commerciales.

Constantin offrit l'hospitalité à nos deux religieux. Elle fut large et généreuse, mais ses paroles et ses encouragements furent encore plus précieux. Mis au courant de leurs projets de pénétration en Abyssinie, il les anima à poursuivre leur voyage, les assurant que leur pauvreté serait bien vue des Abyssins. Ceux-ci, ajoutait-il, n'estiment pas et n'écoutent pas volontiers les missionnaires qui vont dans leur pays acquérir des richesses, votre pauvreté donnera plus d'influence à vos paroles.

Le séjour des missionnaires chez le Sr Constantin ne pouvait se prolonger. Il fallait encore songer au départ et trouver une nouvelle occasion favorable. Le pacha qui les avait accepté, mis au courant des dispositions de l'Abyssinie et du décret porté contre les Francs, les laisserait-il partir? Il se montra toujours bienveillant, et ne recourut pas, pour entraver leurs projets, à ces mesures de temporisation si habituelles aux Orientaux.

Une mission officielle allait bientôt s'organiser.

Chaque année, en vertu des traités, se renouvelait une prestation d'hommage réciproque entre le pacha et le négus. Le premier envoyait une ambassade sous la direction d'un aga pour affirmer les bonnes relations entre les deux pays.

Le second répondait à son tour, par l'envoi d'un mussalem porteur d'un tribut assez considérable. L'omission de ces démarches de bon voisinage équivalait à une déclaration de guerre.

Or le pacha se préparait à remplir ce devoir de sa situation, mais il fallait attendre deux ou trois mois à Souakim. C'était du temps perdu pour nos missionnaires.

Le Sr Constantin leur conseillait d'attendre; placés alors sous la protection du pacha, ils auraient une plus grande sécurité et parviendraient plus facilement à leur but. Mais l'amour des âmes ne connaît pas les lenteurs. « Il nous suffit de partir avec une caravane (1) », répondirent-ils. Aucun départ ne s'annonçait pourtant; il fallait se plier à la nécessité.

Bientôt le pacha fit savoir qu'il envoyait un aga jusqu'à l'île de Massaouah. C'était donc la caravane et l'escorte officielle assurée contre les bandits des chemins. Cette nouvelle apporta aux intrépides missionnaires un rayon d'espoir. Une nouvelle démarche près du pacha s'imposait. En le remerciant de sa bienveillance pour le passé, ils sollicitèrent la faveur de faire partie de la caravane. Loin de contrecarrer leur départ, le beylierbey d'Abassie les accueillit avec des marques de vénération. Il avait apprécié par lui-même la science et les vertus de ces deux

1. *Summ.*, p. 25. — Lettre du P. Antoine de Virgoletta du 6 avril 1639. Ce religieux était à Girgeh; le 1er avril 1639, il écrivait une lettre semblable aux Capucins du Caire, datée de *Girgoli*. Mss. 10.220, p. 399.

apôtres pendant la traversée du désert de Kasséo, c'est pourquoi ses bons procédés allèrent au delà des désirs et des espérances des PP. Agathange et Cassien. Non seulement la permission demandée fut gracieusement accordée, mais les soldats reçurent l'ordre de laisser pénétrer les deux religieux dans Abez, dernière forteresse turque de la frontière. Personne ne pouvait y entrer sans une permission expresse du beylierbey. C'était donc une grande marque d'honneur (1).

La caravane officielle fut bientôt prête; elle quittait Souakim le jour de saint Marc, 25 avril 1638 (2). Nos missionnaires avaient donc séjourné plus d'un mois dans cette ville. Au lieu de prendre la mer pour gagner Massaouah, on longea les côtes de la mer Rouge. Le voyage fut presque aussi long que le premier, et plus difficile, car c'était la chaleur et la sécheresse brûlante après les pluies d'hiver. En suivant les bords de la mer, ils arrivèrent à Arkiko (3), et aussitôt ils firent part de leur

1. P. Emmanuel, p. 124. — Cette forteresse était probablement celle de Massaouah, les Turcs, en effet, y avaient un petit fort muni de quelques pièces d'artillerie, pour la défense des puits qui donnaient de l'eau aux habitants de l'île et à la garnison. L'Abyssinie était fréquemment désignée sous le nom d'Abez. Au dire des historiens, le nom d'Abyssinie et d'Abyssins était un terme de mépris de la part des Turcs, et les habitants de la contrée s'appelaient eux-mêmes Ethiopiens.

2. *Summ. addit.*, p. 7. — Lettre du P. Antoine de Virgoletta, 6 avril 1639.

3. Les anciens historiens nous disent que Arkiko n'était distant de Souakim que de deux ou trois jours. Cette

heureux voyage au Sr Constantin (1). Ils avaient mis un mois à franchir la distance qui sépare les deux villes.

Arkiko est un port au-dessous de Massaouah; à cette époque c'était encore un des plus grands marchés de la contrée. Tous les trois mois, les caravanes y affluaient de l'intérieur, et opéraient des échanges avec les commerçants arabes, turcs et européens qui se risquaient dans ces parages. Les voyageurs et les commerçants profitaient de leur retour pour s'avancer jusque dans l'intérieur de l'Abyssinie. Comme la ville d'Arkiko était sous la domination du Grand-Seigneur, des moucres turcs se chargeaient souvent de conduire les caravanes.

Au moment où nos religieux français y arrivèrent, ils eurent la bonne fortune de trouver une caravane prête à partir. C'est alors qu'ils passèrent par-dessus leur habit de Capucin, celui des moines coptes de saint Antoine (2). Ils suivaient les conseils du patriarche; ainsi

affirmation ne concorde nullement avec la situation d'Arkiko, au-dessous de Massaouah, ni avec la chronologie des enquêtes juridiques.

1. Mss. 10.220. Lettre du P. Antoine de Virgoletta, 1er avril 1639.

2. *Summ.*, p. 38. — Lettre du P. Antoine de Pascopagano, 3 juillet 1645. — Lettre du P. Antoine de Virgoletta, 16 février 1640. *Summ. addit.*, p. 18. — Plusieurs historiens disent qu'ils étaient vêtus en marchands arméniens. Ils ont confondu nos deux missionnaires capucins avec les deux religieux réformés qui tentèrent de pénétrer en Abyssinie comme artisans. La source de leurs renseignements est d'ailleurs sujette à caution, car elle viendrait de Pierre-Léon !

transformés, personne ne songea à leur montrer les dangers du voyage. Si quelques rumeurs pessimistes leur venaient d'Abyssinie, elles n'étaient pas de nature à ébranler leur héroïque résolution. Ils s'appuyaient d'ailleurs sur les lettres du patriarche, lettres toujours sacrées pour les Abyssins. Ils comptaient encore sur les bonnes dispositions de l'archevêque Marcos, car ils ignoraient la révolution morale opérée dans son âme. L'élévation de Pierre-Léon aux suprêmes honneurs leur était encore plus inconnue.

D'ailleurs, comme disait Peiresc parlant des missionnaires, « ils ne sont là que pour y chercher des travaux et des martyres ». Cette parole allait se réaliser. Les religieux ne craignaient pas les lions et les hyènes de la contrée, ils allaient, comme des agneaux, se jeter dans la gueule d'un loup, plus redoutable que les bêtes sauvages de la forêt.

CHAPITRE XVI

LA PRISON. — SŒUR MONIQUE. — A GONDAR. — LE JUGEMENT. — LE MARTYRE. — LES MIRACLES.

La caravane, au sortir d'Arkiko, traversa les plaines désertes et brûlées de la zone maritime pour gagner les plateaux éthiopiens. C'est la route suivie par tous les voyageurs au moment de l'hiver. Or celui-ci commence au mois de mai et se prolonge jusqu'à la fin d'août. C'est la saison des pluies équatoriales. Des orages quotidiens, dont la régularité n'est pas sans surprendre, répandent des eaux torrentielles qui vont grossir les affluents du Nil et provoquer, au mois d'août, les inondations fertilisantes de l'Égypte. En gagnant les hauts plateaux, nos missionnaires, partis dans les derniers jours de mai, évitaient les torrents débordés et infranchissables de la plaine.

Ils passèrent à Asmara, petit village situé sur une éminence au milieu d'un vaste plateau dénudé. Les PP. Agathange et Cassien foulaient les terres de l'Abyssinie. Le *choum* ou chef de village les avait laissé passer sans difficulté. Jusque-là ils avaient souffert les chaleurs et les fatigues d'une route pénible ; les lions et les hyènes, nombreux dans ces parages, ne les avaient point effrayés. D'autres dangers les attendaient.

Nous l'avons vu, l'influence de Pierre-Léon à la cour de Basilidès ou d'Atié Fazil (1) comme on disait alors, avait provoqué un édit interdisant l'entrée des frontières abyssines à tout prêtre venant d'Égypte. Cette particularité visait plus personnellement le P. Agathange dont Pierre-Léon redoutait la sagesse.

Le négus avait placé à la tête de la province de Séraé ou de Sarawé, son beau-frère nommé Théodore ou Tedros, avec mission spéciale de surveiller tous les étrangers voulant pénétrer en Éthiopie (2). De son côté, l'abuna avait envoyé un représentant avec titre de grand-vicaire près du raz de Sarawé et lui avait donné des ordres secrets et le signalement particulier du P. Agathange. Ils demeuraient l'un et l'autre à Dibarua, capitale de la province maritime. C'était la ville frontière où les immigrants subissaient les ennuis de la visite douanière.

Les missionnaires allaient sans défiance se jeter dans le piège habilement tendu. Après huit ou dix étapes depuis Arkiko, ils avaient

1. Les lettres des missionnaires disent le roi d'Abyssinie, qu'elles désignent fréquemment par le nom de « prêtre Jean », selon une légende du moyen âge. Pour nous, nous avons employé la désignation de négus comme plus compréhensible aujourd'hui. Le « négus, roi des rois », est toutefois une appellation récente. Autrefois on disait l'Atié.

2. Les premières relations lui donnent le nom de Mathias, d'autres Lisa..., les mieux informées l'appellent Tedros. *Summ. Processus, passim.*

franchi le Mareub près de sa source, et en longeant le versant occidental du plateau de l'Hamacen, ils arrivaient quelques heures après à Dibarua (1).

Leur habit de moine copte de Saint-Antoine les mettait à l'abri de toute perquisition fâcheuse. De plus leur facilité de parler la langue arabe devait écarter encore les soupçons. Furent-ils trahis par un Abyssin de la caravane qui revenait de Rome et rentrait dans son pays (2)? C'est assez probable. Par ailleurs, la blancheur de leur teint suffisait à les signaler aux investigations de cette police secrète et publique à la fois. Toujours est-il qu'à peine arrivés à Dibarua, le raz Tedros en fut avisé et accourut aussitôt. Le grand-vicaire n'était pas

1. La ville où furent arrêtés les deux Capucins est exprimée avec une telle divergence dans les relations qu'il est très difficile de la préciser. Les unes disent Saracchi, Saravi, les autres Dibarva, Barva, Dobarva ; la province où elle était située est appelée communément le Barnaghasso, un historien dit le Midrebar. M. d'Abbadie, en éditant (1882) l'ouvrage du P. Emmanuel de Rennes, fait une judicieuse remarque : « Il s'agit ici de Dibarua, village du Sarawé fort déchu de son antique importance. Le *Bahrnagax* ou gouverneur de la côte maritime résidait dans le siècle actuel à Digsa en Akalaguzay », p. 125. Rien d'ailleurs n'est moins fixe que les noms géographiques de l'Abyssinie. Nous avons cherché cette ville de Dibarua, répondant à toutes les circonstances des pièces du procès de béatification, nous l'avons trouvée dans les cartes dressées par deux explorateurs français, Ferret et Galinier. Elle se trouve près de la source du Mareb ou Mareub. Le P. Jérôme Lobo l'appelle Debaroa. Les Pères Jésuites y avaient eu une résidence.

2. Cf. Lettre du Fr. Pierre de Morlaix, du Caire, 1er mai 1639. Mss. 10.220, p. 361.

en retard. Des questions d'une curiosité déjà insolente se suivirent promptement : « Qui êtes-vous ? D'où venez-vous ? Pourquoi cet habit des religieux coptes ?

— Nous sommes, répondirent-ils, envoyés par l'évêque Mattaios, patriarche des Coptes, et porteurs de lettres par lui adressées au négus, au Métropolitain et au peuple d'Éthiopie. »

Cette réponse ne pouvait que mettre dans l'embarras leurs interlocuteurs. Les questions se multiplièrent. Le grand-vicaire dit alors à tous les assistants : « Ce sont de ces Pères, que notre Négus a chassés de son royaume ; fouillez leurs bagages et vous trouverez beaucoup de choses prohibées (1). »

On se mit avec ardeur à exécuter cet ordre. On trouva comme preuve du délit : des chasubles, des calices, tout ce qui était nécessaire au sacrifice de la messe selon le rite romain ; les lettres du patriarche Mattaios et quelques centaines de piastres, provisions de voyage et de premier établissement de la mission. C'était assez pour les juger par procédure sommaire et, en vertu de la loi de proscription, les pendre haut et court sur-le-champ.

Le raz Tedros était avant tout une âme vénale, qui ne voulait pas se mettre dans un mauvais cas. Malgré les ordres du négus, il avait déjà dépouillé le patriarche Mendez des trésors qu'il emportait dans son exil, il fit de même à l'égard

1. *Summ.*, p. 38.

des Capucins. Les piastres étaient pour lui, de bonne prise. Puis il fit emprisonner les deux religieux français et les mit aux fers. Comme les lettres du patriarche d'Alexandrie les couvraient de leur autorité, le raz ne pouvait prendre des mesures plus radicales; il s'empressa de les expédier par courrier au négus. En attendant la décision, du bon plaisir de l'Atié, il jeta ses deux prisonniers dans un sombre cachot.

Ceux-ci avaient soupiré après le martyre, les voilà à la première station de leur calvaire. Leur foi allait triompher dans la souffrance. Quand les chaînes furent passées à leur cou et à leurs pieds, les serviteurs de Dieu baisèrent avec des transports de joie ces premiers instruments de leur supplice. Le P. Cassien, plus habitué à la langue éthiopienne, s'écria en dialecte *amhara* : « Voilà les trésors, voilà les pierres précieuses que nous sommes venus chercher, et pour lesquelles nous avons quitté nos parents et notre patrie (1). »

Cette joie sereine dans les souffrances, ces belles paroles du P. Cassien firent sensation. Leurs bourreaux eux-mêmes les regardèrent comme de véritables serviteurs de Dieu, et les laissèrent pourtant trois jours et trois nuits, sans eau et sans nourriture.

Une religieuse copte, nommée Monique, témoin de leur allégresse et de leur patience, eut

1. Toutes les relations rapportent ces paroles. *Summ.*

pitié d'eux. C'était la sœur du raz Tedros ; elle s'ingénia à faire regretter à celui-ci sa dureté, et en obtint la permission de visiter les confesseurs de la foi et d'exercer à leur égard les devoirs de charité que nécessitait leur emprisonnement.

Monique présenta aux deux Capucins une nourriture abondante. Sa première admiration ne fit que s'accroître, en voyant alors les serviteurs de Dieu refuser ses offres charitables et se contenter d'un peu de pain et d'eau. Une livre de pain suffisait chaque jour pour les deux prisonniers. Ceux-ci poussaient l'héroïsme de leur vertu jusqu'aux extrêmes pour mieux se préparer au martyre. Dans les fers, comme saint Paul, ils surabondaient de joie, et trouvaient le secret de la force dans la prière et la louange divine de jour et de nuit. Ils étaient heureux de souffrir quelque chose pour l'amour de Jésus-Christ.

Monique, âme droite, émerveillée de cette vie qu'elle estimait surhumaine, profitait de ses libres allées et venues près des captifs pour s'entretenir des vérités de la religion. Cette religieuse schismatique ne partageait pas les sentiments d'hostilité régnante contre les prêtres catholiques ; elle hébergeait dans sa maison un prêtre portugais, don Pierre de Costa, qui rapportera tous ces détails au P. Antoine de Pascopagano (1).

1. *Summ.*, p. 58. — En dehors des Pères Jésuites, il y avait en Éthiopie un certain nombre de prêtres séculiers

Les apôtres dans les fers profitèrent de cette occasion pour exposer les vérités catholiques. Quels furent les résultats de cet apostolat de la dernière heure? Nous l'ignorons. La religieuse Monique abjura cependant le schisme. Le Seigneur récompensait sa charité compatissante par le don de la vraie foi. Les serviteurs de Dieu lui témoigneront plus tard leur reconnaissance.

Un mois durant, les deux Capucins enchaînés donnèrent à ceux qui les approchaient l'exemple d'une vertu héroïque. Leur âme restait libre dans les liens de la captivité.

On attendait le retour du courrier expédié au négus Basilidès; il arriva enfin, porteur des volontés impériales. Ordre était donné de conduire les captifs à Gondar, la capitale, en les maintenant enchaînés.

Le lendemain, l'ordre barbare fut mis à exécution, mais d'une façon plus cruelle encore. On rendit aux captifs l'habit de Capucins dont ils avaient été dépouillés en arrivant à Dibarua; on fit suivre leurs bagages. Nos deux religieux étaient affaiblis par un long voyage, épuisés par le jeûne et les souffrances de la prison; le chef de l'escorte n'eut pourtant aucune pitié de leur état, il les fit attacher aux queues des mules, et ne leur donna de repos que celui des bêtes de somme. On peut juger si le voyage fut douloureux aux victimes qui s'en allaient ains

abyssins ou portugais descendant des soldats de Christophe de Gama. La persécution en fit mourir plusieurs.

au sacrifice; la saison pluvieuse des plateaux avait rendu les chemins boueux et détrempés; les voyageurs valides enfonçaient jusqu'à mi-jambe et nos missionnaires enchaînés n'avaient pas la liberté de leurs mouvements pour se retirer de ces fondrières. L'escorte mit presque un mois à parcourir cette route que les express franchissaient en huit jours.

Combien d'injures, de vexations et de coups reçus pendant le trajet? L'escorte composée de schismatiques et de musulmans ne pouvait leur être sympathique.

Nos deux Capucins pouvaient-ils douter, le long du voyage, du sort qui les attendait? Pouvaient-ils espérer encore dissiper les préjugés fanatiques de la cour impériale, et que les lettres du patriarche Mattaïos les couvriraient de sa puissante protection? Leur voyage de souffrance et d'agonie leur montrait assez le cas qu'on avait fait de son autorité spirituelle.

De plus, chemin faisant, ils ont pu entendre les soldats de leur escorte raconter la mort de plusieurs missionnaires Jésuites. En effet, peu de temps auparavant, Mgr Apollinaire d'Almeïda, coadjuteur du patriarche Mendez, et deux autres Pères Jésuites étaient tombés victimes de leur dévouement aux catholiques abyssins. Une première fois, Basilidès les avait arrachés à la fureur populaire, et les avait relégués dans l'île de Tzana que l'on disait être la plus agréable et la plus fertile du pays. Mais le peuple, soutenu par la reine-mère et l'abuna, menaça d'arracher la couronne à Basilidès s'il ne les livrait pas à leur vengeance. Le négus céda, et les Jésuites, qui entendaient encore les confessions des catholiques dans cette île, furent ramenés au rivage et lapidés devant leur ancienne résidence devenue le palais royal (1).

L'abuna, comme on le voit, était bien changé; Pierre Heyling avait pétri son âme à l'image de la sienne, mais les Capucins ignoraient encore son apostasie et sa transformation en bourreau.

Pierre Heyling, de son côté, s'était préparé à

1. Lettre du patriarche Mendez, 1er décembre 1639, *Summ.*, p. 30. — Le patriarche Mendez, dans cette lettre, dit que l'arrivée des Capucins à Gondar fut la cause de la mort des Pères Jésuites. Il s'appuie sur deux lettres de ses religieux du 29 juin 1638 et sur une autre lettre du mois de mars 1639. D'après cette lettre, il résulterait que les Pères Jésuites furent lapidés au commencement de juin 1638. Or à cette époque, d'après l'enquête officielle, les Capucins arrivaient à Dibarua. Le courrier annonçant leur arrestation n'avait pas eu le temps d'arriver à Gondar. Peut-être, sans y prendre garde, le patriarche a-t-il groupé les faits racontés dans des lettres d'époques différentes. Ce qui le ferait croire, c'est qu'il raconte en quelques lignes la mort des missionnaires Capucins, comme arrivée presque simultanément avec celle de Mgr d'Almeïda. Il est vrai par ailleurs que le bruit de la mort des Capucins s'était répandu dès leur pénétration en Ethiopie. Au moment où le patriarche Mendez écrivait, il ignorait encore leurs noms. Dans cette même lettre, adressée à Rome, il manifeste des soupçons sur la légitimité de la mission des Capucins. Deux Capucins, dit-il, ont pénétré en Ethiopie, « nous ne savons, si c'est de leur propre impulsion ou bien autrement ». A cette date il avait déjà protesté contre l'établissement de la mission des Réformés. Cette insinuation blessante ne se trouve pas dans les différentes copies françaises que possède la Bibliothèque franciscaine.

recevoir les religieux français. Depuis l'arrivée du courrier annoncant leur présence à Dibarua, il n'était pas resté inactif. Réveiller la susceptibilité jalouse de l'archevêque, attiser la haine fanatique de la reine-mère et des moines schismatiques, répandre dans le peuple et parmi les grands des calomnies fut un jeu pour son talent et son habileté.

Pendant que Pierre-Léon continuait ses opérations souterraines, la caravane pénétrait dans Gondar, le 5 août 1638, traînant après elle ses victimes enchaînées, les vénérables PP. Agathange de Vendôme et Cassien de Nantes.

La foule, toujours curieuse de spectacles nouveaux, se forma bien vite autour du cortège, rappelant celui du Calvaire. Les catholiques, nombreux dans la ville, se glissaient dans les rangs des schismatiques, autour de la prison où les missionnaires avaient été jetés avant de paraître devant l'empereur. Plusieurs peut-être se rappelaient les avoir vus dans la ville du Caire.

Le P. Cassien profita de cette circonstance pour prêcher la vraie foi et l'union avec l'Église romaine. Son langage était doux et persuasif, et les Abyssins prenaient plaisir à l'entendre, car il parlait la langue du pays, la langue de l'Amhara plus douce et plus expressive que celle du Tigré. Cette prédication fit du bruit; les échos en vinrent jusqu'au palais royal, et des ordres furent donnés de jeter les confesseurs de la foi dans une basse-fosse pour empêcher le peuple de prendre contact avec eux. Dès lors ils n'eurent d'autres ressources que la prière pour se préparer aux événements du lendemain et pour attirer les grâces divines sur ce peuple aveuglé par les préjugés et tyrannisé par les puissants.

Depuis l'arrivée de Pierre-Léon ou Pierre Heyling, c'est-à-dire depuis deux ans et demi, le catholicisme avait vu bien des ruines. La résidence des Pères Jésuites était devenue le palais impérial ; les églises, premières constructions en pierre, faites dans le pays, avaient été transformées en écuries ; les objets du culte livrés aux flammes, toutes les croix latines brûlées ; la bibliothèque du patriarche Mendez, valant à elle seule vingt mille écus, fut ravagée et jetée au feu, parce que les livres étaient de langue franque (1).

Ce vandalisme, à la façon d'Omar, ne s'adressait pas seulement aux choses inanimées. Les catholiques portugais, descendants des premiers colons, avaient échappé jusque-là à toute vexation. Ils avaient même tenté d'arracher les Pères Jésuites à la fureur des schismatiques. Nés, mariés dans le pays, ils étaient du sol et avaient toujours vécu selon le rite latin ; mais, à cette époque, ils n'avaient plus d'églises. Ces Portugais, au nombre de trois mille dans l'armée du négus, ne pouvaient fuir ni chercher une terre qui leur donnât la liberté de leur foi. Seuls, ils

1. *Summ. addit.*, p. 4. — Lettre du P. Antoine de Virgoletta.

connaissaient le maniement des mousquets et des canons, et devenaient ainsi indispensables en cas de guerre. Les exiler eût été une perte sérieuse pour le pays. On prit la précaution de les partager en trois régiments et de les placer sous la conduite de chefs schismatiques pour arrêter toute velléité de révolte, et surtout, pour leur faire suivre la religion copte. Le plan était d'une malice infernale (1).

Ces œuvres néfastes avaient été accomplies par le négus, l'abuna et Pierre-Léon, leur mauvais génie.

Les PP. Agathange et Cassien allaient être aux prises avec ces mêmes personnages, autant dire avec la lâcheté d'un Pilate, la jalousie d'un grand-prêtre et l'hypocrisie d'un pharisien, les trois vices qui ont cloué au gibet de la croix le Sauveur du monde, et semé leur route à travers les âges, de nombreuses victimes.

Pierre-Léon sera l'âme du complot. Les autres personnages ne seront que des jouets et des instruments entre ses mains. Par une suprême habileté, il ne paraîtra pas au nombre des accusateurs, il ne se montrera pas devant les missionnaires. Quand le drame sera fini, il se lavera les mains et rejettera sur l'abuna, son complice, tout le crime du sang versé. « C'est par Heyling qu'on a su le martyre des deux Capucins français (2). » Ces paroles nous disent

1. *Summ. addit.*, p. 6.
2. *Relation historique d'Abyssinie du R. P. Jérôme Lobo*, par M. Le Grand, p. 125.

assez pourquoi les premières relations du martyre de nos Bienheureux laissent dans l'oubli le rôle de Pierre-Léon. Celui-ci n'aurait pas voulu exposer au public son jeu odieux et hypocrite.

Mais les enquêtes postérieures prouvent ses sourdes machinations. Le rapport du procureur général des Capucins qui nous les signale et que nous suivons en grande partie, est appuyé sur les relations des Franciscains Réformés. Il a d'autant plus de valeur qu'il est contresigné par le P. Michel de Saxe. Celui-ci était Jean-Michel Vansleb, d'Erfürt. Le prince Ernest de Saxe lui avait donné mission de faire une enquête sur les destinées de Pierre Heyling. Il resta plus d'un an en Égypte (1664-1665) à cette intention, puis vint à Rome, où il abjura le protestantisme et prit l'habit des Frères-Prêcheurs (1).

Le lendemain, vendredi 6 août, les confesseurs de la foi, extraits de leur cachot, comparurent devant le négus entouré de sa cour. Les Atié d'Abyssinie, demi-barbares, n'ont jamais ignoré les influences de la mise en scène pour grandir leur autorité. Les raz, les officiers, les soldats en tenue de parade, armés du bouclier et de la lance traditionnelle, avaient pris place autour de Basilidès.

Les deux Capucins étaient enchaînés, affaiblis, décharnés et dans un état pitoyable, disait le

1. C'est à tort que plusieurs historiens le disent envoyé par le Pape pour faire cette enquête.

musulman Theduiz qui en fut témoin. C'était le chef de la caravane qui les avait conduits d'Arkiko à Dibarua.

Pendant la séance, Atié Fazil se renferma dans le silence qui convenait à Sa Majesté, et il fit procéder à l'interrogatoire par les princes de son entourage (1).

Les questions posées aux deux étrangers ne furent pas longues. Leur costume inconnu en Abyssinie éveillait la curiosité. L'interrogatoire était pour ainsi dire l'enquête d'un juge d'instruction. « Qui êtes-vous? D'où venez-vous? Dans quel but venez-vous dans cette contrée (2)? »

La réponse du P. Cassien fut une profession de foi : « Nous sommes, dit-il, catholiques romains, et religieux, la France est notre patrie. Nous venons vous convier à vous unir à l'Église romaine. Nous sommes bien connus de l'abuna Marcos et nous désirons lui parler. Il a reçu les lettres de Mattaios, patriarche d'Alexandrie (3). »

Ces paroles étaient un appel à l'autorité de l'abuna. Tant que celui-ci ne parlerait pas dans cette question religieuse de sa compétence, la sentence ne pouvait être portée.

La séance fut levée ce jour-là et les patients religieux reconduits dans leur cachot.

La cour était en émoi : quel serait le sentiment

1. *Summ.*, p. 39. — Lettre du P. Antoine de Pascopagano, 3 juillet 1645.
2. *Ibid.*
3. *Ibid.*

de l'évêque? Déjà la lettre du patriarche, trouvée dans les bagages des missionnaires, avait éveillé des soupçons sur sa foi copte, dans l'esprit de la reine-mère, ardente schismatique. Il avait dû se justifier de ce soupçon et affirmer qu'il n'avait aucune connivence avec ces étrangers. Se montrerait-il maintenant devant les missionnaires ses anciens amis? Mais voir en face le P. Agathange, c'était s'exposer à subir son influence, par le fait, perdre son crédit. Par ailleurs, trompé par Pierre-Léon, il croyait que le P. Agathange venait le supplanter dans sa dignité archiépiscopale, et il entrevoyait la perte des honneurs et des richesses dont il jouissait depuis plus de deux ans. Son intérêt lui traça sa ligne de conduite. Oublieux du passé, indifférent pour celui qui l'avait fait élever à la dignité de métropolitain, il se résolut à ne pas voir les missionnaires et à ne pas leur parler. Cette attitude devait à ses yeux sauvegarder sa dignité et ses intérêts et ne pas le compromettre.

Après la première séance du tribunal, ceux qui avaient fait fonction de magistrats se dirigèrent vers la demeure de l'abuna. Ils le sollicitèrent de vouloir bien entendre les prisonniers. La réponse fut brève et sèche : « J'ai bien connu Agathange en Égypte, et je le tiens pour un homme méchant et très pernicieux. Là-bas, il désirait entraîner tout le peuple dans sa religion. Il vient faire la même chose ici : je ne veux pas le voir. Pendez-les tous deux, voilà mon avis (1). » C'était faire l'éloge du zèle de nos deux Capucins. Les magistrats en étaient pour leurs frais d'éloquence et de politesse.

Le musulman Theduiz, témoin de la vie sainte des religieux dans sa caravane, eut plus de cœur que l'abuna schismatique. Un sentiment d'humanité le conduisit chez le métropolitain; il voulait tenter une dernière démarche, en le priant d'avoir compassion des prisonniers. L'évêque répondit d'un ton irrité : « Le patriarche est un monstre, moitié Copte, moitié Romain. Cet Agathange est un corrupteur du peuple. Je l'ai connu en Égypte, il est à craindre maintenant en Abyssinie. En réalité, ce n'est pas notre pape qui l'envoie, c'est le Pape de Rome. Il veut unir mon Église, au sein de laquelle il y a encore beaucoup de papistes, avec l'Église romaine. Je le sais, il vient ici comme évêque pour me détrôner et prendre ma place. Qu'on brûle les lettres, les ornements, les reliques et tout ce qu'ont apporté ces perturbateurs. A quoi bon les entendre? Qu'ils soient pendus, voilà mon conseil (2). — Ce sont des fils de prostituée (3). »

Toute démarche échouait devant l'obstination de l'ingrat et perfide métropolitain. Le négus tenait l'évêque en grande estime, et, chaque jour, en témoignage de vénération, il lui baisait

1. *Summ.*, p. 39 et 59.
2. *Summ.*, p. 59.
3. *Aoulaad Zena.* — Lettre du Fr. Pierre de Morlaix. Du Caire, 29 juin 1640. Mss. 10.220, p. 495 à 496.

les pieds. L'avis de l'abuna devait avoir une terrible influence sur les décisions d'Atié Fazil.

Les dispositions de celui-ci étaient connues. On le savait enclin à ménager les Latins, n'allant pas de lui-même aux mesures extrêmes. A plusieurs reprises, il avait dit : « Toutes les fois que la vie des Pères sera en sûreté sur les confins de l'Éthiopie, je les y enverrai, car ici, ils ne peuvent fréquenter personne (1). » S'il y eut des morts violentes sous son règne, elles furent arrachées à sa faiblesse.

Son père, au moment de mourir, lui avait demandé de traiter avec bienveillance les prêtres romains, et le souvenir de cette exhortation surnageait dans son esprit à toutes les injustices de son règne. On l'avait vu pleurer, quand le peuple lapidait Mgr d'Almeïda et ses compagnons (2). Mais sa faiblesse était grande. Son caractère s'était amolli dans les plaisirs du harem. Il avait à sa disposition cent concubines, et celles des autres étaient encore livrées au gré de ses caprices (3). La crainte de perdre sa couronne le prédisposait à toutes les concessions et à toutes les déchéances de sa volonté. Son entourage savait profiter de ses dispositions pour acculer Atié Fazil à des décisions extrêmes.

Basilidès penchait personnellement pour le

1. *Summ. addit.*, p. 5. — Lettre du 6 avril 1639.
2. *Summ.*, p. 33.
3. *Summ. addit.*, p. 6. — Lettre du 6 avril 1639.

bannissement des deux captifs. L'avis de l'abuna le mettait déjà dans un grand embarras.

Mais Pierre-Léon ne laissait pas dormir sa haine des Romains, il avait soif du sang des missionnaires, un bannissement ordonné par l'empereur lui ravissait sa proie. La crainte de leur retour l'aurait maintenu dans sa réserve hypocrite, et ses projets de protestantiser l'Éthiopie auraient été considérablement ajournés. Il lui fallait la mort des confesseurs de la foi.

La reine-mère, d'un fanatisme ombrageux, instigatrice de la persécution et de toutes les mesures violentes, entrait facilement dans les vues de Pierre-Léon. Elle mit à son service sa haine violente des catholiques et son influence toute-puissante sur le négus. Tous deux, aidés par l'abuna, allèrent avec l'habileté clandestine des pharisiens de Jérusalem, réveiller les passions populaires. La foule suggestionnée entoura le palais impérial menaçant de détrôner le négus, s'il ne condamnait à mort les deux religieux Francs. Celui-ci ne voulut pas céder à la pression du peuple avant d'avoir soumis les deux étrangers à l'épreuve de la foi alexandrine (1).

C'était là, en effet, le moyen infaillible suggéré au négus par l'abuna Marcos et Pierre-Léon pour arriver à leurs fins. Ce procédé n'avait pas été employé à l'égard des victimes précédentes ;

1. *Summ.*, p. 59.

celles-ci étaient tombées sous les coups des voleurs excités par l'appât du gain, ou des schismatiques obéissant à la loi du talion, la loi de la vengeance et du sang.

Le négus avait agréé leur proposition et promis d'en faire usage.

Le lendemain, 7 août, devait être le jour décisif de ce drame religieux, commencé dans le désert de Nitrie.

Les deux confesseurs de la foi, toujours enchaînés, parurent avec la même assurance que la veille devant Basilidès. Un premier coup d'œil sur l'assemblée leur fit comprendre que leur réclamation n'avait pas été entendue. L'abuna Marcos n'était pas là. Pierre-Léon ne se montrait pas davantage.

Atié Fazil voulut, cette fois, les interroger lui-même. En les soumettant à l'épreuve de la foi alexandrine, il dissipait tous les doutes et rejetait l'accusation portée contre lui, de n'être copte qu'en apparence et de garder au fond du cœur la foi romaine, la religion de son enfance. L'apostasie, pour se faire croire, descend à toutes les bassesses.

L'interrogatoire de la veille n'était pas à recommencer. Un nouvel appel aux souvenirs de l'archevêque aurait encore mis le tribunal dans l'embarras. Basilidès n'eut qu'à poser les questions essentielles à l'Église d'Abyssinie.

« Êtes-vous circoncis ? et voulez-vous quitter la foi romaine et accepter la sainte communion des Coptes ? Je vous recevrai avec bienveillance dans mes états, et vous comblerai de faveurs ; autrement, c'est la mort, choisissez (1) ! »

Cette façon de s'exprimer était claire pour tous les auditeurs. C'était mettre en jeu l'article de foi qui sépare les deux Églises. C'était leur dire : « Maudissez le pape Léon qui a fait défaillir l'Église romaine, en admettant deux natures en Jésus-Christ, et bénissez saint Dioscore et acceptez sa doctrine. »

L'Église copte donne le titre de saint à l'hérésiarque Dioscore condamné par le pape saint Léon au concile de Chalcédoine. En un mot, c'était leur proposer formellement l'apostasie ou la mort. Il n'y avait pas à discuter, le temps n'était pas aux longs discours.

La question posée, un dramatique silence planait sur cette assemblée fanatique.

Le P. Cassien répondit en langue amhara : « Nous ne sommes pas circoncis, mais des religieux catholiques romains venus pour vous recevoir dans la communion des fidèles de Jésus-Christ, dont le Vicaire visible sur la terre est le Pontife romain. Nous sommes venus vous apporter la vérité et non pour embrasser vos erreurs. Nous sommes prêts à subir mille et mille fois la mort plutôt que d'apostasier en embrassant la doctrine de Dioscore (2). »

Basilidès se tournant alors vers le P. Agathange lui demanda s'il était dans les mêmes

1. Lettre du Fr. Pierre de Morlaix. Mss. 10.220, p. 495. — *Summ.*, p. 39. Lettre du P. Antoine de Pascopagano.
2. *Ibid.*

sentiments. Comme celui-ci ne comprenait pas la langue abyssine, la question lui fut répétée par le P. Cassien. Alors il fit sa profession de foi en langue arabe, comprise par plusieurs des assistants. Puis, tourné vers son compagnon de captivité, il lui parla une langue que personne n'entendait. C'était sans doute la langue de leurs mères et de leur patrie. Les assistants remarquèrent que son discours fut expressif, qu'il leva souvent les yeux au ciel, comme pour le prendre à témoin de ce qu'il disait.

Le P. Cassien reprit en langue amharique la profession de foi de son Supérieur.

Confesser publiquement la foi catholique et romaine, c'était braver l'édit de proscription d'Atié Fazil. Celui-ci ne pouvait plus reculer ni retarder la sentence. Après avis de ses conseillers, il prononça la peine de la pendaison par strangulation. Le sanhédrin d'Éthiopie pouvait lever la séance, Pierre-Léon le pharisien, Marcos le jaloux grand-prêtre pouvaient se réjouir, ils triomphaient.

Si la procédure judiciaire fut sommaire en la circonstance, l'exécution de la sentence fut encore plus rapide. Le peuple de Gondar, schismatique, toujours avide du sang des prêtres catholiques, s'empressa de se rendre au lieu de l'exécution.

Les confesseurs de la foi furent conduits devant les deux arbres, toujours dressés comme potences pour les criminels.

Les Abyssins, impressionnables comme des

natures primitives, virent alors un spectacle nouveau pour eux. Les deux Capucins s'en allaient au supplice avec un empressement et une joie qui se trahissait dans tout leur extérieur. La demande qu'ils avaient faite sur le Calvaire allait être exaucée. Comme le divin Rédempteur, ils allaient être suspendus au gibet des malfaiteurs et le Père Éternel allait les cueillir comme des fruits mûrs pour le ciel. Ils allaient donner leur vie pour la défense de la divinité et de l'humanité du Sauveur. Telle était la cause de leur allégresse, et les Abyssins ne comprenaient pas que ces religieux allassent au supplice comme des invités à un festin de noces.

Les potences étaient prêtes. Déjà les confesseurs de la foi avaient vu brûler sous leurs yeux, leurs livres, leurs objets de piété et tout ce qu'ils avaient apporté. Les bourreaux pourtant attendaient. Dans leur empressement satanique, ils avaient oublié les instruments du supplice.

Alors, dans une sainte impatience de conquérir sa couronne, le P. Cassien leur dit : « Pourquoi tardez-vous ? Qu'attendez-vous?

— On est allé chercher des cordes et nous les attendons.

— Mais est-ce que nos habits ne sont pas ceints de cordes ? »

Ce fut un trait de lumière pour les bourreaux aussi ardents à accomplir leur triste besogne que les deux Capucins à en être les victimes. Aussitôt, les condamnés sont dépouillés de leurs vêtements, les cordes sont passées autour du cou, ils sont soulevés, suspendus entre ciel et terre. Il était midi (1), l'heure où le Sauveur lui-même fut élevé sur la croix.

La prière des suppliciés et leurs élans d'amour montaient en silence vers le ciel, ils offraient leur vie au Sauveur en témoignage d'amour, et le remerciaient de les avoir jugé dignes de souffrir pour son nom et sa foi !

Un remous se produisit alors dans la foule qui voulait jouir de leur agonie. Un homme fendait les rangs pressés ; arrivé devant les gibets où agonisaient les saintes victimes, il examina attentivement les corps des suppliciés. Puis, se tournant vers la foule, il cria d'une voix forte : « Ce sont des catholiques romains ; pour moi, je renonce au schisme, et je veux vivre et mourir catholique romain (2). »

La mort des martyrs semait déjà des chrétiens. Leur joie, leur allégresse et leur patience dans les tourments avaient touché le cœur d'un schismatique de haute situation. Il s'était approché des gibets pour voir si les mourants étaient circoncis ; ne trouvant aucune trace de cette pratique juive et éthiopienne, il avait reconnu la religion des suppliciés. Comme cette conversion publique au pied de leurs potences dut réjouir le cœur des deux Capucins ! L'acte courageux de cet homme allait-il provoquer d'autres conversions éclatantes ?

1. *Summ.*, p. 39.
2. *Summ.*, p. 60.

Mais le loup rôdait autour des victimes immolées. L'abuna Marcos était là mêlé à la foule. Il n'avait pas voulu voir les Capucins vivants, il venait, comme les princes des prêtres de Jérusalem, jouir de son triomphe et s'assurer que leur mort allait le débarrasser de toute compétition. La conversion du seigneur abyssin, opérée par la grâce de Dieu, était un coup droit porté à son autorité. Si d'autres allaient l'imiter! L'abuna dut en avoir le frisson. Alors seulement, il s'approcha des gibets, et sans pitié pour les victimes suspendues, il s'écria : « Que tous ceux qui ont du zèle pour la foi d'Alexandrie jettent des pierres aux pendus! Je l'ordonne sous peine d'excommunication (1). »

La foule hypnotisée par cette menace redoutable fut saisie d'une véritable fureur diabolique. Les pierres allaient, comme des flèches, meurtrir et déchirer les corps des deux agonisants. L'une d'elles, lancée avec violence, atteignit l'œil droit du P. Agathange et le fit sortir de son orbite (2). Mais ce spectacle ne put émouvoir la foule aux passions déchaînées. Les pierres continuèrent à pleuvoir sur les deux Capucins qui rendirent leur âme à Dieu dans cet atroce supplice et allèrent au ciel cueillir la palme de leur double martyre. Ils tombaient au champ d'honneur des conquérants pacifiques : le P. Aga-

1. *Summ.*, p. 60.

2. C'est le témoignage de Mgr Antoine d'Andrada, portugais abyssin, qui tout enfant assista au supplice. *Ibid.*

thange avait quarante ans et le P. Cassien trente et un.

La mort avait frappé son coup ; les corps des martyrs furent détachés du gibet, mais la rage des Abyssins fanatisés ne s'arrêta pas. Des pierres furent encore lancées en si grande quantité que leur amoncellement surpassait deux fois la hauteur d'un homme.

La voix des martyrs ne sera pourtant pas étouffée sous ce tombeau de pierres ; ils vont parler à ces cœurs endurcis et infidèles qui n'avaient pas voulu les entendre.

Le soir même du supplice, une centaine de lumières planaient au-dessus des pierres. Elles commencèrent à paraître à la tombée du jour, et allèrent grossissant jusqu'au milieu de la nuit. Le souvenir de cette merveille rapportée dans toutes les relations, est encore conservé au sein des populations de l'Abyssinie : « Les lumières étaient distinctes, mais, en s'élevant, elles ne formaient qu'une masse, comme une colonne lumineuse si haute que les spectateurs la perdaient de vue (1). »

Les habitants de Gondar contemplaient le miracle, mais avec des sentiments divers. Les catholiques s'en trouvaient consolés et fortifiés dans leur foi ; ils bénissaient l'héroïsme de ces inconnus qui avaient sacrifié leur vie en témoignage de la divinité de Jésus-Christ. Les schismatiques s'étonnaient du phénomène et ils

1. *Summ.*, p. 111. — Témoignage de Mgr Massaïa.

blasphémaient; quelques-uns disaient avec dérision: « Voyez ces Juifs, ils font du feu pour leur sabbat (1). » Les bienheureux Pères étaient, en effet, morts le samedi 7 août 1637. Le lendemain, les nuits suivantes, le même prodige se renouvela et produisit une religieuse terreur dans la population schismatique. Il devint le sujet de toutes les conversations des habitants de Gondar, qui voulaient en être les témoins. Les catholiques jouissaient de plus en plus, en secret, de ce triomphe de leur foi.

Basilidès ne put résister au sentiment populaire. Il voulut se rendre compte de la merveille, et contempler secrètement la colonne lumineuse. Croyait-il à une supercherie des catholiques, comme l'abuna Marcos et Pierre-Léon pouvaient le prétendre? L'expérience produisit dans son âme un remords salutaire. Il fut effrayé des éclats de feu et de lumière. De retour dans son palais, il fit donner l'ordre, par son secrétaire, d'ensevelir promptement les victimes dans un lieu plus décent (2).

Au moment où les fossoyeurs impériaux allaient mettre à exécution cet ordre nocturne, un orage subit et effrayant vint jeter la terreur dans leurs rangs et les forcer à se retirer. Les catholiques profitèrent de cette panique pour enlever les saintes reliques, les porter hors de la ville et les inhumer avec dévotion. Ils pro-

1. *Summ.*, p. 40. — Lettre du P. Antoine de Pascopagano, 3 juillet 1645.
2. *Summ.*, p. 40.

longèrent leur veille dans la prière et dans la vénération des martyrs qu'ils ne connaissaient que par leur supplice. Le deuil se changeait pour eux en larmes de joie; l'exemple des confesseurs de la foi avait ranimé leur espérance.

Tout cela s'était fait la quatrième nuit après le trépas. Les fossoyeurs revenant au matin pour exécuter l'ordre de Basilidès, ne trouvèrent plus les corps des martyrs sous les pierres de la haine et de l'apostasie. De là, grand bruit dans Gondar, mais tout finit par tomber dans le calme du silence.

Où est maintenant le tombeau des Bienheureux? Nul ne le sait au juste. Nous croyons cependant que les catholiques ont veillé avec jalousie sur ce précieux trésor; ils ont laissé après eux des traditions orales, fortifiées encore par des actes de vénération. Le cardinal Massaïa, qui a vécu trente-cinq ans dans le pays, les a recueillis: « Les catholiques, dit-il, dispersés dans les diverses provinces de cette vaste région, racontent à leurs enfants et petits-enfants le martyre et les vertus de ces serviteurs de Dieu (1). »

Fort des renseignements reçus sur place, le cardinal Massaïa faisait le 10 janvier 1887 la déposition suivante: « Je sais où ces serviteurs de Dieu ont été ensevelis et où se trouvent leurs saintes reliques. Ne pouvant y aller personnellement, j'avais délégué Hajlà Michaël,

1. *Summ.*, p. 66.

prêtre missionnaire abyssin, et le deftera Assegai, fervent catholique, avec ordre de se rendre près du sépulcre, y chercher des reliques et les mettre en lieu décent. A cette intention, je leur avais confié mon sceau épiscopal. Mais, au moment de partir, ils en furent empêchés, car le 25 août 1861, je recevais un décret de bannissement, et mon missionnaire fut contraint de rester dans le Kaffa pour me remplacer près de mes trois mille fidèles catholiques (1).

« Des personnes dignes de foi, parmi lesquelles un de mes prêtres, Hajlà Michaël, m'ont assuré que les serviteurs de Dieu sont ensevelis près de la ville de Gondar, au sud, à l'entrée du faubourg musulman. J'ai passé à Gondar plusieurs fois, mais je n'ai pu chercher les corps des martyrs, parce que j'étais moi-même toujours persécuté dans ce pays (2). »

La liberté de la foi catholique en Abyssinie est loin d'être complète encore aujourd'hui. Trop souvent, les missionnaires subissent les contre-coups des vicissitudes politiques; ils sont toujours en butte à la haine jalouse et ignorante des moines coptes et des abuna, dont la puissance n'a pas changé depuis l'archevêque Marcos.

L'apparition de la colonne de feu avait cessé après la mise au tombeau des martyrs, mais d'autres merveilles s'étaient produites loin du théâtre de leur supplice.

1. *Summ.*, p. 66.
2. *Ibid.*

La première personne favorisée fut la compatissante Monique qui, à Dibarua, avait donné aux missionnaires captifs les témoignages d'une charité dévouée. Son retour à la foi ne fut pas sa seule récompense.

Restée à Dibarua, pendant que les missionnaires gravissaient leur calvaire, elle s'affligeait de leur départ et méditait leurs enseignements. Un jour, une apparition merveilleuse se déroula devant ses regards éblouis; elle reconnut les prisonniers de son frère; ils montaient au ciel sur une nuée lumineuse; leurs vêtements étaient d'une blancheur rayonnante et ils portaient dans leurs mains un étendard de même couleur, emblème de leur triomphe. Surprise et enthousiasmée, elle raconta aussitôt sa vision à don Pierre de Costa, prêtre catholique. C'était le jour même de la mort des bienheureux Agathange et Cassien.

Il fallait au moins huit jours avant d'en connaître la nouvelle à Dibarua. Bientôt les courriers arrivèrent racontant les événements accomplis à Gondar. Monique ne s'émut pas de ces récits, mais, confiante dans sa vision, elle s'écria : « Mais est-ce que je n'ai pas vu ces serviteurs de Dieu monter au ciel? Oui, je vous le dis, ils étaient de vrais serviteurs de Dieu (1). »

Si nous en croyons la tradition abyssine recueillie par les nouveaux apôtres, le vénérable Mgr de Jacobis et Mgr Massaïa, cette même

1. *Summ.*, p. 34, 40.

Monique, saisie par une fièvre violente, aurait encore obtenu sa guérison immédiate en invoquant les bienheureux martyrs.

Le bruit de ces merveilles se répandit promptement dans l'Abyssinie, et franchissant les mers, pénétra jusqu'aux Indes. La France, leur patrie, ne pouvait être oubliée.

Il existait à Tours un monastère de saintes religieuses Capucines. La fondation était encore à ses débuts. Au nombre des quatre religieuses, envoyées du monastère de Paris, se trouvaient la Mère Claire et la Mère Pacifique. L'une et l'autre appartenaient à d'honorables familles. La première était fille d'un sieur Barentin de Tours. La seconde s'appelait Marguerite de Nauderon, fille d'un gentilhomme de Gisors en Normandie. Elle avait fait profession entre les mains du serviteur de Dieu, le vénérable P. Honoré de Paris. C'étaient des âmes d'élite et de grande vertu.

Or, la Mère Claire Barentin, qui avait été la deuxième Supérieure du monastère, était morte quelques jours avant les bienheureux martyrs. Elle expiait encore ses infidélités dans les flammes du purgatoire.

La Mère Pacifique, qui lui succédait dans la dignité d'abbesse, la vit apparaître au moment de l'oraison. La Mère Claire quittait les flammes du purgatoire en compagnie d'une autre Capucine du monastère de Paris, et toutes deux annonçaient leur délivrance obtenue par les mérites des vénérables PP. Agathange de Vendôme et Cassien de Nantes, martyrisés le même jour en Abyssinie.

La nouvelle officielle de leur mort ne parvint en France que bien des mois après.

Le Caire et l'Égypte furent frappés de stupeur en apprenant le martyre des deux Capucins. « Si notre Égypte, dit un missionnaire, pouvait se faire entendre, elle ferait ses plaintes de la grande perte qu'elle a faite par la mort des vénérables PP. Agathange de Vendôme, Cassien et Benoît (1). »

Les Coptes du Caire pleuraient le P. Agathange et l'appelaient un « second saint Paul (2) ». Les musulmans joignaient leurs voix à ce concert de regrets : « Ce n'était pas un homme, disait l'un d'eux, il était nécessaire qu'il fût un ange (3). »

A Rome, et dans l'Ordre des Capucins, ce fut un cri de joie et de triomphe qui retentit. Le Ministre Général répondait au P. Agathange de Morlaix : « Je n'ai point de termes capables d'exprimer le contentement que j'ai reçu par le martyre du P. Agathange de Vendôme et Cassien de Nantes... Je rends grâces à Notre-Seigneur de ce que, parmi tant d'affaires épineuses qui se rencontrent dans la charge que Dieu m'a commise, il ait cueilli dans

1. Lettre du P. Agathange de Morlaix, 29 janvier 1640. Mss. 10.220. — Le P. Benoît de Dijon était mort au Caire de la peste, le 25 avril 1638.
2. Cf. *Storia*, etc., t. III, p. 751.
3. *Ibid.*

notre religion deux belles fleurs capucines empourprées de leur propre sang pour les transplanter dans le paradis. Elles m'ont causé plus de satisfaction que je ne saurais ressentir désormais durant tout le reste de ma carrière... (1). »

L'Ordre comptait deux Bienheureux de plus au ciel, en attendant que l'Église plaçât dans leurs mains la palme symbolique et sur leur front l'auréole des soldats victorieux.

1. Cf. Mss. 10.220. — Cette lettre est datée d'Andria, province de Bari, du 12 novembre 1641, et signée Fr. Jean, Ministre Général.

CHAPITRE XVII

FÉCONDITÉ DU SANG. — ENCORE PIERRE HEYLING. BÉATIFICATION.

La parole des apôtres est une semence qui lève ou reste stérile. Le sang des martyrs est aussi une semence, et s'il est perdu pour ceux que les missionnaires avaient en vue, il réconforte, à travers les âges, les âmes troublées et fait lever de nouveaux dévouements. Telle sera la fécondité du martyre des bienheureux Agathange et Cassien. Leur supplice, les prodiges opérés après leur mort avaient raffermi dans leur foi les catholiques disséminés dans l'Éthiopie; nombre de schismatiques furent ébranlés et se convertirent. Comme la vraie religion était interdite dans le royaume, ils suivirent les fidèles dans les bois et les cavernes où se célébraient en secret les divins mystères. Quelques prêtres soutenaient encore dans les plaines fiévreuses du Sennaar les âmes généreuses qui allaient leur demander force et consolation dans la tourmente. Si la moisson germait, les ouvriers évangéliques n'étaient pas là pour l'arroser et la cueillir sur place.

Les PP. Antoine de Virgoletta et Antoine de Pascopagano arrivaient un peu plus tard à Massaouah. Ils demandaient aux portes de l'Éthiopie de s'entrebâiller seulement pour y pénétrer avec le même courage que leurs devanciers. Hélas! des échos de mort frappèrent leurs oreilles. Le premier s'écriait alors : « J'avais placé toute l'espérance de ma mission dans l'habileté et la prudence du P. Agathange, et me voilà maintenant couvert de confusion, je n'attends plus le secours que de Dieu (1). » Après plusieurs démarches, ils espéraient entrer en Éthiopie. Le pacha les laissait passer, mais le chef de la caravane leur dit : « Non, car je ne veux pas, une seconde fois, conduire deux agneaux innocents aux bouchers. »

Au Caire, le P. Agathange de Morlaix et son compagnon attendaient un mot de leur Supérieur pour aller le rejoindre. Les bonnes nouvelles reçues de Souakim leur avaient donné espoir. Leurs préparatifs de voyage étaient faits, ils devaient profiter de la première occasion, lorsqu'ils apprirent, en même temps, la mort du P. Joseph du Tremblay (1638), le grand organisateur de ces missions apostoliques, et le martyre des PP. Agathange et Cassien. C'était un coup fatal pour la mission d'Éthiopie à peine ébauchée. « Désigné le premier pour cette mission, dit-il, je ne puis me consoler de n'avoir pu tenir compagnie à ces chers Pères, dans leur voyage; ils n'ont pas accepté mes offres. Je me sens plus que jamais pressé d'aller les rejoindre, mais je crains mon

1. *Summ.* — Lettre du 6 avril 1639, p. 25.

indignité, ce sont mes péchés qui m'ont privé du mérite de cette sainte vocation et d'une pareille faveur (1). »

Le Révérendissime Père Général lui répondait : « Je ne doute pas que Votre Révérence n'ait regret de n'avoir été de la partie, afin d'offrir en même temps une triple et sainte victime à la très sainte Trinité. Mais Dieu vous a réservé ou pour un autre temps ou pour un plus long martyre (2). » Son martyre fut son long et pénible apostolat dans les déserts de la Thébaïde et de Nitrie, auprès des moines coptes; il y passa la plus grande partie de sa vie de missionnaire; « c'est un signe, disait-il, que la mission d'Éthiopie est réservée par Dieu aux pauvres Capucins (3) ».

Le P. Sylvestre de Saint-Aignan attendait aussi des nouvelles plus favorables pour passer en Éthiopie. Le P. Elzéar de Sanxay envoyait à la Propagande de fréquentes communications sur les probabilités de pouvoir y pénétrer. D'autres religieux reprirent les méthodes et les espérances du P. Agathange. Les Supérieurs de la Province de Touraine écrivaient au Souverain Pontife : « Par un avis reçu du Caire du 23 avril dernier (1650), nous apprenons que se présente une belle occasion de ramener à la vraie foi, non seulement le patriarche, mais toute la secte des Coptes qui est bien de plus

1. Lettre du 24 juin 1641. — *Summ.*, p. 36.
2. Lettre cit. Mss. 10.220.
3. *Storia*, t. III, p. 410.

de trente mille âmes, et toute l'Éthiopie qui dépend de la juridiction dudit patriarche (1). » La Congrégation approuva le projet proposé de maintenir à demeure quatre religieux Capucins dans le monastère de Saint-Macaire pour y instruire les moines. Fut-il mis à exécution? Nous ne le savons pas. Les derniers à forcer les portes de l'Abyssinie furent les PP. Henri de Montbazon et Tranquille d'Orléans. Ils avaient pénétré comme médecins envoyés par Innocent XI et Louis XIV, mais ils furent découverts; alors les vieilles haines reparurent et ils furent contraints de revenir sur leurs pas (2).

Rome de son côté favorisait ou arrêtait, selon les circonstances, les élans de ces ardents missionnaires que l'exemple des bienheureux Martyrs entraînait vers l'Éthiopie. La vision sanglante des apôtres mis à mort inspira à la Propagande de multiplier les missions. Si l'une

1. *Storia*, p. 412.

2. *Ibid.*, p. 414. — D'après la *Storia delle Missioni*, t. III, p. 409, et différents auteurs, il y eut une autre tentative de pénétration simultanée avec celle des bienheureux Martyrs. Deux autres Capucins, disent-ils, les PP. Chérubin et François, précédemment missionnaires, bien connus pour leurs travaux dans la Perse, particulièrement à Bassora, descendirent jusqu'à Mascate où ils s'embarquèrent pour gagner l'Ethiopie. Mais ils voulurent y pénétrer en traversant les tribus des Somalis; à peine eurent-ils fait quelques lieues dans l'intérieur qu'ils furent massacrés. Nous n'avons pu identifier ces deux Pères. Les auteurs qui en parlent supposent toujours que la Propagande avait permis d'envoyer six Pères Capucins en Ethiopie. Or le P. Joseph n'avait demandé que quatre obédiences. De là une plus grande difficulté. Leur essai de pénétration se fit peut-être plus tard.

échouait, l'autre pouvait réussir. C'est ainsi qu'elle créa la mission des Carmes sous la direction du P. Jacques Womers, Flamand, nommé à cet effet évêque de Memphis ou du Caire. En même temps, la Congrégation, mieux instruite des causes qui avaient provoqué la ruine de la florissante mission du P. Paez, adressait une instruction aux missionnaires; elle leur prescrivait de ne pas chercher les biens temporels, de s'appliquer surtout à gagner les âmes, de se contenter du nécessaire, de réfuter les erreurs des Éthiopiens sans aigreur, en s'appuyant surtout sur leurs propres livres. Plusieurs décisions antérieures concernant la profession de foi, les rites, la circoncision, la communion sous les deux espèces étaient renouvelées. La mission des Carmes n'eut pas à les mettre en pratique. Le P. Jacques Womers mourait à Naples, avant de s'embarquer, et l'expédition fut arrêtée. Deux autres tentatives furent encore faites avant 1670. Une seule arriva jusqu'à Suez avec le P. Jean d'Aquila, Franciscain, et Mgr Antoine Andrada, Abyssin de naissance, mais d'origine portugaise, descendant des compagnons d'armes de Christophe de Gama.

Cette sainte émulation de Rome et des religieux pour répondre aux appels désespérés des catholiques abyssins resta sans succès. La menace de mort planait toujours sur la tête des audacieux qui tenteraient de franchir les frontières du négus. Pouvait-on mieux réussir que les PP. Agathange et Cassien qui avaient cru pouvoir compter sur la sympathie et l'autorité incontestée de l'abuna éthiopien? Après eux, l'entreprise était d'autant plus difficile que Pierre-Léon restait à Gondar avec toutes les faveurs de l'Atié Fazil.

Cependant la justice de Dieu ne perd jamais ses droits. Si elle permet l'élévation des méchants, tôt ou tard elle reprend sa verge, et ajoute, par les coups de sa divine vengeance, un chapitre au livre de Tertullien : « De la mort des persécuteurs. *De morte persecutorum.* » Cette page vengeresse est écrite aussi pour la glorification des victimes.

Pierre Heyling avait eu sa vengeance satisfaite dans le sang des martyrs. Il pouvait jouir en paix de son triomphe, il n'avait plus à redouter son terrible adversaire. Ses immenses richesses dues aux libéralités du négus étaient faites des dépouilles des Pères Jésuites. Après le martyre des Capucins, elles allèrent croissant avec son crédit.

Il y avait à Gondar un Français du nom de Gaston Vermeil. Il était allé en Abyssinie pour se faire une fortune qu'il avait dilapidée en France. Tour à tour joaillier et militaire, bien vu sous ces deux titres d'Atié Fazil et de la reine, il avait proposé au premier de former une armée de huit mille soldats, avec laquelle il brisa les forces d'une troupe ennemie de cinquante mille hommes. En récompense de cette victoire, Gaston Vermeil avait été mis à la tête de toute l'armée. C'est ainsi que par ses émeraudes, ses bijoux et ses talents militaires, il était devenu le favori du négus, et s'était acquis une immense fortune en territoires et en esclaves. Il se disposait à revenir à Montpellier, son pays, avec des trésors considérables. Le négus avait autorisé son départ, et l'avait invité à un dernier repas. Le lendemain, Gaston Vermeil était mort; la voix publique parlait d'empoisonnement. Toute son immense fortune, par ordre de Basilidès, fut donnée à Pierre-Léon (1).

Riche, puissant, adulé, Pierre Heyling, après avoir surchauffé la haine des schismatiques contre Rome, crut pouvoir réaliser la deuxième partie de son plan : protestantiser l'Éthiopie. Il se mit à l'œuvre.

Tant que le P. Agathange fut vivant, il s'était tenu sur la réserve; ne craignant plus sa présence ni sa doctrine, il devint audacieux. Il commença à semer ses erreurs dans des con-

1. Cf. *Viri illustris Nicolai Claudii Fabricii de Peiresc senatoris Aquisextiensis Vita per Petrum Gassendum Præpositum Ecclesiæ Diniensis*, ann. 1634. — Paris, MDCXLI. — Corresp. passim. — *Process. Summ.* — Lett. du P. Antoine de Virgoletta.

Comme on le voit, c'était encore un correspondant de Peiresc. Dans la lettre du P. Antoine de Virgoletta (6 avril 1639), il est mentionné sous le nom de Zacharie Vermeil. A-t-il assisté au martyre des bienheureux Capucins, et trouverait-on à l'Inguimbertine, dans la correspondance de Peiresc ou ailleurs, une lettre de ce personnage relatant le drame de Gondar. Ce serait la seule pièce d'un témoin oculaire, on en comprend l'importance. Nous soulevons le problème, laissant de le résoudre à des chercheurs plus heureux.

versations privées; exposées à l'éclat de la lumière, elles auraient du premier coup froissé les Abyssins attachés par tradition à la rigueur du jeûne, au culte des saints, et surtout de la Vierge Marie. Après avoir façonné quelques cerveaux à l'image du sien, il se crut un nouveau régénérateur de l'Éthiopie. Il s'affilia douze disciples et les réunit en association pour répandre plus efficacement les doctrines protestantes. Il crut pouvoir compter sur ce nouveau collège. « D'abord il commença à faire des railleries publiques du culte et de la vénération des saints. Il défendit même à ses écoliers de réciter, selon leur ancienne coutume, au commencement et à la fin de la classe, la Salutation angélique. Il leur répétait incessamment ce principe captieux des protestants : que Jésus-Christ étant le seul médiateur entre son divin Père et les hommes, c'est lui faire injure et se défier de son crédit que d'aller chercher ailleurs d'autres intercesseurs (1). »

Un tel enseignement fut un scandale public en Éthiopie. Il dépassait toute mesure en s'attaquant à la Vierge Marie. C'était vouloir bouleverser toutes les mœurs des Abyssins, qui font entrer la dévotion à Marie jusque dans leurs salutations. Le mot *Denghel Mariam,* Vierge Marie, est une formule de salutation courante. Dans les visites plus solennelles, le nouveau venu salue l'assemblée au nom de la Vierge

1. Relation du P. Michel de Saxe, citée par le P. Esprit de Blois. *Summ.*, p. 92.

Marie, et reste debout jusqu'à ce qu'il ait entendu la réponse : « Au nom de Marie, Mère de Dieu, asseyez-vous. » Si un nouvel enfant vient augmenter la famille, les félicitations adressées à la mère seraient incomplètes sans le nom de Marie. La formule ordinaire nous est révélée par Mgr Massaïa : « *Ankoua! Mariam tatchawotash!* Merci! Marie t'a souri. » Cette dévotion est peut-être le secret de la résistance des Abyssins à l'invasion de l'Islam!

Insulter la Mère de Dieu, c'est donc attaquer l'Abyssin à la prunelle de l'œil. Pierre Heyling était trop petit pour arracher cette dévotion entrée dans le sang éthiopien. Les parents commencèrent par interdire à leurs enfants d'aller s'instruire à l'école de ce dangereux maître. Mais un vent de folie passait sur le luthérien saxon. Il continua sa propagande; les schismatiques irrités lui auraient fait un mauvais parti si Basilidès, pour apaiser l'irritation, n'avait promis de lui demander une rétractation et une profession nouvelle de la foi d'Alexandrie.

Par un nouveau parjure, Pierre-Léon donna cette garantie à la foule. Quand le peuple fut apaisé, il recommença son prosélytisme protestant.

Jusque-là il s'était contenté de travailler à Gondar, capitale de l'empire, il combla la mesure en envoyant ses disciples prêcher ses doctrines jusque dans les provinces. Un écho de cette évangélisation à rebours parvint au patriarche Mendez, exilé à Goa, d'où il écrivait à

Rome qu'une nuée de protestants s'était abattue sur l'Éthiopie, que Pierre Noling (1) était passé dans leur camp et devenu patriarche d'Éthiopie (2). Pierre-Léon seul était l'âme de ce mouvement. Il ne s'était jamais détaché de la confession d'Augsbourg, pas même en recevant la circoncision des Coptes.

Le peuple ne put souffrir longtemps ces doctrines qui contredisaient tout son passé historique; l'abuna Marcos et les grands, jaloux du crédit de Pierre-Léon, s'appuyèrent sur le sentiment populaire pour agir auprès du négus. Une révolution allait éclater; la foule entourait le palais royal, menaçant le trône, si Atié Fazil ne chassait pas l'hérétique de ses États. Le négus céda à contre-cœur à l'orage. Pierre-Léon fut banni. Mais pour lui adoucir l'amertume, le négus le traita comme il avait fait précédemment au patriarche Mendez, il le combla de richesses et d'esclaves.

Pierre Heyling reprit donc le chemin de l'Égypte. Il partait, non plus sous l'habit de moine copte, mais comme un grand seigneur abyssin; ses disciples formaient sa cour et le suivaient dans son exil. Il projetait de se rendre au Caire et d'y jouir en paix de sa fortune. La main de Dieu l'attendait sur la route.

La caravane protégée par les ordres d'Atié Fazil arriva à Souakim. Le pacha si bienveillant pour les pauvres Capucins était encore là.

1. C'était un des noms du luthérien.
2. *Summ. addit.*, p. 13.

Il avait été instruit par le caravan Bachi envoyé à Gondar, de la tragédie accomplie dans cette ville et du rôle de l'abuna Marcos et de Pierre-Léon. Celui-ci revenait chargé des malédictions des Abyssins et des présents du négus. L'occasion d'une bonne razzia était tentante pour le beylierbey d'Abassie. Il fit arrêter Pierre Heyling, comme fugitif et comme voleur, et lui dit d'un ton menaçant : « Vous êtes évidemment un voleur, comment ! vous êtes passé ici, il y a quelques années, accompagnant un évêque, en habit de pauvre moine, et vous vous en retournez avec une suite nombreuse et chargé de trésors (1) ! » Sans attendre sa réponse, le pacha le fit jeter en prison, et quelques heures après, la tête de Pierre Heyling tombait sous le cimeterre d'un soldat turc.

Le beylierbey d'Abbassie s'empara des bagages de Pierre-Léon et de tout ce qu'ils contenaient.

Les serviteurs et les nouveaux apôtres de Pierre-Léon se firent musulmans pour sauver leur vie ou passèrent aux Indes.

L'abuna Marcos sentit également la main divine s'appesantir sur lui. Nous ne connaissons plus rien de ce personnage, sinon qu'il fut exilé de l'Éthiopie, pour des délits commis dans le pays et dont nous ignorons la nature (2).

Le silence s'est fait sur la tombe de ces tristes personnages, et si l'histoire se souvient encore

1. *Summ.*, p. 62.
2. *Storia*, p. 413.

de Pierre Heyling et de l'abuna Marcos, c'est pour les flétrir comme hypocrites et persécuteurs des bienheureux Agathange de Vendôme et Cassien de Nantes.

La mémoire des martyrs, au contraire, s'exhume du tombeau où deux siècles de persécution les ont tenus dans l'oubli. L'Église aujourd'hui les revêt de gloire et de sainteté et couronne leurs vertus de l'auréole des bienheureux. L'impossibilité constante de pénétrer dans l'Éthiopie, et d'instruire un procès selon toutes les rigueurs de la cour romaine, avait tenu cette cause en suspens pendant deux siècles et demi. Une modification introduite dans la procédure permit de la reprendre dans les dernières années du XIXe siècle.

La France pourtant n'avait pas oublié ses enfants ensevelis dans un coin ignoré de l'Afrique. Nos anciens rois, jaloux de toutes les gloires nationales, s'intéressaient à la béatification des serviteurs de Dieu. Louis XIV tenta de faire reprendre la cause des martyrs, interrompue pour supplément d'enquête.

Il disait dans sa lettre postulatoire : « ... Les circonstances de leur martyre ayant paru prodigieuses, et les informations qui en auraient été faites avec toute l'exactitude possible, ayant été présentées à Innocent X de sainte mémoire, prédécesseur de Votre Sainteté, il ordonna de les examiner à telle fin qu'on pût procéder à la béatification de ces deux serviteurs de Dieu, selon la forme ordinaire et usitée en pareil cas.

« L'exécution de ce pieux dessein, prévenue par la mort du Souverain Pontife, et la poursuite de cette affaire ayant été interrompue jusqu'à présent, Nous avons pensé qu'elle ne pouvait être reprise dans un temps plus convenable... Nous vous supplions de recevoir les nouvelles instances qui se feront en Notre nom pour la béatification de ces deux martyrs; de vouloir bien ordonner et commettre à cette fin, que les procédures commencées sous le pontificat d'Innocent X, votre prédécesseur, soient continuées selon les suppliques qui vous en seront faites plus amplement de notre part.

« A Saint-Germain-en-Laye, le 17 mars 1665.

« LOUIS. »

Le procès de béatification fut repris en 1669 et de nouveau interrompu; il dormira deux siècles dans les cartons de la Congrégation des Rites. Celui qui contribua le plus à le réveiller fut l'éminentissime cardinal Massaïa, qui, plus heureux que nos martyrs, avait pu pénétrer en Éthiopie, vivre au milieu de dangers continuels et établir, malgré tout, une chrétienté florissante. Son apostolat de trente-cinq années en Éthiopie avait été soutenu par le souvenir des vénérables martyrs, et il demandait, comme suprême couronnement de ses longues années d'épreuve, de les voir placés sur les autels (1887).

Cette joie ne lui fut pas donnée, il alla recevoir sa récompense avant d'entendre la dernière sentence de l'Église. Celle-ci ne fut définitive que le 23 octobre de l'année dernière, 1904. Il restait encore à la proclamer publiquement par les fêtes traditionnelles de la béatification. Ces cérémonies, toujours imposantes par leur solennité, sont trop connues, pour en faire le récit.

Dans l'incomparable basilique de Saint-Pierre de Rome, cardinaux, prélats, chapelains, religieux capucins, et une foule de fidèles se réunissaient sous le regard de Dieu pour entendre la lecture du bref de béatification. Tous les cœurs tressaillirent en entendant ces paroles de Sa Sainteté Pie X, glorieusement régnant : « Nous avons sanctionné par un décret solennel (1), que l'on pouvait en toute sûreté procéder à la solennelle béatification des vénérables serviteurs de Dieu : Agathange de Vendôme et Cassien de Nantes.

« Les choses étant ainsi, cédant aux instances de tout l'Ordre des Capucins, Nous autorisons, en vertu des présentes, à appeler désormais Bienheureux, les vénérables serviteurs de Dieu Agathange de Vendôme et Cassien de Nantes, de l'Ordre des Franciscains-Capucins, mis à mort en Éthiopie par les schismatiques en haine de la foi catholique. Nous autorisons à exposer leurs corps ou leurs reliques à la vénération, excluant toutefois de les porter en procession dans les supplications publiques ; nous autori-

1. Décret dit *De Tuto*, 4 juin 1904.

sons encore à décorer leurs images des rayons de l'auréole. »

C'était le 1er janvier 1905. A ce bref, qui faisait des victimes de Pierre-Léon et de l'abuna Marcos, les triomphateurs du jour, les cloches de Saint-Pierre répondirent par leurs plus joyeuses envolées. Leurs voix sonores annonçaient à la ville de Rome deux nouveaux protecteurs.

La mission d'Abyssinie et des Galla recevait en ce jour de glorieuses et magnifiques étrennes; les apôtres de l'Éthiopie, les gardiens fidèles des lépreux du Harrar tressaillirent d'espérance et de joie sous leurs huttes de bois et de boue.

Les martyrs d'Abyssinie étaient fils de la France. Hélas! sur le sol français, le deuil règne depuis de longues années, les cloîtres des Capucins sont déserts, les solitudes franciscaines n'entendent plus les chants et les prières liturgiques. Une loi, faite à la Pierre-Léon, a traqué et dispersé les religieux. Ceux-ci pourtant n'ont pas disparu, et si le glas funèbre de la persécution a sonné sur leurs couvents profanés, ils ont chanté un silencieux *Magnificat;* ils attendent l'heure fixée par Dieu où les Pierre-Léon disparaissant sous les flots de l'ignominie, ils chanteront, à l'honneur de leurs Bienheureux martyrs, le *Te Deum* des pacifiques triomphes.

TABLE DES MATIÈRES

Paris. — J. Mersch, imp., 4 bis, Av. de Châtillon.

www.ingramcontent.com/pod-product-compliance
Ingram Content Group UK Ltd.
Pitfield, Milton Keynes, MK11 3LW, UK
UKHW020429200726
13857UKWH00002B/347